在关庄的日子里

东篱 著

陕西师范大学出版总社

图书代号：WX22N1593

图书在版编目（CIP）数据

在关庄的日子里 / 东篱著 . —西安：陕西师范大学出版总社有限公司，2022.11
　　ISBN 978-7-5695-3030-8

Ⅰ.①在… Ⅱ.①东… Ⅲ.①报告文学－中国－当代 Ⅳ.①I25

中国版本图书馆CIP数据核字（2022）第101558号

在关庄的日子里
ZAI GUANZHUANG DE RIZI LI

东　篱　著

出版统筹	刘东风　郭永新
责任编辑	舒　敏
责任校对	马凤霞
封面题字	贾平凹
封面设计	张潇伊
出版发行	陕西师范大学出版总社
	（西安市长安南路199号　邮编710062）
网　　址	http://www.snupg.com
印　　刷	西安市建明工贸有限责任公司
开　　本	720mm×1020mm　1/16
印　　张	23
插　　页	1
字　　数	370千
版　　次	2022年11月第1版
印　　次	2022年11月第1次印刷
书　　号	ISBN 978-7-5695-3030-8
定　　价	69.00元

读者购书、书店添货或发现印装质量问题，请与本公司营销部联系、调换。
电话：（029）85307864　85303629　传真：（029）85303879

自序：行走在关庄

2020年夏天，为了完成陕西省作家协会安排的关于脱贫攻坚的主题创作，我来到一个名叫关庄的地方。

到达关庄的当天下午，镇党委副书记赵振东便陪我走访了关庄村、麻子村、稠桑村等几个村庄。随后我们又去了柳公权的墓园，墓园内地势平旷，松柏森森，柳公权的墓碑和其哥哥柳公绰的墓碑相隔40多米，并排而立，哥哥在东弟弟在西，哥哥上首弟弟下首。柳公权是唐朝中期书法家，官至太子少师，封河东郡公，官位高于其哥哥柳公绰，但生前坚持将自己墓穴安于哥哥位下，从而留下了与哥哥谦让义推的故事。自那时起，柳公权墓所在的村庄便被叫作"让义村"。

在金马梁的观景台上，赵书记指给我看对面青山上的标语牌，只见上面写着：继承先辈遗志，建设革命老区。那是2004年4月9日，习近平总书记的母亲齐心出席照金纪念馆开馆仪式时所作的题词。

20世纪30年代初，刘志丹、谢子长、习仲勋等在照金创建了中国工农红军第二十六军，成立了陕甘边特委和陕甘边革命委员会，创建了西北第一个山区革命根据地。

2015年2月14日，习近平总书记来到了照金，向陕甘边革命根据地英雄纪念碑敬献花篮，参观了陕甘边革命根据地照金纪念馆，考察了当年红二十六军和陕甘边区游击队在山崖上利用天然洞穴修建的薛家寨革命旧址等。

我眺望着红色标语牌四面层峦叠嶂的青山，那山峰一重重一道道，像浪涛一样排向远方，又像千军万马一样呼啸着冲向战场，让人不由得产生无限震撼和联想。

回到关庄,已是暮色四合。

这一天马不停蹄地去了很多地方,看了许多没见过的东西。此刻那些东西都回到了我的眼前,一个一个,影像似的,幻灯片似的,万花筒似的,晃来晃去。

树木,村庄,通往乡村的小路,黄土高原,切割高原的深沟大壑,柳公权墓园,照金……关庄到底是怎样的一块土地呢?

那茫茫群山之中,掩藏着一个一个的山村,而小山村里又隐藏着一户一户的人家。

在麻子村,能看到移民搬迁的房屋漂亮如别墅,还能看到同样漂亮的青瓦土坯墙的老房屋。屋墙上下乃青砖垒砌,中塞土坯——土坯在这里被叫作"胡基"。最让人惊叹的是这些房子的屋脊那恰如其分的弧度,若非有艺术修养的人,绝对做不出那优美的弧线来。这种房子两两相对,一家一户排列过去,有门楼有门墩还有砖刻。仅从这一排房子如此讲究的制式上,我们就可以想见麻子村是一个古老的村庄。

但这个村庄里也有人住在半坡上的土窑洞里,还有人盖了简陋粗糙的平房。那些住在窑洞里的人家多数都是外来户。在20世纪五六十年代的三年困难时期,有大批的逃难者来到了麻子村,他们中有陕南来的,有安徽来的,有湖北来的,有河南来的。后来我知道关庄镇每个村都有一些逃难者,他们是携家带口一群一群来的,有的村河南逃难者多一些,有的村陕南逃难者多一些,有的村湖北逃难者多一些。他们来了以后,要么住在人家废弃的窑洞里,要么自己在半坡上打窑洞栖身。关庄那时候地广人稀,在黄土塬上随便掏一孔窑洞就可以先安下身来。

在稠桑村,我看到了下地窑。住在下地窑的人在政府安排下都已进行了移民搬迁,下地窑空在那里。

在金马村我还见到了石板房。那是从前人们利用当地特殊的石材建成的一种房屋。

关庄,原名官庄。相传唐、宋时皇帝往香山降香,常驻跸安王村,因扈从官员多留宿该庄,故名官庄。"关"系"官"之谐误。

关庄的夜风真是大呀,四面都是响声,像是动物集合时的呼啸声、奔跑声,一阵又一阵。房间的门总也掩不实,被风吹得哐当哐当地响,风刮来门便响,颇有些烦人。

关庄属于残塬地貌,沟壑纵横。镇政府就坐落于关庄村,这也是该镇名称之由来。关庄村在一道梁上,两边都是黄土高原特征的深沟大壑,通往后塬的一条公路从梁上穿过切开了关庄村。风起于梁上,又从沟壑里得到力量,搅地动天,把窗子后面的松树都吹得左摇右摆。

晚上临睡前,我检查了一下门,看到门上贴了一张粉色的纸,上面写着"第五巡视组"几个字。咦,原来我住的还是巡视组曾住过的房子,是中央巡视组、省巡视组,还是市巡视组呢?这样想着,我笑了。这"巡视组"几个字,像是门上贴的尉迟敬德和秦叔宝两个门神一样,有了他们的保护,我终于安然地入睡了。

第二天我开始了正式的采访。第一站当然是道东村了。道东村是省委宣传部包抓的一个点,省委宣传部先后派了韩亮等五批干部驻扎道东村,他们与镇上的帮扶干部以及四支队伍一起,在道东村推出了"八星励志"扶贫从扶志入手的工作方法,得到了中宣部的肯定。黄坤明部长亲自作了批示,要求在全国推广道东村的经验。时任陕西省委书记的胡和平也作了批示。帮扶干部焦建军和脱贫明星李战文还一同上了中央电视台。道东村扶贫扶志的做法,从关庄镇出发,在整个耀州区遍地开花。

我把李战文叫作"乡村浪人"。他是一个62岁的老光棍,他落拓不羁、行为放纵,一辈子从不受人管束。李战文最关心的还是他的光棍问题,他对我说,不管是哪里的人,只要愿意跟着他下四川,走云南,上宁夏,爱逛爱浪的人都能行。上个月他刚找了一个老伴,是瑶曲那边的一个寡妇,因为彩礼没有给够,人家那女的又走了,可惜得很。

后来我又走了很多村庄,发现关庄一带光棍特别多。在一些村庄,光棍几乎囊括了三代人。李战文算是第二代光棍,住在养老院里的七八十岁的老人,应该算是第一代光棍。他们多数都是移民过来的人。当地人都找不来老婆,又怎么能轮到他们?所以他们是最早一代的光棍。最可怕的是青年光棍,那些三十多岁的年轻人有很多也找不到老婆。村里的女孩越来越不愿意待在村里,出外打工后基本就不回来了。

伴随着光棍现象，关庄一带还流行着上门女婿风气，特别是像照金那边的后塬山区，很多年轻人英俊结实，却因地处偏远，家中贫穷，不得不到前塬这边来当上门女婿。

以"上门女婿"身份上门的男人，到这家之后将来生的孩子只能姓女方的姓，不能姓男方的姓，上门女婿"嫁"到这家之后，就成了这家的永久劳力，所有的担子都要他来承担，他的后代却不能延续他的家谱。一开始我以为既然上门算是"嫁"过来了，女方家是不是要给上门女婿彩礼呢？这边的彩礼，有近10万块钱，是不是要给人家上门女婿？才不是呢！上门女婿仍然要带彩礼过来，只是比自己娶老婆给的彩礼要少一些。有的还要给女方家这边盖房子，或者给女方家这边装修房子，然后才能上门。

我拿着一本关庄镇提供给我的贫困户名册，一个村一个村地走访，关庄一共二十五个村，我全部走了一遍，访问的贫困户大概有一百多名。当时有一种冲动，想把所有的贫困户全部访问一遍，把他们的家庭全部看一遍，把他们的故事全部听一遍，但几个月下来我并没有做到，关庄的贫困户接近千名，我只访问了十分之一。

关庄还有很多大骨节病人，就是俗称的"柳拐子"，他们个子低矮，腿呈罗圈状，走路摇摆，没有劳动能力。

历史留给我们太多的重负。

当我拿起笔准备写《在关庄的日子里》这本书的时候，我的脑子里全是我在关庄见到的那些面孔——扶贫干部的和一个个贫困户的。

贫困户和扶贫干部可以说是脱贫攻坚主要的两方面。他们在这一战场上，各自在各自的层面上发力，才能完成这一历史性使命。

我想通过不同境遇不同状态的贫困户，表现出以关庄人为代表的西北人的风情风貌。我对他们寄予了厚望，企望着通过他们描绘出渭北高原的纵深和苍凉、风情和风土、人文和历史，也企望着通过他们跌宕起伏的人生，展示他们沉默的力量以及对脱贫致富的深切渴望和强烈呼唤。

我还要写关庄的一群好人，比如牺牲爱情、一生照料他人的汪义琴等。他们秉承柳公权弟兄"让义"之大德，行着当代之义。"义"就是一种精神。脱贫攻坚不仅要脱掉物质上的贫困，更要脱掉精神上的贫困。还有那些移民群体中的人，我也要写出来，那是关庄沧桑岁月的见证。

我将作品分为两大部分，前面写扶贫干部，后面写贫困户，当然这种划分并不精确，因为扶贫干部和贫困户是交叉在一起的，只是写作的切入点不同而已。

在关庄近一年的时间里，我常常听到鞭炮的声音。记得我到关庄的头一天傍晚，在安置区就看到一户人家在办丧事，搭着帐篷，吹着唢呐，放着鞭炮。

后来鞭炮声频繁响起，隔几天就噼噼啪啪，震耳欲聋。周边都是村子，响声也就来自四面八方。我心中疑惑，不可能又是过事的吧，怎么这么多人家过事？有一天我向村民打问，村民说，不是过事，是买了小车放炮哩。是这样啊！看来，关庄人的生活的确是一天比一天好了，买车的人这么多！

关庄，从此成为我生命里重要的一页，我以虔诚的心捧出这本书，表达我对黄土地以及那些蹒跚行走在人生旅途上的贫困户的敬意。

当我写完这篇自序之后，已是2021年的最后一天，习近平总书记发表了2022年新年贺词。他在贺词里说："民之所忧，我必念之；民之所盼，我必行之。我也是从农村出来的，对贫困有着切身感受。经过一代代接续努力，以前贫困的人们，现在也能吃饱肚子、穿暖衣裳，有学上、有房住、有医保。全面小康、摆脱贫困是我们党给人民的交代，也是对世界的贡献。"

脱贫攻坚之后就是乡村振兴，我看到耀州区扶贫局的牌子已经换了，挂上了乡村振兴局的牌子。是的，要让大家过上更好的生活，我们不能满足于眼前的成绩，还有很长的路要走。

史家态度　文学关怀
——读东篱《在关庄的日子里》

苏云龙

　　东篱《在关庄的日子里》一书选择脱贫攻坚作为主题，但它并没有像一般脱贫题材的作品那样，依据特定扶贫事件或项目产业进行铺陈渲染，进而呈现为全景式的长篇纪实报道。《在关庄的日子里》是将中心视点放在人物身上的。也就是说，在这部作品中，脱贫攻坚更大程度上是作为叙述背景或线索存在的，作者将自己的笔触清晰地指向了包括扶贫干部、贫困户以及与之相关的乡村干部、普通群众等人物身上。脱贫攻坚这项前无古人的事业，在这本书里更像是一张网，把诸多本来毫无关联的人网罗在一起，使他们相遇、对话，产生正向合力，或发生反向冲突，从而演绎出种种意想不到的精彩故事，展现出许多让人印象深刻的场景，同时也映射出变化万千的世相人心。

　　《在关庄的日子里》为什么会呈现出这样的风貌？我想，这可能与东篱的创作追求和原则有关。

　　一方面，在写作过程中，东篱特别强调作品的史料性。她说："我期待我的这本书和我的记录，带有某种史料的性质，为后世，不要说远处，至少对我们下一步的乡村振兴，能够提供一些借鉴或者政策的参考。"基于此，东篱的创作尽量向客观性和真实记录这一方向靠拢。对人物的描写，较少激情洋溢的热烈描摹，较多史传性的白描书写，以史传笔法塑造出了脱贫攻坚战线的人物群像。而对扶贫工作中出现的问题、扶贫干部和贫困户间产生的不和谐音符，她也并不妥协游移，而是秉笔直书，时不时还会将自己的一些看法渗透其间。

另一方面，东篱在文学性上也绝不妥协。她写人写事的语言，总体上是文学化的，在个别篇章里，几乎是活泼飞扬的。在写人写事的间隙里，她也穿插了不少写景和抒情，一张一弛之下，使作品的节奏时疾时徐，如曲水流觞，读之充满盎然的趣味。东篱坚持用文学的探照灯扫描贫困乡村的样貌，扫描身处其间的人们的样貌，从文学意义上观照这片土地、这些人，以及这些存在带给她心灵深处的触动与思考。

也正因为以上两点，比起一般脱贫题材的作品来，《在关庄的日子里》以关庄这个传统农业乡镇为窗口，辐射出了更为广阔也更为纵深的乡土中国，展示出了乡村社会深至腠理的时代特征，表现出了身处乡土中国的扶贫干部与广大农民，尤其是身处社会最底层的贫困群体的精神图景——他们的爱，他们的恨，他们的困境与无力，他们的憧憬与希望。甚至可以说，在真实再现脱贫攻坚事业的社会图景之外，对当代乡土中国的新的时代特征及身处其间的人们的精神图景的表达，才是这本书的最大价值。

当然，书中对当代乡土中国时代特征的表达并不是归纳式的，而是沉淀在讲述与议论底层的。但即便如此，我们依旧可以从诸多细节中感受到时代巨轮对于乡村尤其是偏远乡村的碾压，以及乡村社会普遍存在的凋零趋势。

以传统农业经济为基础，以宗法、乡绅为文化伦理组织形式的传统乡土社会，其安身立命的根基早已在时代发展过程中屡遭冲击，市场化、城市化、现代化、信息化更是釜底抽薪般地加速了这种摧毁。新事物方兴未艾，旧事物注定衰落。偏远乡村、贫困乡村尤其直观地展示着时代变迁的痛楚，它们在地理上大多还保持着曾经的封闭状态，如书中所说的"背着日头出来，背着日头回去"，但信息化又将它们拽进了一望无际的现代信息海洋里。一方面，落后乡村在快速凋零；另一方面，它们与现代化之间形成既遥远又迫近、既共享一切信息又无从靠近触摸的背叛与撕裂态势。这些都是当代乡土中国的典型时代特征。

在这种背景下，脱贫攻坚和乡村振兴其实是逆势而动的。我们的国家并没有祭出应然的旗帜，把乡村凋零和贫困群体定位为时代发展的"代价"；也没有抛出实然的佐证，来证明世界各国各地在全球化浪潮下都避免不了乡村凋零与贫富差距。国家始终在践行着人民至上的誓言，甚至轰隆隆发动整个国家机器、动员所有能够动员的因素，投身到兑现"共同富裕"承诺的脱贫攻坚和乡村振兴大业中去。这种"虽千万人吾往矣"的气魄，不能不令人感佩，形成云集景从的效应！传统农业社会无疑是回不去的，于是我们的脱贫攻坚与乡村振兴，该换赛道的换赛道，没有赛道的修赛道，在一批又一批帮扶干部和贫困户的共同努力下，赛出了难以想象的成绩和风格。

《在关庄的日子里》就描写了大量有名有姓、鲜活生动得如在眼前的帮扶干部和贫困户，他们共同撑起了关庄这个地区的脱贫攻坚事业，也共同点亮了《在关庄的日子里》这本大书。比如说秦洁、徐晖、韩亮、李静、闫军、焦建军、赵振东、赵慧、焦秀丽、周阮山这一批来自中央和各级地方政府的扶贫干部，他们或雷厉风行，或潇洒自若，或局促拘谨，但都为脱贫攻坚付出了难以估量的艰辛与努力。比如说海浪、左林斌、李战文、武争争、余得海、陈海玲、王升峰、田河南这一批形象气质迥然不同的贫困户，他们或深陷绝境自强不息，或洞悉世事心思周密，或单纯善良一往无前，但全都在为了改善自己的处境而思虑着，挣扎着，左冲右突，寻求前行。甚至，作者从贫困群体旁逸斜出，写到了因逃难而来的移民群体、孤寡老人群体，以及与脱贫关系不大但与关庄这个地区的精神图景关涉甚密的"好人群体"，作者毫不吝惜对他们的赞美，把他们的行为和精神总结为"义"。

所以，这本书在冷静客观的史料记录之外，在处处渗透着对世态人心的体察以及对时代、社会的观察思考之外，还存在着一些极为滚烫的温度，比如描写海浪事迹的部分，比如描写扶贫干部委屈与艰难的部分，比如描写一些贫困户令人绝望的处境的部分，还有"养老院的婚礼"。在许多叙述背后，作者的欢欣与痛苦透过纸背，纤毫毕现地显露了出来，作者心底的爱和悲悯也无处遁形，汩汩流淌了出来。

以上这一切，就是《在关庄的日子里》与其他脱贫攻坚题材作品的不同之处，也正是它最大的价值和意义所在。

目　录

第一章　中宣部在耀州　　001

　　奔腾的浪花 / 003

　　柳林记 / 025

　　一粒麦子 / 032

　　我是来朝拜的 / 037

　　我是农民的儿子 / 039

第二章　省里来的女干部　　043

　　在耀州挂职 / 045

　　尿毒症患者 / 050

　　邂逅一个老人 / 055

　　公建民营养老院 / 058

　　扶贫是双向的 / 060

第三章　撞在一起的五年　　063

　　扶贫，是对你的一个挑战 / 065

　　它是一个战场 / 068

　　撞在一起的五年 / 073

不能和贫困户一样 / 075

第四章　关庄八年　　　　　　　　　　　　　　079

　　关庄之"官" / 081
　　电商物流园 / 086
　　移民搬迁 / 093
　　社区工厂的故事 / 097
　　永远的遗憾 / 106

第五章　上了央视的镇长　　　　　　　　　　　109

　　乡村浪人 / 111
　　镇长与浪子 / 116
　　八星励志 / 123
　　小矮人都得星了 / 126
　　李战文的"星" / 129
　　上了央视 / 133

第六章　炸碉堡的人　　　　　　　　　　　　　137

　　才气逼人的年轻人 / 139
　　墓坳村的选举 / 142
　　要包就包最难的户 / 147

第七章　带着父亲孩子去扶贫　　　　　　　　　153

　　"风火轮"书记 / 155
　　我们村的人 / 160
　　桥的故事 / 167
　　我带你去看冰瀑 / 170

我爱人其实不支持 / 173

我们葫芦村可美了 / 175

我赶上了，我值 / 178

第八章　中吕村来了个美女　　179

我像个上访户 / 181

中吕村 / 185

侏儒的女儿 / 187

黑砖窑得病的王升峰 / 190

我没醉，也没哭 / 196

第九章　金马村的村主任　　199

一个美丽的传说 / 201

我有三个大 / 203

搬到梁上 / 211

旱塬上的水 / 213

坡屋顶改造 / 217

核桃可以出山了 / 220

为李天明葬母 / 225

游击队变成了正规军 / 230

第十章　故贤村的故贤　　233

英雄郭正喜 / 235

请假条决定的命运 / 242

秤锤命 / 245

故贤村的当代之贤 / 247

第十一章　放牛娃的爱情　　251

托孤 / 253

放牛娃 / 258

"快手"之恋 / 262

结果子了 / 273

日子 / 278

第十二章　养老院里的婚礼　　283

悲情墓坳 / 285

欢乐"尚善" / 302

第十三章　汪义琴的"义"　　315

陕南来的一家人 / 317

琴的爱情 / 322

二姐 / 326

琴的姐夫 / 329

琴的一点快乐 / 332

第十四章　关庄的"义"　　337

"让"与"义" / 339

好人们 / 342

中国好人 / 347

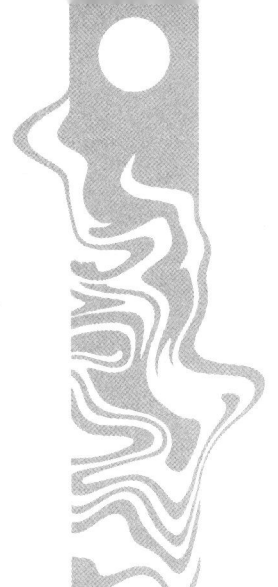

第一章 中宣部在耀州

耀州位于陕西省渭北高原北端,明清时耀州以漆水东岸之宝鉴山"光耀州城"而得名,是关中通往陕北的咽喉,素有"北山锁钥""关辅襟喉"之称。

20世纪30年代初,刘志丹、谢子长、习仲勋等老一辈无产阶级革命家在这里组建了中国工农红军第二十六军,成立了陕甘边特委和陕甘边革命委员会,创建了西北第一个山区革命根据地——陕甘边照金革命根据地。照金因此成为中国革命的落脚点和出发点。

——摘自《陕西省耀县地名志》

奔腾的浪花

山顶上的海浪

在庙湾镇的高山深处,有一个脑瘫女孩,她叫海浪。中宣部挂职耀州区委副书记秦洁偶然中与她相遇。

那时的海浪窝在床上,她的手和脚都不能动弹,矮小的身体朝墙边缩着。海浪只能在床上,她下不了地,走不了路。要下地,就要白发苍苍的老母亲费力一点儿一点儿地把她移到轮椅上。

她被囚禁在自己缩成一团的身体里。

我见过海浪发在朋友圈的一个短视频,视频里,海浪的妈妈抱着海浪在村头锻炼,妈妈试图让她走几步,但海浪的脚刚一挨地,马上就弹起来了,两条小细腿轮番着弹跳,妈妈吃力得好像马上就要向后倒去。山村的后面是浩瀚的天空,树木、田野都融进了蓝天,海浪和妈妈也像是马上要后仰到无边的天空里一样。

海浪一家是从河南流落到陕西来的。在三年困难时期,海浪的爷爷和奶奶带着海浪的爸爸,挑着担子一路辗转来到了耀州,在庙湾镇五联村落了户。

这里地处偏远,人口极少,荒地又多,逃荒过来的人可以倚仗黄土地貌的独特优势打窑洞先住下来,然后再开荒种地。当年的五联村来了一批这样的人,他们借助地利之便在一个个小山洼里生存了下来。

五联村之所以叫五联村,是因为将五个人口不多的小村合在了一起。这五个小村分别是寺村、献头塬、马塬、白塬、状元沟。

海浪家在白塬村。

关于白塬村,1985 年出版的《陕西省耀县地名志》上是这样记载的:白塬,在清代中叶，村以居民姓氏和所处地形得名。由此得知，白塬村本是一个老村，居民以白姓为主，而海浪家姓海，也可以据此印证海浪家是由外地迁入白塬的人家。

五联村所在的庙湾镇是个山区小镇，地形北高南低，从风景看，山峦起伏，沟壑交错，很是壮观，呈现着黄土高原的苍凉和雄阔。然而对村民来说，土地贫瘠，干旱少雨。人们隐藏在小山村里，隐藏在大山的褶皱里，像种子撒在干旱的土地里一样，不见踪影。

庙湾镇当年系陕甘宁边区的一部分，是标准的革命老区。1943年，淳耀县苏维埃政府设在庙湾西寺。著名的香山寺也位于庙湾镇的西南部，清代中叶香火隆盛，为全国八大名山之一，而今成了耀州著名的旅游胜地。

流落过来的姓海的一家人，在庙湾这块土地上像当地人一样本本分分，勤劳生活。这家人先是添了一个男孩，而后添了一个女孩。

到了1992年，又添了一个漂亮的女婴，她有着秋水一样明亮的大眼睛，双眼皮、瓜子脸。如果她能够像姐姐海霞一样正常地健康地生长的话，肯定会是个美女，不幸的是，在她三个月的时候，却得了一场大病。

不知道海浪的爸爸和妈妈为什么给这个小女孩起了一个注定要一生不平静的名字——海浪。海浪，本是波涛汹涌之物，带有某种天然的不平静之象，故而从小女孩被命名之日起，她的命运就和波涛汹涌的海浪联系在了一起。

海浪的微信朋友圈签名这样写着：命运待我惊涛拍岸，我还命运海浪滔天。听起来有些惊人。

三个月的女婴海浪发了高烧，几天几夜不退。爸爸和妈妈连夜把海浪背到了30公里之外的陈家山煤矿医院。

陈家山煤矿是属于铜川矿务局的国营大煤矿，医疗条件在庙湾镇算是最好的。然而煤矿在山的下面，海浪的家却在高山之上。光是从山上到山下就要走九道十八弯的十几里山路。等到把海浪背到陈家山煤矿医院，海浪在路上就已经抽搐昏迷了好多次。

就这样，小小的海浪落下了残疾，两条腿和两个胳膊都不能动弹了。当医生宣布海浪成了脑瘫女孩，没有办法再恢复的时候，海浪的妈妈给医生跪了下来，但医生还是无奈地摇了摇头。医生看到海浪的爸爸是个脸膛古铜、衣衫破烂的山里农民,就劝海浪的爸爸放弃治疗,不要让高昂的医疗费再拖垮整个家庭。

海浪的爸爸和妈妈不甘心,依然到处给海浪寻医问药。为了海浪,爸爸借遍了亲戚朋友的钱,自己得了肾炎也不舍得看,就喝麦秸秆烧过的灰泡的水——那是一个偏方。

脑瘫的海浪,不仅不能走路,四肢还经常抽搐,关节也经常疼。疼起来的时候一晚上一晚上地不能入睡,妈妈就坐在海浪身边给海浪揉腿揉胳膊,让她慢慢入睡。妈妈还跑到香山上烧香求菩萨,但都无济于事。

9岁那年,海浪又疼痛得无法入眠了,妈妈不忍心看着海浪痛苦不堪的样子,就又把海浪带到山外面的医院,海浪在山外面的医院里住了将近一个月,止住了疼痛。

妈妈给海浪办理了出院手续后,海浪的爸爸开着手扶拖拉机拉着母女俩回家。正要上山的时候,暴雨却突然降临。那时的路还是土路,非常湿滑,经过沮水河边的时候,拖拉机一打滑翻入了河里。

海浪的爸爸被拖拉机的扶手打到了岸边,海浪和妈妈却同拖拉机一起掉进了河里。

爸爸爬起来,顾不得自身的伤痛,跳入河里。先把妈妈拖到岸上,妈妈的头被河里的石头磕破了,血流不止,但爸爸顾不得许多了,又跳入水里寻找不见踪影的海浪。

面对混混沌沌的洪水,爸爸站在齐腰深的河里,大声地叫着:海浪娃,你在哪里,你在哪里?

河水滚滚流过,发出令人惊骇的响声,夹杂着从山上冲下来的木头、杂草和树枝。爸爸站在水中茫然四顾:我娃咋不见了,我娃咋不见了?爸爸焦急绝望的声音淹没在洪水的怒涛里。

终于,爸爸摸到了侧翻在水里的拖拉机,在拖拉机下面,爸爸的手碰到了一只脚,便用力将这只脚拽出了水面,那正是海浪。

那时,海浪呛了许多水,已经昏迷不醒了。爸爸倒提起她的双脚,让她把肚子里的水倒了出来。

海浪醒来了。她看到爸爸的脸上都是泥水,但夹杂着惊恐中的欣喜。

爸爸把海浪抱到妈妈身边，急切而庆幸地说：咱可怜的娃，找到了，找到了。

雨越下越大，丝毫没有停下来的意思。老天是在为海浪流泪吗？是在为这折断翅膀的女孩哭泣吗？

爸爸脱下自己的衣服，披在海浪的身上，又赶紧查看妈妈的伤势。

妈妈头上的血一直在流着，在海浪的眼里，当时的妈妈脸上、身上全是血。妈妈是个晕血的人，最见不得血，妈妈在半昏半迷中急切地问爸爸：我娃没事吧？

听到妈妈这样说，海浪"哇"的一声大哭起来。她是想给妈妈说：我没事，妈妈你疼不疼？但话到嘴边却变成了：把我放在这里，赶紧把妈妈送医院去，然后再回来接我。

爸爸说：把你丢在这里怎么办？谁也不能丢这里。

爸爸一手抱着海浪，另一只手托着背上的妈妈，把娘俩一起送到了医院。

那走的可是山路啊！暴雨中的泥泞山路。海浪真不知道爸爸怎么会有那么大的力气，把她们母女俩硬是一抱一背地弄到了医院。

坐在医院的走廊上，海浪和妈妈瑟瑟发抖，爸爸却满头大汗，从头发里冒出的热气，像山里的大雾一般。

此时海浪才看到，爸爸其实也受了伤，他的胳膊被划了一道长长的血印。

长大后的海浪写过一篇文章，记述自己的病痛，文章的题目是《负痛前行》，她是这样写的：

成长到底是什么？对我来说，成长就是漫漫长夜里，无尽的疼痛……

从刚刚懂事起，我就常在医院里接受治疗，浑身扎满针，那种疼，是满怀期待的……我坚持了一天又一天，但是这种坚持到最后也是徒劳。我想，这大概就是大人们说的命吧。

从七八岁开始，我又添了一种病，发作的时候全身抽搐，喘不过气，眼珠子被憋得似乎要蹦出来，去了很多医院也不管用。还好我的一位亲戚是老中医，他用针灸缓解了我的病。犯病时的那种疼痛让我窒息，我想，这大概也是命。

19岁的时候，我又开始胃痛，这不敢吃，那也不敢吃，再美味的食物摆在面前，我都要像食物研究人员一样，看它是凉性的还是热性的，是生的还是熟的，是硬的还是软的。很多时候我把口水咽下去，到最后什么也没有吃，毕竟，在我的人生里，有太多的不允许，这是我的命，我得认。

20多年的时光里，各种疼痛都不请自来。颈椎时不时地疼，跟我整天看手机有关，这也是没办法，就是职业病。这个我还是骄傲的，我也是有职业的。常年不运动，导致我手脚扭曲变形，继而引发痉挛性的疼痛。尤其最近这段时间，无尽的疼痛一到深夜里就弥漫全身，我像是被诅咒了一般，疼得无法忍受。

我唯一能动，听我指挥的身体部件就剩下我的嘴唇了。上天，你给的命，我都认，你还要我怎样？

我失去了手脚的自由，还要承受无尽的疼痛。我真的好想哭，可是想想，眼泪似乎什么也改变不了，除了坚持下去，除了更努力一点儿，我还能做什么？我还能去改变什么？

有太多的人问我：你的未来是什么，对将来有什么打算？我真的不知道如何去回答！沉默许久后，我只能说：未来那么遥远，我这样平凡，又怎能预知呢？

有句话说：成年人的世界，谁不是在负重前行。而我却是在负痛前行！生命有不能承受之重，又有谁能体会到如影随形的不能承受的摧毁心灵的肉体的痛！

爸爸和妈妈这么辛苦地照料海浪，家里被拖累得一贫如洗。有一个人早已忍无可忍了，他一次次对海浪的爸爸和妈妈说：把她扔了吧，扔了吧。扔到沟里边，这么大的沟，看不到底，扔下去，啥都干净了，啥都没有了。

说这话的人不是别人，是海浪的爷爷。

海浪小时候非常讨厌爷爷，她在5岁的时候就听到爷爷这样说了，她听懂了爷爷的话，每次爷爷来她家，她就对妈妈说：他怎么又来了。妈妈就打一下她的头，不让她胡说。

后来，奶奶死了，爷爷搬过来跟爸爸妈妈住在了一起，爷爷还是这样说，海浪就和爷爷顶嘴。爷爷干不动农活了，爸爸妈妈把海浪放在家里让爷爷看着，爷爷沉着脸，一句话也不和她说。在海浪的眼里，爷爷看她时的脸就像天上的乌云一样，厚重得掀都掀不起来。

海浪不想单独和爷爷待在家里,不想看爷爷阴云密布的脸,她总是闹着要跟妈妈到地里去。

妈妈只好用一个布兜将她兜在后背上到地里去,妈妈在地上铺上一块布或是其他什么东西,海浪就坐在那上面,然后妈妈去干活。

村里的顽皮小孩常常过来欺负她,故意把她推倒,她倒下后因为手脚都使不上劲,所以不能自己起身,顽皮的小孩们就在一边笑她。海浪就哭,海浪一哭,妈妈就从玉米地里钻出来,再将她抱直。

妈妈再到地里的时候,海浪就坐在地头看地上忙忙碌碌的蚂蚁还有蹦蹦跳跳的蚂蚱,听着山谷里传来布谷鸟的叫声。

她看天上的云。高原上的云总是那么悠闲,天空像个大扇面一样环围着高山,大部分的云并不在头顶上,而在对面,像是一伸手就能扯过来一片。海浪总想扯过来一片云,想抬起胳膊,发现胳膊根本不听她的话。她抬着身子看深不见底的沟壑,沟壑里山风飒飒,有时也清风徐徐,静默无声,她想象着爷爷偷偷把她扔到沟里,沟里会不会有狼把她吃了。她一想到被狼吃了,就又开始喊妈妈。

不过大部分时间,她坐在苞谷地边是无所事事的。身边鸟鸣雀飞,一切安详。那时的海浪心里并没有过多的忧伤和烦恼,她似乎觉得,生活本来就是这样。

有一次,妈妈把海浪放在了麦秸垛上。海浪听到屁股底下有沙沙沙的响声,还有一个软绵绵凉飕飕又有力量的东西在拱她。她心一惊,那软绵绵的东西猛一用劲,她就被拱了下来。

她掉到麦秸垛下面的地上,大哭起来,爸爸和妈妈从庄稼地里跑过来,看到一条蛇从麦秸垛里往外钻。那蛇有碗口那么粗,头也很大,吐着长长的信子。

爸爸操起一根木棒,把蛇挑了起来,甩到了沟里。海浪眼看着那蛇在空中画了一条弧线后落了下去。

从此海浪就怕起了蛇。她再也无心一个人坐地边看蚂蚁了。她坐一会儿就要叫妈妈。她一叫,妈妈就过来看她。叫的次数多了,妈妈干不成活,也厉害她几句,她就不敢再叫了。可是过一会儿,她还是害怕得要叫妈妈。

姐姐海霞比海浪大5岁。为了减轻爸爸妈妈的负担,海霞初中一毕业就出外打工了。

海浪13岁的那一年,姐姐用打工挣的钱给她买了一辆轮椅。姐姐把轮椅运到山下后,却死活弄不到山上去。

姐姐只好打电话给爸爸,爸爸就下山把轮椅背上了山。

从柳林到海浪家的那段山路我是走过的,不过我是坐在小车里"走"的。我坐在车里往车窗外望去,一座座的山峦从视线里转过去,转过来,不知道转了几座山才转到了山上。转山的时候我感觉车子就像在云端漂浮一般。云朵就在身边,而脚下就是悬崖和深沟。

那真是一条极险的路。

很奇怪,海浪的爷爷当初流浪过来的时候怎么会选择了这么高的山顶安家。很多外来人,通常喜欢把家安在某一个山窝窝里,虽然也转山,但没有这么高,也没有这么险。

我后来查了资料,海浪家所在的山顶海拔1300米,耀州区最高的山——香山也才1415米,原来海浪家跟最峭拔高耸的香山基本齐高了。若是不知道去海浪家的山路有多难,对比一下登香山的难度就清楚了。当然,海浪家的山顶是平整的,塬面还挺大呢,不像香山那么峭立险要而已。

海浪的爸爸和姐姐费了九牛二虎之力把轮椅背上了山,但是海浪却用不成。那时候的轮椅比较笨重,而海浪坐轮椅所要经过之地,都是土疙瘩地,坑洼不平,稍有不慎,轮椅就翻倒在地了,还不如不用。

海浪后来就不用轮椅了。大部分时间靠妈妈把她抱来抱去。当然姐姐也抱她。她身子瘦小体重很轻,只有70多斤,妈妈和姐姐还都能抱得动。

为了让妈妈少劳累一些,长大后的海浪就基本生活在了床上,为了减少大小便,她很少喝水,渴了也不喝。

坐在床上,她就看电视,看了好多的动画电影。海浪说自己是个幸福的人,和她一样大的孩子都去上学了,整天写作业,而她却能无拘无束地看电视。她看《葫芦娃》,看《黑猫警长》,看《机器猫》,还看流行的电视剧。她说自己是一个追剧明星,一个剧她一集不漏地要从头看到尾。

这是她抵抗孤独的唯一方式。爷爷去世之后,她连恨的人都找不到了。

当然,长大后的海浪还是理解了爷爷,她想,爷爷是爱爸爸的,爸爸是爷爷的孩子，就像她是爸爸的孩子一样，有哪一个父母会不爱自己的孩子呢？哪一个父母会眼看自己的孩子背了那么大的负担而不心疼呢？

爷爷去世的时候，海浪流了泪，哭得很伤心。她想，是爷爷带着他的爸爸死里逃生从河南来到了陕西，来到了庙湾，才有了她。就算她再讨厌爷爷，爷爷也不知道了。以前她还可以向爷爷阴沉的脸瞪眼睛，现在眼珠子转几转却不知该停在哪里。她想自己活着，连个讨厌自己的人都没有了，一下子忽然觉得生活空洞了很多。

她感到更加孤独，就开始学习认字。电视剧和动画片下面总有一行字幕，她看着字幕和画面人物说的话对应着去认字。她不像我们通常认字那样一个字一个字地认，她要认就要认一排字。她要猜，她要对应。所以大脑一定要好，要超级用心。

她是追剧明星，但追到最后，把人物一个也没有记住，倒记住了很多的字。

后来，哥哥下棋，她竟然把哥哥的象棋棋子也摆得一个不差。哥哥那时候才发现她竟然坐在床上认了那么多字。

哥哥就买了书给她看，在书里，她的世界逐渐打开了，她知道了很多没有上学也能知道的事情。

她有一颗敏感的心，这敏感的心使她学会了思考。她思考了很多同龄人不曾思考的人生问题，活着的问题。这些其实都源于她的病和她的痛。只有病痛中的人才会作这样的思考，所以她具备了诗人的情怀。困苦中，她写下了梦想的诗句。

我曾想
我一定是被上帝遗弃的孤儿
在这人间折断翅膀
苦苦挣扎

我想像马儿一样欢快地奔跑
我的手和脚
却在不听使唤地蜷缩

我想像别的小女生一样
穿着漂亮的小裙子
哪怕只是原地转一个圈儿
我也是满足的

我多想抚摸上帝的脸庞
让他答应我
这只是梦一场
等梦醒来
我依旧可以自由自在地飞翔

尽管我使出浑身力气
想挣脱这命运的枷锁
却无可奈何

我要像梦一样自由
就像歌里唱的那样
点亮生命的光芒
在这蜿蜒曲折的路上

姐姐海霞给海浪买了一部手机，海浪就用嘴唇敲击键盘和朋友聊天，打发孤独的时光。那是一部老式手机，键盘很硬，海浪的牙齿和嘴唇经常触碰在一起，嘴唇被咬得稀巴烂，但海浪没有别的选择，因为嘴唇是她唯一可以控制的器官了。她就这样慢慢地学会了用嘴唇打字上网和外界交流。

2017年，随着脱贫攻坚工作不断深入，海浪家被纳入建档立卡贫困户，海浪的包扶干部是耀州区文化馆干部程薇，程薇建议海浪利用手机做电商。海浪早已渴望自己能赚钱养活自己，不再成为家人的负担。

于是海浪参考别人坐在家里做生意的模式，努力学着做。上网、申请开微店，都是她自己学的。

海浪让妈妈给她买个新手机，妈妈没钱买，说：娃哟，你又出不了门，要手机可做啥么？海浪说要做生意。妈妈说：手机咋可以做生意哩么，手机不是打电话的么？海浪说：就是可以么。

后来还是海浪的姐姐给了海浪一个智能手机，海浪就真的做起生意来了。

三个月的时间过去了，海浪却一笔生意也没有做成。她的朋友圈里只有27个人，还基本限于家人和村里的人，她的电商之门沉重得像古旧的老门，并不是一推就开。

终于，她还是做成了第一笔生意，那是一个远方的大学生，她买了她的核桃和苹果。她赚到了100块钱，她用这100块钱给终日照料她的妈妈买了一件衣服，还给爸爸也送了一个小礼物。

那天海浪高兴得哭了。她对妈妈说：哥哥总说我认字没有用，看，我现在认字有用了吧。她高兴得像个小孩。海浪还说：哥哥说我趴在手机上，病会越来越重，他愿意每个月从打工挣的钱里给我500块钱。可是，我现在自己能挣钱了，我和别人没什么不一样了。别人能够挣钱养活自己，我也能了。

海浪是这样争气的姑娘，如此不服输的姑娘。她的现状和她的万丈雄心之间有着那么远的距离，但她不气馁地朝着梦想跋涉。她像是受了伤的孤雁，依然鸣叫着追赶着群雁飞翔的踪影。

有个大领导要来你家

这一天，海浪的家里来了一个特殊的人，他走进了海浪家的新房子里。

之前，海浪一家一直在白塬村半坡的窑洞里住着，海浪家是村里最后一户搬离窑洞的。村里其他户从20世纪90年代起就陆续搬离窑洞了，海浪家直到移民整体搬迁的时候才搬到了山梁上。

海浪家坐落在山梁上，正面是一间水泥平房，两边是稍高一点的厦子房，都是小灰瓦顶，中间是一个窄窄的小院。

因此地是国家级贫困县，中央宣传部从1994年起就开始委派干部到耀州区来挂职。

2019年6月下旬,中宣部机关党委委派秦洁到耀州区委挂职任区委副书记。秦洁是中宣部下派的第十六任到耀州来挂职的干部,耀州人都叫他"秦书记"。

2019年正是脱贫攻坚的关键之年,秦洁下来的时候,全区58个贫困村中还有23个贫困村没有脱贫,还有2000多户8000多人处于贫困之中。

海浪家就是这众多贫困户中的一个,而到海浪家里来的这个人正是秦洁秦书记。

穿过小院,秦书记直接进到了海浪的小房子里。海浪坐在床上,她的面前摆着一张小桌子,桌子上放着她的手机。她像是正在用手机上网。

房子里稍稍有些气味,那是药的气味。秦书记不由得咳嗽了几声,陪同的人赶紧打开了窗户。看着这个穿着夹克衫的人被前呼后拥的样子,海浪就知道眼前来的人是个大官。

前几天,村上的干部告诉海浪说:中宣部有个领导要来看望你,领导来了以后你要好好和领导谈话,要对领导客气一点。

海浪听了,心里有点忐忑。中宣部的干部,那可是她见到过的最高级的领导了。虽说各级领导在脱贫攻坚中都来看望过她,但是中宣部的领导会是什么样子呢?他又会给她说些什么呢?

眼前的领导中等身材,微微有些发福,看起来很慈祥,他一进门就冲海浪笑。海浪想:这一定就是那位村干部说的中宣部来的领导了。

可是,他没有那么严肃呀,他看着挺亲切的呀。海浪这样想着的时候,旁边的干部介绍说:海浪,秦书记今天专程来看望你了。

噢,这个人就是中宣部来的呀。这个人没有一点架子,窗户打开之后他就自己找了个小板凳坐在了海浪的床边。其他人也找了小板凳围在了秦书记的身边。

秦书记问海浪是怎么得病的,海浪就讲述了一下小时候的情况。

海浪的表达很生动很真挚,秦书记感受到了。秦书记当过新华社的军事记者,采写过很多重大事件和许多人物,他立马捕捉到了海浪独特的表达。他说:海浪,你的语言能力很强啊,很有感染力啊,你真不简单,你可以写诗。

他念着海浪的句子——命运待我惊涛拍岸,我还命运海浪滔天。他说:海浪,你很生猛呀!

海浪说:你和别的领导不一样。

秦书记说：我和别人怎么不一样了？

海浪说：别的领导来了都说同样的话，他们都说我是耀州的张海迪，可是，我和张海迪不一样，要是把张海迪放在我这里，她肯定不会是我这样，要是把我放在她那里，我也不会是她那样子。

秦书记说：是啊，每个人选择生活的方式都不一样，但你们还是有一个共同的东西，就是自强不息。

海浪说：我从小最大的梦想，就是有一天通过自己的努力养活自己，不成为家人的负担，不给自己留下遗憾，这样，我的生命才有意义。我没有文化，也没有太大的理想。

秦书记说：不成为别人的负担就是一个了不起的理想。

海浪说：很多人对我说，海浪，你好坚强。面对这样的赞美，我心虚，我不知所措，说真的，我没有你们想象的那么坚强，我也脆弱，我也时常孤独，自我三个月大时的一场高烧夺走了我的一切，我就没有了选择，如果说还有选择的话，也只是选择饭来张口，衣来伸手，是不是像极了旧时代有钱人家的公主？海浪调皮地说，歪着她的细脖子。

秦书记说：是呀，你是个漂亮的小公主。

海浪笑了。海浪从心底喜欢眼前的秦书记，她觉得秦书记是个能够理解她的人，她感觉和秦书记谈话十分舒畅和愉快。

像是心有灵犀，海浪情不自禁地向秦书记打开了心扉。

海浪说：我其实常常感到自卑，我不能奔跑，不能和小伙伴们嬉戏玩耍，不能上学，甚至面前的一杯水都喝不到嘴里，可是这都没有关系，我没得选择，我学会了等，我就选择默默旁观。小时候，看哥哥各种新奇古怪的表演，看姐姐画的各种公主、各种花花草草，后来，我也慢慢明白，没有生来就坚强的人，所谓的坚强，只不过是我生来就比别人少了很多选择，因为别无选择所以只能硬着头皮去面对，但因为有父母的精心呵护、哥哥姐姐的陪伴，我的童年依然缤纷多彩。

秦书记说：你这些话应该写成文章，激励自己，也激励他人。

海浪说：秦书记，你的建议真的很美好，但前提是我得先生活，我得先生存，才能有时间去想诗和远方。

海浪的妈妈在旁边说：这娃聪明极了，都怪我和他爸没能给娃看好病，把娃生生地耽搁了。

旁边的五联村副书记王珂说：上帝给你关上一扇门，也必定要给你打开一扇窗。

海浪说：可是那扇窗也要自己去推它才能开，你要是不去推，有窗户也不顶用。

秦书记说：海浪，你太会比喻了。

海浪说：我要学会坚强，我也不知道怎么去深刻理解坚强的意义，我只知道，不能整日无所事事，至少得学点什么，我要学会勇敢面对我别样的人生。我开始努力学习文字，我发现在文字中，我找到了自己的快乐，有那么多触动心灵的句子让我受益匪浅。我喜欢学习的这个过程，它能让我逐渐丰富自己，更能让我了解这个世界，让我拥有敬畏之心。

秦书记说：海浪，你都快变成哲学家了。你的思考很有价值。你有没有尝试用语音来打字呢？这样可以减少你一些困难。

海浪说：我喜欢文字，因为文字是有温度的，有情感的。

秦书记说：看看，你每一句话都是诗呀。

海浪说：我从小就是父母眼里的开心果，因为我从不曾因为自己的手脚而去责怪父母，因为我深刻地明白作为父母，他们比我更难过，所以我更要努力，我不想成为别人口中一无是处的人，我要成为父母的骄傲。

秦书记说：海浪，我看你一直在笑，你的笑容很美，我非常喜欢你的笑容。但我也很奇怪，你为什么能这么高兴?

海浪说：总有人问我，怎么没有见我哭过。我时常这样回答，如果眼泪能换来我手脚的自由，我相信我一定能哭出一条黄河。我也曾偷偷流泪，可是我知道，坚强的人可以流泪，但是不能被眼泪摧毁。

不能被眼泪摧毁！秦书记说：海浪呀，你就是诗人呀，你的话说得太好了。你这些句子是咋想出来的?

海浪说：我热爱这个世界，我认真地感受世间所有的美好，我相信只有真正快乐的人才能感知到那幸福坚强的味道！

海浪说话的时候脖子挺着，脸憋得通红，感觉很费力，她不用口语，总是用很书面的语言，给人一种庄重的感觉。虽然海浪说话的时候总是笑着，听者却能对她产生深深的敬意。

海浪确实是个不一般的女孩,她有着自己对生活独特的认识。她是一个对自己要求很高的人。她的身上有种单纯的善良,也有种朴素的崇高。

这是秦书记心里对海浪的认识。

海浪妈妈说:一开始看见海浪用嘴唇在手机上啃,把我吓坏了,以为娃可又咋了。身子坏了,不能脑子也坏了。后来,还是海霞给我说海浪是用嘴代替手,那个啥——

秦书记说:敲键盘。

海浪妈妈说:对,就是喔。

秦书记问海浪最近生意怎么样。

海浪说:包扶干部程薇对我说,让我把照片放上去,会有很多人喜欢我。还让我把我家的样子也拍照片放上去,包括我家外面郁郁葱葱、层层叠叠的漂亮的山都放上去。

秦书记说:这是个好主意。你卖的是农产品,对吧。你把苹果树呀,核桃树呀,花椒树呀,都拍成照片放上去,特别是苹果成熟的时候。你看咱们这里苹果多好看,又大又红,是不是呀?

海浪说:是呀,我还拍了我爸和我哥摘苹果的场景。

秦书记问:是不是有效果了?

海浪说:就是的,现在每天都有生意,通过做电商我还认识了很多朋友,他们都很善良,都鼓励我,还给我寄东西,发红包。

他们聊天时,海浪的手机响了,海浪说:有订单来了,让我给客户回一下。

秦书记说:你赶紧回,不敢耽搁生意。

王珂对秦书记说:海浪从不要别人的红包,她每次都对给她发红包的人说,请给她一个自我奋斗的机会,请把钱给那些更需要的人。

秦书记说:海浪,你就是最需要帮助的人呀!

海浪说:相比那些无家可归的人来说,我现在还有父母,还有一个温暖的家。我对所有的人说,请你们把你们的爱心留给那些更需要的人,我真的很感谢你们。

秦书记被海浪的话深深地打动了,不知道该说什么好了。

秦书记环顾了一下海浪的小屋,窗户似乎有点小,有阳光透过小窗洒进来,一张小床,铺着格子布单,床头有个很老的平柜,上面摆着很多书,墙上贴着一张字条,上面写着一行字:我要做奔腾的浪花。

妈妈过来给海浪喂水。

秦书记说:海浪现在还吃什么药?

妈妈说:大部分是胃药,海浪的消化不好,她总坐着不动弹。还有止痛药。

秦书记问她是哪里疼,海浪就说小腿疼,脚指头也疼。

秦书记把目光转向了海浪的书架。

秦书记说:海浪,你真了不起,你看的书真不少,还有外国小说呀。

海浪说:我出不去门,没有人跟我说话的时候,我就看书,我不看书怎么办呢?谁有时间理我呢?

海浪又调皮地笑了。

中午时分,妈妈把海浪抱到了轮椅上,推着海浪来送秦书记一行人。

秦书记说:海浪,你们家是个很美的地方,正前方就是香山,往右是照金,这些地方你都去过吗?

海浪说:没有去过。从出生起就一直在村里,哪里也没有去过。

那时,正是麦子成熟的时节,田野里一片金黄,山风吹来,麦浪滚滚。

秦书记:海浪,对着这山,你再说句话吧。

海浪说:小伙伴们,麦子成熟了,你们快快回来收麦子吧!回来吧,回来吧!

海浪的声音很大,群山在响应,传来回声:回来吧,回来吧。

秦书记说:海浪你刚才不是说,你在网上放了村子的照片,你看现在的景色就很好,也可以放上去。

海浪说:是呀!还有很多摄影家也来我们村上拍照片,拍了很多。他们的照片拍得很艺术。

秦书记说:也不要太艺术了,只要自然地拍就好,咱们庙湾这地方本来自然风光就好,森林覆盖率高。一年四季的景色都拍下来放上去。现在不是夏天吗,你看这像油画一样的麦田,多美呀!这么美丽的地方出产的都是生态食品、绿色食品,你这样宣传一下,让外界从看到环境最终认可你的产品,一定能大获成功。

阳光下，秦书记看到了海浪妈妈的一头白发，忍不住说：嫂子，你不用发愁，要相信党和政府。党中央实施脱贫攻坚，就是要解决群众的困难嘛，再大的困难，有党在，就不用怕。

秦书记交代海浪的妈妈要多给海浪喝水。

海浪妈妈说：海浪不喝，她就这点不听话。

秦书记说：多好的孩子呀，她总是替别人着想。

海浪之所以不愿意多喝水，是因为不想多劳烦妈妈。妈妈每隔一个小时就要帮她活动四肢。海浪针灸或者输液的时候，妈妈扶着海浪的胳膊一扶就是几个小时。海浪对秦书记说：妈妈就是我生命里的那束光，照亮了我的世界和生命里灰暗的天空。

秦书记说：好孩子，我还会来看望你的。以后不要叫我秦书记了，就叫我秦叔叔，以后我就是你的叔叔。

海浪说：秦叔叔好。

秦书记笑了。大家都一起笑了。

秦书记要坐车下山了。

海浪说：到我们村总共要拐九道弯，我从上往下数，又从下往上数过的。

秦书记说：前面那个村叫九里坡，过了九里坡，就到你们村了，所以你说九道弯没错。

海浪说：我发现，我们村真的很漂亮，我们村四面都是山，刚好把我们村包围起来。

秦书记说：是呀，你们村是个聚宝盆呀，要不然，人怎么都聚到你们这里来了。

海浪说：这么高的山真是好呀！我每次从这里往远处望，真的不知道山的那边是什么样子。

秦书记说：你要是能出去走走，你的视野就会更开阔了，你的思想境界也会得到大的提升。

海浪突然说：要是有一天，我能去北京就好了，姐姐告诉我，山顶上也不能望到北京。

秦书记问海浪：你到北京想看什么？

海浪说：我到北京最想看的就是升国旗，每次在电视上看到升国旗就很激动。

秦书记说：这样吧，等我回北京的时候，就把你带到北京去，带你到天安门去看升国旗。

后来，海浪的这个愿望真的实现了，秦书记真的把海浪带到了北京，还把海浪的事迹推向了中央电视台《绝不掉队》扶贫专题栏目。

海浪就是张海迪

秦书记到山下后，又走访了寺村、状元沟等几个组的贫困户，随后在庙湾镇召开了座谈会。

秦书记在会上说：我们倡导改变贫困，首先要激发内生动力，海浪就是一个依靠内生动力向贫困宣战的典型。

回到办公室，秦书记一直在想，庙湾那个地方太偏远了，那里的人大多没有上过大学，一直待在山里，因为找不到出路，所以意志消沉，海浪不屈服于命运的精神在这里真是太难能可贵了，海浪就是开在荒原上的一朵奇丽之花呀。

秦书记意识到海浪身上这种不沉沦、不颓废、不抱怨的精神，正是脱贫攻坚应当树立的精神品质。扶贫工作太需要典型带动和示范效应了。

在秦书记的努力下，海浪的事迹很快被新华社、《人民日报》《陕西日报》等媒体报道，海浪的事迹登上了新华网平台、学习强国平台，各大微信平台也发表了海浪坐在轮椅上用嘴唇敲击键盘的画面。

来到五联村学习海浪精神的人一波又一波。

秦书记一直关注着海浪，他加了海浪的微信之后，时常和海浪聊天。他给海浪总结了三句话，也就是海浪身上的三种精神。第一种，不给祖国添麻烦。海浪身残志坚，她那样艰难，却从来没有向国家伸过手，这不就是不给祖国添乱吗？第二种，不做父母的累赘。她现在自己挣钱养活自己，不靠父母养活。第三种，不让青春付东流。海浪虽然是个残疾人，但她的青春没有虚度，她创造了奇迹，书写了青春最美好的一页。

秦书记认为，海浪就是新时代的张海迪。

小山村来了奥运冠军

这一天,又一个特殊人物来到了海浪家里,他是秦书记从北京带过来的。他叫郭兴元,是残奥会冠军。郭兴元只有一条腿,他拄着双拐。当这位世界冠军走进海浪家小院的时候,小山村一下子沸腾了。

郭兴元说:海浪妹妹,终于见到你了,我好高兴呀!

海浪说:我们家这么远,真是辛苦你。

郭兴元说:秦书记给我说,秋天你们这里最美,红叶染林,杂花生树,真是这样啊。满山的红叶,比北京香山的红叶还美呢。

海浪说:你把我们这里描绘得这么好,而我只觉得好,却找不到其他的词。我要是像你这么会说就好了,我没有上过学。

秦书记带着郭兴元来之前,没有给村上打招呼,海浪看到秦书记时一下子愣住了。

秦书记说:咋了?不认识我了。别不把书记当书记。

海浪笑了。

郭兴元,海浪倒是一眼就认出来了。海浪说:你是那个残奥会的世界冠军。

郭兴元说:海浪,你怎么知道我是残奥会的冠军?你身在小山村,却心怀全世界啊!

海浪说:我真的认识你,因为我整天看电视,哥哥喜欢看体育节目,我也跟着看,我看到过你。

秦书记说:海浪,你知道吧,我把郭兴元这位哥哥从北京给你请过来,是因为他也是个很有故事的人,他本身也是个令人感动的人。你以后就叫他郭大哥。

秦书记对郭兴元说:你这个世界冠军,就给海浪,也给我们大家讲讲你的故事吧。

郭兴元说:妹妹,我也是个农村孩子,5岁的时候,我发了一场高烧,可是父母每天都在劳动,没有人管我。我躺在地上烧昏了过去,才有人去地里叫回了母亲和父亲。我们村也是一个小山村,在苏北。等到家人把我背到县城,我的腿就不行了。后来,我的一条腿就被截肢了。上小学的时候,每次看到同学们在奔跑,我就默默地流泪。和你一样,也没有人和我玩,我就一个人对着墙打乒乒球。

当我成为世界冠军，看到五星红旗高高飘扬的时候，我又默默地流泪了，那是自豪的泪。

秦书记说：是啊，从残疾人到世界冠军，你走了条多么艰辛的路。

郭兴元继续说：你知道吧，我现在一点也不迷茫了。在北京，有一天，我在等公交车的时候，有一个小女孩指着我对她的妈妈说，妈妈，这个叔叔是个瘸子。她妈妈认为小女孩这样说话很不礼貌，就打了她一巴掌，小女孩哇哇地哭起来了。

我觉得小女孩说得非常客观，非常真实。我就是一个瘸子，我为什么要害怕别人说呢？于是，我就拄着拐杖走过去，走到那个小女孩身边，摸摸小女孩的头，说，小朋友，你说得对，叔叔就是个瘸子。叔叔小时候得病了，腿就瘸了。然后，我又对小女孩的妈妈说，不要打孩子，孩子说的是实话嘛。

小女孩说：对不起叔叔。

我笑着回道：不用说对不起，我从不避讳有人说我是瘸子。

秦书记说：海浪，你看，世界冠军从不避讳别人说他是瘸子。他能够正确地对待人生，对待现实，有良好的心态。

郭兴元曾经的遭遇竟然跟海浪那么像，海浪越发觉得和郭大哥亲了。

后来，海浪去北京，海浪的郭大哥从秦书记那里得知消息后，连夜从河北训练基地赶到北京，请海浪吃饭。

秦书记说：以后，你就和你的郭大哥多通话，多交流，互相鼓励，好不好？

海浪说：那肯定的，只要郭大哥不嫌麻烦。我可是烦人的人哦。

郭大哥说：我不怕烦，我就怕人不烦我。

秦书记说：我也不怕烦，我也怕人不烦我。

大家都笑了。

海浪意犹未尽，她给郭兴元朗诵了她新写的一首诗：

我愿做一棵向日葵
天天向着太阳
我愿把我所有的愿望

都告诉你

昨晚我挑了一夜的星星

我要把最闪亮的那颗

送给你

我对那颗星星许的愿

我不让它告诉你

我愿做一棵向日葵

夜夜等着太阳

我愿把我所有的秘密

都告诉你

昨晚我选了一夜的虫鸣鸟唱

我要把唱得最好的那只

送给你

我对那只鸟说的秘密

我不让它告诉你

海浪看到了升国旗

秦书记邀请中央电视台《绝不掉队》栏目组专门到耀州采写录制有关海浪的节目。

2019年11月24日，秦书记带着耀州区委宣传部副部长高开庆、残联理事长程修灵、海浪的帮扶干部程薇，还有海浪和她的妈妈、姐姐，一起坐上了开往北京的高铁。

当时北京下大雪，天很冷，怕海浪冻着，秦书记就叫人给海浪买了两个热水袋，放在海浪的胸前，后来又给海浪买了件粉红色的羽绒服。

那天一下高铁他们先被请到了中央电视台《绝不掉队》栏目组进行短暂的座谈，随后，经过电视台与天安门广场管理委员会沟通，决定让海浪第二天从贵宾通道进入天安门广场观礼区观看升旗仪式。

11月25日凌晨，海浪在妈妈和姐姐海霞的陪同下，早早来到了天安门广场。

天还没有大亮,东升的太阳射出的光芒把雄伟的天安门镀上了一层金色,天安门城楼显得格外神圣、庄严。

海浪的妈妈说:海浪,你听,国歌响起来了。

海浪的姐姐说:看,国旗护卫队的士兵们从城门洞里出来了。

海浪说:我看到了,看到了,他们的步伐多么整齐,他们的表情多么庄重,他们身姿多么挺拔。

姐姐海霞说:看,士兵甩动了国旗,国旗展开了,像天边的红霞。

海浪说:像一把火炬,对,是燃烧的火炬。

妈妈说:天安门广场真大呀!

看升国旗那天,还有一个小插曲。海浪是被中央电视台《绝不掉队》栏目组的韩导演一直推着轮椅经过贵宾通道进到观礼区的,出去时也是韩导推着。海浪的妈妈和姐姐被雄伟的天安门广场吸引住,一直目不转睛地看。等到回过身,发现找不到海浪了,而韩导这边出来以后也找不见海浪的妈妈和姐姐了。

海浪妈妈说:在山里待了一辈子,哪里也没有去过呀,天安门广场把我看得回不过神来了。

海浪说:太有意思了,太难忘了。

在北京的夜里,海浪睡不着觉,妈妈和姐姐都睡下了,她却又坐起来,对着手机"写"了一篇文章:

我第一次坐高铁,窗外的风景闪得太快了,就像流星划过天空,除了美丽,还是美丽。

雄伟壮观的天安门,带给我从未有过的震撼。不管它矗立在那里多少年,在我心里,它已成永恒。

当鲜艳的五星红旗在国歌声中缓缓升起,那一刻,我心中涌动着一种无法用言语形容的激动,更是由衷地对"祖国"这两个字有了一种更为崇高的敬意。

海浪从北京回来之后,耀州区委宣传部、妇联、团委、残联、工会等多家单位联合发文倡议向海浪同志学习,学习她身残志坚的奋斗精神。

2020年12月28日,中宣部副部长傅华带工作组到耀州区督查脱贫工作,也准备来看望海浪。终因大雪封山未能成行，傅华副部长就委托秦书记转达了他对海浪的慰问，还给海浪送了 2000 元的慰问金。

五联村副书记王珂说：海浪后来不仅把她家的东西卖出去了，还把村上其他家的产品帮着卖出去了。海浪虽不富裕，但是她力所能及地帮助比她生活还困难的群众。2020 年初新冠肺炎疫情期间，五联村号召捐款，海浪一次竟捐了 500 元。

海浪的哥哥养了 200 多头羊，姐姐海霞去海南打工，海浪的爸爸主动提出退出贫困户。海浪爸爸在退出时说：我们全家都要像女儿海浪那样拼搏，绝不再当贫困户。

柳林记

柳林小学

柳林听起来是一个颇有诗意的地方，但实际上它是土石山区，人口分散，土地贫瘠。

柳林村当年也是陕甘宁边区的一部分。那时，国民党对边区实行经济封锁，在柳林外围修筑碉堡，禁止棉花、布匹、药、粮食等短缺物资进入解放区。敌占区的人民群众躲过反动派的盘查，把一批又一批的粮食、棉花、布匹、药和枪支送到柳林，支援边区。

2015年，脱贫攻坚战役打响之后，柳林村成为中宣部在国家级贫困县耀州区的包扶村庄，派工作队驻扎柳林村。

2019年夏天，秦书记悄悄地来到了柳林村。

他并没有大张旗鼓，也没有惊动镇政府，他住了五天之后，镇上才知道中宣部的干部住进了柳林村。

柳林村四面是山，沮水河从村中静静流过，植被葱郁，风景奇美，是有"东方宝石"之称的珍稀飞禽朱鹮的生长保护区。

村上没有食堂，在沟底走很远才有零星的几个小饭店，吃饭很不方便。秦书记住在村委会二楼一间简陋的办公室里，夏天无处冲澡，天气特别炎热时，就到一楼打水简单地冲一下身子。

柳林小学是一所静谧安闲的乡村寄宿制完全小学。它接纳周边山里的孩子，成为山区孩子就近读书的最后一个据点。

校长杜佩杰对我说，柳林小学青山环抱，云雾缥缈，仰头是山，低头是溪，正儿八经是山沟沟里的学校，大山深处的学校。他们从来没有想到，距离他们

1000多公里、位于北京的中共中央宣传部竟然会和他们产生联系。

几年来，中宣部一直关怀着柳林小学，正是因为有了中宣部的关怀，才有了柳林小学的今天。

杜佩杰说，1995年，当时正值中央宣传部副部长刘云山在耀县（现耀州区）开展扶贫工作，在获悉学校教室还是20世纪70年代的斜顶瓦房和窑洞之后，刘云山副部长马上带头挤出5万元经费，并联系香港工会联合会、香港教育工作者联合会、香港青年联合会捐资20万元，后经中国青少年发展基金会批准立项，在现在的新址上建了柳林第三希望小学，盖起了气派的柳林小学综合楼。从此，山里的孩子们告别了那危旧的瓦房窑洞，和城里孩子一样有了宽敞明亮的教室。

为纪念柳林希望小学的建立，学校立了一块石碑，记载了柳林小学那历史性的时刻。杜佩杰校长带着我和耀州区委宣传部驻柳林村的干部付炜一起参观了那块石碑，之后又看了另外一块碑。他介绍说：2000年，刘云山副部长得知柳林小学师生存在饮水难的问题后，毫不犹豫地将自己当时在《求是》杂志上发表文章所得到的3000元稿费悉数捐赠给了柳林小学，用于为学校打井。水井解决了当时600多名师生的饮水问题。为表感恩，学校曾想在井口立一个纪念碑，可刘副部长却摆摆手笑着说："区区小事，不足以立碑！"

秦书记来到柳林小学后，看到了这口水井，建议杜校长把水井进行加固作为德育教育基地，并把当时未能立的石碑立了起来。

除了解决全校师生吃水困难的问题外，2004年，中宣部还向柳林小学捐赠了6台办公电脑。这在电脑还极为稀缺的年代弥足珍贵。

谈到跟秦书记的第一次见面，杜校长说，那天区教育局打电话告诉他秦书记要来。当时他正在县上开会，立刻开车往学校赶。当他到达学校的时候，秦书记已经坐在了他的办公室里。他一进来，秦书记就让他带着在学校里走一圈，秦书记看了教师的办公室、宿舍，还看了学生的教室和宿舍。看完后一句话没说就走了。当时还弄得他心里很不踏实，以为是自己没有及时迎接秦书记，让秦书记心里不高兴了。

谁知过了不久，秦书记的电话就来了。原来秦书记协调中国人权发展基金会为柳林小学捐赠了15万元的现金，用于改善师生教学和生活条件。

秦书记说：教师是学校的灵魂，尤其乡村教师，一定要保障好他们的生活，稳定了教师才能稳定好学校。

杜校长说：人都说秦书记是个爽直大气的人，没想到秦书记还这么心细如发。他竟然看到了教师们睡的是90公分宽的床板，下面用凳子和砖头支着；看到了教师们的衣服没有柜子放，胡乱地堆在床头。他还看到孩子们的课桌也有些旧了。因为心情沉重，所以他当时一句话也没有说就走了。

杜校长拿到秦书记协调来的15万元之后，立刻按照秦书记的要求，给教师们配置了带有床垫的宽1.5米的高箱床，还配置了时尚结实的衣柜，给学生宿舍也换上了宽敞的新衣柜，给学校食堂添置了一个冷藏柜，又给校园里添置了石凳、凉亭和花架。

这样弄下来，柳林小学里里外外的面貌就彻底改变了。

之后，杜校长打电话给秦书记，邀请秦书记来检查。

这一回秦书记又在学校里转了一圈，食堂、学生宿舍、教师宿舍，包括水井，秦书记都一一看了。秦书记还打开教师的衣柜看了一下，看到衣柜里一格一格摆放整齐的衣服，秦书记笑了，笑得很爽朗。

2020年春，新冠肺炎病毒肆虐，学校师生不得不转入线上教学，可当时大部分学生家里都没有电脑，心急如焚，实在想不到解决办法，他只好给秦书记打电话。秦书记在电话里说：你不用管了，我来想办法。

秦书记真的想到了办法。这次比上次还快，没有几天，价值50万元的平板电脑就风尘仆仆地来到了学校。

杜校长说：这批电脑真是雪中送炭，不但为全体学生解决了疫情之下的燃眉之急，而且为学校今后的网络教学奠定了基础。

2021年5月，秦书记和中宣部的领导再次翻山越岭来到学校，为学校全体师生送来100余套运动服和20个足球。

杜校长指着校园里学生们穿的白色带蓝条的衣服说：看，就是那样的。

柳林小学也很争气，没有辜负中宣部党委及下派干部的扶持帮助，几年来教学成绩一路直上，甚至超过了不少城里学校。

小桃核的"涅槃"

柳林村有个小伙子叫左林斌，他爱好文艺，喜欢古玩，人也聪明利落，在外打工深得老板喜欢。但因为家庭拖累,无法继续在外打工。

左林斌的父亲是个大骨节病患者,这个病在柳林特别普遍。有人专门描述大骨节病病人走路的方式,说是若不知什么是"横撇竖捺点提竖弯钩",就去看大骨节病病人吧,他们什么笔画都能"写"出来。他们的腿能走出"点",也能走出"撇""竖弯钩"。这玩笑开得有些过分,但也确实是大骨节病病人状态的真实描摹。

20世纪80年代以前,大骨节病在柳林一带大量存在。

大骨节病病人个子长不高,腿是罗圈腿,因为关节痛,走路时常摔跤。左林斌的父亲摔了一跤后就再也不能下床了,需要母亲全天候照料。随着母亲年纪的增大,逐渐抱不动父亲了,就希望左林斌回来帮助照料。

左林斌回到家乡后除了照料父亲,感觉无所事事,心中甚是憋闷。一日到山中闲逛,发现漫山遍野的山桃落了一地,没有人要。左林斌捡起一粒,发现柳林的山桃核品质很好。核形滚圆,木质结实,颜色也特别好。他想起在外地打工时见过老板戴的山桃核手串,还有一些文玩,材质和颜色都没有柳林这里的好。

踏破铁鞋无觅处,得来全不费功夫。左林斌正在苦闷在家乡找不到事干,这不就来了吗?左林斌决定搞山桃核加工。如果做好了,不但自己有事干,还可以带动全村的人和他一起干。想想吧,每当春天来临,柳林村的大山上,漫山遍野盛开着美丽的山桃花,每一朵山桃花都要结出果实,那果实的核就是他加工产品的原料啊。

左林斌说干就干,只是真干起来才发现并不那么容易。

针对左林斌有想法无技术的现状,秦书记专门聘请来山桃核加工方面的专家,还让左林斌参加"乡村能人"培训班,希望他能把山桃核资源利用起来,开掘一种新的产业,致富一方。

左林斌组织村民到山上收山桃核,把山桃核加工成手串、坐垫、枕头、鞋垫等生活用品,以及各种充满奇思妙想的工艺品。他还成立了山桃核加工小工厂,吸收其他贫困户一同致富。

现在,山桃核加工已成为柳林村的一个产业,随着人们越来越追求精神生活,这些天然材料制作的工艺品越来越受到外界青睐。曾经自生自灭的山桃核,在村民们的巧手之中,实现了脱胎换骨般的"涅槃",一个转身,登上了艺术品的殿堂。

左林斌的山桃核加工厂做出的颈椎枕销量最好。除了睡枕,还有山桃核香包、山桃核拖鞋等一系列产品。这些产品不光有保健养生功效,还有一定的文玩价值,很受市场欢迎。

在一次交易会上,柳林村的山桃核产品展台前挤满了人,当天就成交了几十万元的订单。

从培训到参加交易会,再到找资金找销路,秦书记全程跟踪,全程参与。

现在你到柳林去,准会看到很多妇女坐在自家门前的山坡上,在穿小桃核,在磨小桃核,一些残疾人也加入了这个队伍。

秦书记看到左林斌把山桃核的事业做成了,非常欣慰。时间一长,他发现聪明能干的左林斌三十好几了,竟然还没有老婆,是光棍一个。

这怎么行?秦书记说,无家不成业,有家才有业。秦书记就劝左林斌干事业也不要耽误成家。

左林斌长叹一声,说出了自己的苦衷。

原来,因为父亲卧病在床,别人给左林斌说了好几个对象都没有成功,人家女方都嫌他家里负担太重。

秦书记亲自上阵给左林斌介绍对象。他到五联村看望海浪的时候,就把给左林斌找对象的事情委托给了五联村第一书记蔡东东,蔡东东又委托了王珂。王珂是从陕北嫁到五联村的,王珂就把家乡的一个女娃介绍给了左林斌。这女娃不愧是陕北小米养出来的,红扑扑的脸蛋,水灵灵的眼睛。左林斌一见,心里喜欢极了,当场就把一串精致的山桃核手串送给了陕北女娃。左林斌有了对象,创业的劲头更足了,陕北女娃也成了他的好帮手。

2020年春天,受疫情和外部环境的影响,左林斌的资金链出现断裂,秦书记马上出面协调农业发展银行的贷款,避免了新生产业的夭折。

现在左林斌所做的产品类型越来越多,产品也更加注重外包装。"很多人买我们的产品是用来送人的,所以外包装一定要好看。"左林斌说。

"要不是秦书记来柳林,给我这么多的帮助,这事能不能做成还真是不知道呢。"左林斌又说。

柳林村种了香菇

从柳林村村委会出来，我们沿着清澈的沮水河一路向南走，河道旁一片闲置的土地上有三座十分简陋的香菇大棚格外显眼。鲁骥和付炜把我领到了那简陋的香菇大棚跟前，说这是秦书记2019年五一假期因陋就简搭建的那三个大棚。

秦书记在亲自调研之后，发现柳林山高林密，气候温润潮湿，特别适合种香菇，而香菇的市场又非常好，就建议柳林村把香菇作为一种新产业。

干部们说破了嘴，想动员贫困户们种香菇，就是动员不起来。

贫困户们说，一个棚子好几千元，没有钱，搭不起。要国家把棚子搭好，才能干。

一看这阵势，秦书记就急了。他本是军人出身，始终有股子艰苦奋斗的精神。于是他利用假日带领几个干部，一块儿去村上搭大棚。他要亲自搭个棚子出来让村民们看看，上级不给钱能不能搭个棚子。

他和宣传部部长杨梅，还有几名村干部一起，先上山砍杂木，之后把杂木截成3米长的杆子，挖坑栽到地上，拉上铁丝，上面搭上塑料布，下面再用细树枝围成篱笆墙。

就这样，香菇大棚就算搭成了。

秦书记边搭边说：人家吃香菇是看你的香菇好不好，不是看你的棚子好不好，高级不高级，是不是？你非得追求那高档香菇棚干啥？还非得要国家给你搭好棚你才干，总是有等靠要的依赖思想，能脱贫吗？

他们一直干到天黑，一口气搭了三个棚，秦书记算了算成本，搭建一个棚成本也就几百元，上不了千元。

他们就地取材搭的那三个棚，现在租出去了，也是村上的一笔收入。

走进大棚，里面的香菇正是长得蓬勃肥厚的时候，一派喜人之象。鲁骥和付炜说，秦书记不光建了大棚，还帮助柳林村销售香菇，并且给农户们办贴息贷款、搞技能培训、引投资项目……

鲁骥说，他和秦书记都是从中宣部下来的，在耀州区秦洁是副书记，他是柳林村的第一书记，秦书记是他的领导。秦书记经常给他说：中宣部派我们来挂职,不是走过场,要办实事、求实效。虽然是挂职干部,但不能事不关己,高高挂起,既不能当"官老爷",也不能当"过客",更不是"做客",要以"主人翁"来对标自己的思想、学习和工作。

鲁骥和付炜都是宣传口的,都是宣传这条线上的。两个年轻人都异口同声地说,秦书记是他们的榜样,要照着秦书记的样子做工作、办实事。

柳林村是个不适合大田农作物耕种的地方,坡地多,土壤层浅,农民说种麦子都长不住,只能种苞谷,但苞谷收益又低,再加上朱鹮栖息地生态环境保护和水源地保护的要求,种香菇算是个很好的出路。

所以秦书记才带头建大棚,他建的大棚和那些标准的大棚相比,显得歪歪扭扭、十分简陋,但它们有着某种象征意义,凡到柳林村的人都要参观一下秦书记的三个大棚。人们说:看,这是秦书记建的大棚!

柳林村目前已建成香菇大棚120余座,辐射带动周边几个村建成香菇大棚200多座,把柳林村打造成香菇基地的美好理想正在实现,那是秦书记的理想,也是柳林人的理想。

一粒麦子

乡村教师

贫困究竟是怎么造成的？山村里的行走令秦书记体会到，地处偏远、山大沟深是造成贫困的客观原因，而主观因素就是贫困户们普遍文化素质低，很多人不识字，有小学文化程度已很不错。文化素质低下貌似属于主观因素，但深究起来，应当还是一种客观因素，闭塞的环境、狭隘的视野、认知的短板，所有致贫的因素从没有一个是独立存在的，它们是连环叠加式的，是累积循环着的。偏远，自然没有机会读书，或者缺少读书的条件，不读书自然没有文化，没有文化就没有见识，没有见识就没有思路，最终造成贫困。说到底，环境的狭窄与思想的狭窄是相生相依的，二者共同作用，互相推动，结成贫困的链条。

打开链条的一端，问题或许就会迎刃而解。一端是基础设施建设，水、电、路、气、通信等的通达，会让封闭的山村透进现代文明的气息，比如通过修路缩短与外界的距离，便于快捷地接近城市文明。另一端便是扶智，作为中宣部的干部，秦洁选择了这一端。

他认为扶贫首先要扶智。智，就是智慧，智慧不等于小聪明、小见识，它是人的视野，人的胆略，人对新事物的敏感和把握，人对于文明的感知力、理解力，以及接受与认同能力，人对于乡村愚昧落后积习的自觉反思与摒弃。

而乡村最匮乏的就是有智慧、有知识、有思想的人。所以，秦书记做的首要工作就是进行人才培训。

当城里的孩子在宽阔平坦、现代设施齐全的操场上奔跑跳跃的时候，山里的孩子却连一个篮球都没有见过；当在电视里又看到某个神童成为钢琴演奏家走进维也纳金色大厅，成为中国孩子具备音乐天赋的证据之时，这里的孩子，却连钢琴究竟是什么都不知道；当大城市的孩子小小年纪便有条件行走中国、行走世界的时候，这里的许多孩子，连耀州城都很少去过，他们眼里的世界仅限于门前的大山、屋后的小河。

不能说他们天生就是愚笨的孩子、他们身上不具备某种天赋，但现实的情况是，你一定很少听说过，贫困地区的孩子中会突然冒出一个体育天才、音乐天才。他们中很少有人晓音律、知地理，原因何在？

事实是，他们连体育老师、音乐老师、地理老师都没有见过。这些科目俗称"小课"。

在耀州区特别是后塬山区，"小课"老师相当短缺。是啊，语文、数学这些大课老师都不肯进到山里面，来了也留不住，更何况这些"无关紧要"的小课老师呢。

这种情况触动了秦书记，他决定对乡村"小课"老师进行重点培训。

在秦书记主导下，每年邀请国内著名中小学"小课"老师来耀州授课，每年培训500名乡村教师，两年下来，培训了近千名乡村教师。

教师是种子，就像当地种的麦子，当一粒种子落在地里之后，第二年，长出的就不再是一粒麦子，而是一穗穗，一棵棵，一串串。收割之后，一捆捆的麦子排列铺展在黄土地上，一望无际，那是金色的丰收的田野，那样的田野无论在哪一片地里看到，你都会激动而欣喜。

好种结好穗。教师素质高，学生素质才会高。

如今，经过培训的教师们像麦种一样撒遍每一个乡村，每一个山峁，每一道沟梁。

当然，培训是需要资金投入的。两年培训，投入资金达近百万元。

资金从哪里来？

秦书记又是四处奔走，他与中国人权发展基金会、平安集团协调，建立资金渠道，开展"三村工程"，"三村"即村官、村医、村师。

2019年，秦书记从中国人权发展基金会协调资金105万元，改善教师办公条件和学生学习环境，像帮助柳林小学那样把许多学校的桌子凳子都换成了新的。

为了提升孩子们的学习劲头和热情，秦书记还给柳林小学、耀州中学、耀州区图书馆协调来图书近3万册，拓展孩子们的视野。

在石柱镇马咀村，秦书记协调市委宣传部捐建了少儿图书馆和成人阅览室，里面有书籍 3 万多册。这对一个村子来说，实在算是蔚为大观了。

乡村能人

第二种培训对象，是乡村能人。

这也是"扶智"的一个方面，秦书记协调中国平安集团，举办"致富带头人培训班"，每期学员 150 人左右，合计近千人。

秦书记带着乡村致富领头人远赴广东。所谓乡村致富领头人，基本就是农村里的能人。

在广东鱼嘴村，能人们参观新农村建设，看到了 200 斤的大西瓜，那西瓜是太空种子，一个苗梢上挑着 200 斤的大西瓜。有个叫李雷的村干部对秦书记说，他第一次见到这么大的西瓜。回来后，李雷就翻看书籍，查找资料，寻找这种西瓜种子，想知道在自己家乡能不能也种这么大的西瓜。

后来，秦书记协调中国航空航天科技公司，给李雷的村要来了六颗这种十分珍贵的太空种子。今年已种下，长出了幼苗。

乡村能人通过学习参观，开阔了眼界，拓宽了视野。能人们回来后村民们都问：你去广东学啥去了，都见到啥稀罕物了？于是能人们就绘声绘色、一五一十地说起来，村民们听得伸舌咂嘴，欣羡不已。

当然，秦书记带出去了一群农民，这些农民也闹了不少笑话，但后来，这些出去长了见识的能人多数成了村里的致富带头人。

柳林村的村民王军平就是参加培训的人员之一，回来后在秦书记的鼓励和支持下，办起了养猪基地，还弄了大棚。

王军平的父亲说：一辈子没见过大官，没想到，老了老了，还能见上北京来的官。那在过去，像秦书记这样的，就是钦差大臣。你看戏里面唱的那些替皇上催粮赈灾的钦差大臣，多厉害！秦书记也厉害，但人脾气好，是个好人、和气人，没想到"钦差大臣"还这么和气。

乡村医生

第三种培训，是针对乡村医生进行的培训，简称乡医培训。

耀州区是先圣名医孙思邈的家乡，孙思邈大医精诚，医者仁心，留下千古美名,耀州街道上还保留着古老的药市。都说秦地无闲草,耀州区的崇山峻岭中有品种丰富的中药材,黄芪、黄芩俯拾皆是,连翘、党参仰脸便见。

耀州区自古出名医,乡间名医如灵芝草一般隐藏在山间。

如石柱塬上的童邦贤,医术高超,闻名遐迩。早年间,煤矿上的人都慕名到石柱塬上找童大夫看病。传说,童老先生只要礼物不收钱,看你所带礼物和言行举止即能判断你为何病,是虚病还是实症,是阴虚还是阳虚,是肝阳上亢还是气血不足。据说童老先生三服药下肚即见效,若不见效,乃病本已不治,非药不良。

香山脚下的牛蹄窝村,也出一名医,此医擅长熬制膏方,有一膏方专治妇女崩漏。老先生十年前仙逝,五个儿子无一人愿意继承先生之业,先生秘不外传之膏方从此归土,绝迹于世。

近年来,乡村医生断层现象越来越严重,当年赫赫有名的乡医的后代几乎没有人再从事这一古老的行当,不要说像孙思邈那样的苍生大医不可再生,就连乡间口口相传的名医也日益减少。

秦书记看到这种状况后,深感忧虑,他希望乡村医生这支队伍能够延续下来,以满足群众不出村就能看病、就能得到基本救治的需求。所以,在培训乡村教师、乡村致富带头人之后,秦书记开始对乡村医生进行培训。

兵马未动粮草先行。当然还是要先组织协调资金,这方面秦书记已摸索出了一些经验,遂与中国平安集团、碧桂园集团等大型企业建立了一些长期合作的关系。

乡村医生的培训就是由平安集团出资的。平安集团利用"新时代文明实践中心"这个平台,组织医疗专家、志愿者队伍走进革命老区,开展义诊活动,帮带乡医。

类似这样的活动,秦书记组织了很多次。

空军总医院王新宴医生、北京中医药大学东直门医院的专家,都从北京一路风尘来到红色照金开展义诊。空军总医院和照金医院还进行了结对帮扶。

有几个贫困户还被专家们带到北京进行特殊救治,白内障患者、小儿麻痹患者也接受了免费手术和其他救治。

中国平安集团还将一辆价值1000多万元的健康体检车捐赠给了照金医院。

秦书记还协调中国人权发展基金会给每个乡村诊所捐赠了200台便携式心电图机。这种便携心电图机，可以随时检测心脏健康状况，特别适合乡村医生使用。

一粒麦子如果不落在地里，仍旧是一粒，若是落在地里，就会结出许多籽粒来。

经过培训的乡村教师、乡村医生、乡村致富带头人，正像一粒粒被播撒到地里的麦子。

我是来朝拜的

柔弱个肩膀，扛起个山梁梁
慈爱个脸庞，美过个月亮亮
…………
剩下一扇门，也拆下把我扛
剩下一粒米，也为我熬米汤
…………
娘啊娘，我的老干娘

2020年4月，秦书记邀请中国文联文艺志愿者协会理事、国家一级作词曲波到照金来采风，他们共同完成了《老干娘》这首歌。歌词讲述了习仲勋在照金闹革命时患了病，一位姓王的大娘悉心照料他的故事。

照金在耀州区境内西北部，自古乃要塞之地，相传隋炀帝巡游至此，称"日照紫衣，遍地生金"，照金因此而得名。1933年，老一辈革命家在这里创建了西北第一个革命根据地，照金由此成为西北革命的摇篮。薛家寨、陈家坡会议旧址都是照金红色根据地遗址的组成部分。

陈家坡会议旧址位于耀州区照金镇北梁村，1933年8月14日，中共陕甘边区特委、游击队总指挥部和陕甘边革命委员会在陈家坡召开联席会议，会议对陕甘边革命形势的发展起了非常重大的作用，被誉为"陕甘边革命斗争史上的遵义会议"。

为照金革命史馆的建设，秦书记也是呕心沥血，他协调中国电影集团在陈家坡会议旧址建了一座红色数字影视厅，光是2020年，观看红色历史影片的就达3000人次。

这个影视厅投资近700万，提升了红色革命旧址的建设水平，目前，这个数字影视厅是全国唯一一个直观再现式影视厅。

马栏革命旧址位于旬邑县马栏镇，也是照金革命根据地的组成部分之一。

为了打通照金至马栏这条红色路线，秦书记反复与交通运输部综合规划司公路处李玉辉处长沟通，争取规划与资金支持。

他的执着，他的绝不放弃，终于打动了交通运输部。

目前，在中宣部宣教局、交通运输部综合规划司的共同努力下，这条30.5公里的红色旅游公路已纳入国家"十四五"规划的"长征国家文化公园"项目。

这条路打通之后，照金这片根据地就能连为一体，红色旅游的全系统就建立起来了。

为了让陕甘边革命根据地焕发时代光辉，秦书记主动协调中宣部机关党委和宣教局领导，申请将照金镇陈家坡会议旧址、杨柳坪地母庙、田峪村兔儿梁（中共陕甘边特别委员会成立地）、杨山村老爷岭鹿台战壕遗址、照金村马鞍岭旧址等革命文物纳入国家"十四五"规划里，进行保护与提升，申请修建红色教育展览厅和图书馆，巩固脱贫攻坚成果。

秦书记说他是带着给红色革命根据地人民做贡献的想法，带着向老区人民学习的心情，带着丰富自己人生的念头，主动申请来革命老区挂职的。他说：我是来朝拜的。

我是农民的儿子

秦书记说他生在豫东农村,是农民的儿子。

1989年3月,由于家中姊妹多,家里贫穷,高三未毕业,不等参加高考,他就选择了到军营去发展。当时,父亲劝他不要当兵,但他还是毅然决然地背起行囊离开了家乡。

他当的是工程兵。打坑道、打竖井,条件十分艰苦,整天与"苦、累、伤、残、死"打交道,他就曾从坑道里背过牺牲的战友。由于他当时身材瘦小,个子也不高,连长后来就安排他去喂猪了。

喂猪是个寂寞的活、无聊的活,他那时觉得自卑,甚至不敢给家乡人和同学朋友说他在部队从事的工作。有人问起,他只说在"后勤部队"。

家里的贫困使他失去了上大学的机会,但读书的爱好却不曾改变。闲暇时秦洁就看书。他喜欢看电影,看了许多当时有名的电影,兴之所至,就照猫画虎地写了一些影评,被连里贴在了墙上。

命运之神总是不知道躲在哪个角落,冷不丁就跑了出来。1989年年底的一天,团政治处主任下连队慰问退伍士兵。晚饭安排在秦洁所在的连队吃,连长让炊事班给团政治处主任加一道鱼,炊事班做好鱼后就让秦洁给端过去。

秦洁穿着喂猪的大胶鞋,擦了擦手,不假思索地就把鱼端上了桌。来自中原地区的年轻小伙,以前从没有吃过鱼。他把鱼端过去随便放在饭桌上,转身就走。政治处主任却从身后喊住了他说:小伙子,先不要走。

秦洁扭头一看,连长正在慌慌张张地转盘子,要把盘子里的鱼转个方向。原来,秦洁把鱼屁股正对着团政治处主任。

那时,秦洁不知道吃鱼还有讲究,也没听说过什么"鱼头一对,大富大贵"。

团政治处主任是个山东人,他操着山东口音问秦洁:小伙子,鱼为什么这样放？

秦洁看连长慌慌张张转盘子的样子，知道自己放错了。他灵机一动，回答说：报告首长，鱼头没肉，鱼屁股有肉，把鱼屁股对着首长是想让首长多吃点肉。

说这话时，他还想起了自己喂的那些猪，个个股肥臀硕，膘壮肉厚，杀猪时，人人都捡后臀肉吃，又香又滑嫩。他想，鱼也应当是这样，头上没肉，屁股上有肉。

秦洁还想起自己小时候的事情。那时候，家里穷，一年半载都见不到肉，也根本吃不起肉。他记得父亲带他去赶集，给了他一毛钱，他见到一个卖熟猪肉的人，远远地就被那猪肉的香味刺激得无法挪步。最终他用2分钱买了一指头肚那样大的一块肉。那肉在他的嘴里散发出的奇香，一直保留在他的记忆里。

他的话一出口，饭桌上便笑成了一团。他也跟着傻呵呵地笑了。

团政治处主任笑得最厉害，前仰后合之后，他问秦洁：小伙子，你什么文化水平呀？秦洁回答是高中文化。

指导员又不失时机地取下墙上他写的影评，递给了团政治处主任。

秦洁的字写得很不错，团政治处主任看了后问：这小伙是干啥的？连长说：是炊事班喂猪的。

团政治处主任说：这是个人才呀，不能浪费，明天打包袱跟我走，到团部放电影去。

指导员连忙说：我们也知道秦洁这小伙子是个人才，正准备让他当文书呢。

大嗓门的团政治处主任说：你们要用他就用，你们要是不用，我就把他带走了。

就这样，团政治处主任走后第三天，秦洁就去连队做了文书。

1990年9月，秦洁考上了军校，专业是工程建筑，毕业后又回到了湘西大山里原来的部队。

沉默的大山，单调的生活，思乡的情绪，大概是最适合写作的吧。秦洁开始写诗歌，写散文。

《妈妈的头发》是他写的第一篇散文，讲的是妈妈在纳一双鞋，一只纳好了，一只还没纳好。有个货郎挑着担子从村里过，货郎挑的担子里有花花绿绿的糖豆，十分诱人。六岁的秦洁很想吃糖豆，就把妈妈纳好的一只鞋给了货郎，换了一把糖豆。妈妈发现少了一只鞋，就追问小秦洁那只鞋子去哪儿了。小秦洁开始不说，妈妈就打。后来，妈妈在小秦洁的衣兜里发现了糖豆，小秦洁就只好照实说了。妈妈急忙去追货郎，货郎刚出村，还没有走远，妈妈追上货郎要拿回鞋子，货郎不愿意，让妈妈给钱。妈妈没有钱，货郎就不给。这时，妈妈从货郎担子里抓起一把剪子，拽过自己的辫子，咔嚓一下，把自己的辫子剪下来扔给了货郎。黑油油的发辫落在了货郎的担子里，货郎就把鞋还给了妈妈。

《妈妈的头发》这篇文章发表后，秦洁的创作欲望便被激发出来，随后他一有感悟，马上就写成文章，文章也一篇篇地被发表出来。

2003年10月，秦洁被调到了部队机关从事通讯报道工作。其间，他还被送到解放军报学习了一段时间。

再后来，秦洁又被选调到新华社当了军事记者。

一个农民的儿子成了领导干部，从中原的农村走到了北京城，但秦洁却始终不忘他是农民的儿子。

他说，对挂职干部个人来说，从北京到西部，从首都来到偏远地区，离开亲人后的寂寞在所难免，有时也会感到痛苦。有个别挂职干部，因为夫妻长期两地分居，最后离婚了。

当年在部队的时候，军部有规定，已婚军人每年探亲最多一个月，夫妻一年只有一个月在一起的时间。奉献是常态。在部队的时候是为祖国和人民站岗放哨，现在的脱贫攻坚，也是战场，上战场就免不了有牺牲。

有一次，妻子要做手术，秦洁原计划回家陪她，却突然接到任务，只好让家人去陪。这成了他在妻子面前的一个短处，妻子每次为此抱怨，他都不敢吭声。

2020年2月，脱贫攻坚任务正紧，他的姑姑因车祸去世，他也没能回去送别。

秦书记的姥姥活了106岁。小时候，姥姥很疼他，总是把舅舅喝完酒的酒瓶子一个个攒起来，攒多了就卖掉，就这样一分分地攒钱。等见到他的时候就送给他，让他买书买本子。

他带着妻子第一次去看姥姥的那一年，姥姥一层层解开小手绢，把平时攒的硬币递给了妻子，让妻子买茶水喝。

2019年，秦洁的姥姥去世。当时正是国庆节，他刚好在河南参加一个活动，才得以腾出时间参与了姥姥的后事。当天下午，他又回到了耀州区脱贫一线的战场上。

秦书记说自己是个急脾气，一睁眼就想着到哪个贫困户家里去，晚上思考着还有哪件事没有办。在耀州水土不服，得了好几次大病，但他"轻伤不下火线"，有时还会在办公室挂着吊瓶工作。

他是一个特别容易让人接近的人，也不爱摆架子。他还喜欢说笑话，干部和群众都很喜欢他。宣传部的杨梅部长，就当着我的面说他是"人见人爱，花见花开"。

2021年夏季来临了，又是一个麦子成熟的时节，金黄的麦子铺向天边，收割机在田里隆隆地响着，机器过处，一片麦香。收麦是一个令人激动的时刻，更是一个非常壮观的场景。收割机一排排地扫过去，一大片麦子很快就会被机器吞掉，只留下两寸高的麦茬。拖拉机等在地头，收割机脱出来的麦粒，像金色的瀑布撒落在拖拉机的车厢里，车厢里的麦粒堆成小山后，拖拉机就沿着麦地边的土路突突突地开向村外。然后收割机又驶向麦田，拖拉机在倒掉麦粒后又开进麦子地。

这就是收割，这就是夏天的美丽。在这丰收的时节里，秦书记也丰收了。

2021年6月4日，陕西省脱贫攻坚总结表彰大会在西安举行，陕西省委省政府决定授予203个集体"陕西省脱贫攻坚先进集体"称号。中宣部派驻陕西省铜川市耀州区的帮扶工作组榜上有名。

当中宣部挂职耀州区委副书记秦洁从陕西省委书记刘国中手中接过奖牌时，他说：这个荣誉是中宣部历任挂职耀州区帮扶干部只争朝夕、真抓实干、接力推进、倾情付出的结果。我们要大力弘扬伟大的脱贫攻坚精神，巩固拓展脱贫攻坚成果，乘势而上，全面推进乡村振兴。

离开耀州时，秦洁说：在我心里，耀州已然成了我的第二故乡，我只觉得做得少，还没有尽兴就要走了。

他把对耀州的依恋，又化作了歌曲，关于耀州的歌曲，他一共写了六首。这些歌是他对耀州的理解，凝聚着他对耀州的深情厚谊。

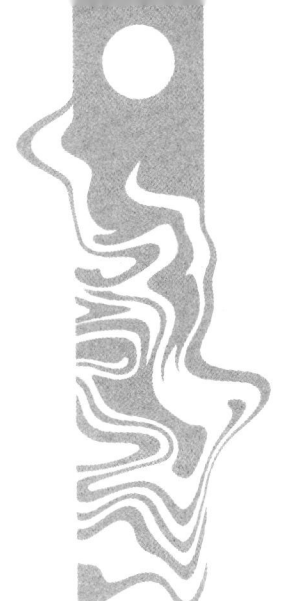

第二章 省里来的女干部

革命老区耀州,1986年被确定为国家级贫困县,2001年被重新核定为国家扶贫开发工作重点区(县)。全区共有贫困村58个(深度贫困村7个),建档立卡贫困户7179户,21877人,贫困发生率12.4%,2019年年底,耀州区58个贫困村全部退出,贫困发生率下降至0.72%。

——摘自2020年《耀州年鉴》

在耀州挂职

5月,西安城的洋槐花开得皎皎如云,洋槐花的清香之气弥散在古老的城墙之上,人们从城墙下面的洋槐树上捋下那白色的花朵,把它做成一种特殊的美食。这美食有一个名称叫"麦饭",因为它是和麦面混合在一起蒸出来的。

有一个女人吃完这顿专门做给两个女儿的麦饭后,就要离开这座城市了。她要到距离这个城市100多公里外的一个县城去。

两个可爱的女儿是一对双胞胎,她们不明白妈妈为什么要离开家到县城里去工作。

女儿说:妈妈不去可以吗?

妈妈说:不去不行,这是组织的安排。

女儿说:那要去多久呀?

妈妈说:去两年,两年妈妈就回来了。

女儿说:妈妈到那里去干什么呢?

妈妈说:去那里搞脱贫攻坚。

这个和女儿对话的女人是徐晖,她是陕西省委宣传部一名处级干部,2018年被选派到耀州区担任副区长,负责耀州区的脱贫攻坚工作。

当徐晖接到下派任务的时候,两个双胞胎孩子正在读六年级,再有一个月就要小学毕业了。

在西安这样千万人口的大都市里,一个小学毕业生想要考到理想的学校,并非易事。每一个家长都希望孩子能进到心仪的学校,徐晖心仪的学校是高新一中。

徐晖对于到基层工作,内心纠结了很长时间。她也对组织谈了自己的现实困难,坦诚了自己作为女人和作为妈妈的忧虑,但组织认为她是一个温和干练又有协调能力的人,组织之所以选中她,也是经过了慎重考虑。她最后被组织说服。

徐晖的爱人也是领导干部,工作同样繁忙。徐晖跟爱人谈得更透彻,但爱人毫不犹豫地对徐晖说:去吧,到基层去吧!

爱人说:到基层锻炼一下是好事情,参与脱贫攻坚更是好事情!脱贫攻坚,那么多的干部都下去了,谁没有困难?谁没有家事?谁没有孩子?别人能下去,我们有什么理由不下去呢?

可是孩子还那么小,谁来照顾呢?

放眼望去,也只有依靠父母了。

可是徐晖的父母和公婆都不在西安,难道为了自己的双胞胎女儿,还要把年过七旬的老人再折腾来吗?

徐晖父母身在兰州,患有高血压病,他们俩最怕坐车,一坐车就头晕恶心。

公婆虽说离得近一些,也都是古稀之年的人,自己都到了需要人照顾的年龄了,又怎能来照料孩子们呢?

徐晖为此心神不宁,她觉得无法跟父母张口请他们来给自己照看孩子。

倒是公婆得知消息后主动跑来了,应承说他们没有问题,请徐晖放心,保证把"工作"干好。

随后徐晖的父母也赶来了,也保证还能发挥余热,让徐晖大胆去基层,不要操家里的心。

多么可爱可敬的老人!徐晖看着他们的样子,笑了。随后四个老人轮流值班:父母走后,公婆值班;公婆走后,父母值班。徐晖的父母和公婆约定每半年"交接"一次,双方配合默契,"上班"准时,没有一方误过事儿。

徐晖就这样来到了耀州。那年她44岁。

作为妈妈,徐晖难免会想孩子,尤其操心两个女儿的学业,之前徐晖在她们面前一直充当着教师妈妈的角色。从两个女儿上幼儿园开始,都是徐晖早上送晚上接,并且给她们辅导功课。现在妈妈不在跟前,女儿们的学业能不能一如既往呢?那些徐晖长期培养的习惯,她们能不能坚持下来呢?

工作中徐晖时常会看到和自己女儿年龄相仿的孩子,看到这些孩子她总会想起自己的女儿,就想回到西安去。可是总有工作,总也抽不开身。

徐晖甚至忙得顾不上给女儿们打电话，常常是女儿先打电话给她：妈妈你什么时候回来呀？你怎么还不回来？

而父母打电话却总是说：家里面都好着呢，你放心吧，安心工作。

其实，两边父母的身体并不好，他们生病了也不告诉她。

有一次，徐晖的老父亲拉肚子拉得几乎虚脱，医生让他住院，但老人家硬是不住。大夫说：你这个病很危险，已经脱水了。但父亲最终还是没有住院，因为他若住了医院，孩子的外婆就得照顾他，家里就没人照看孩子了。

大夫让父亲签字，父亲就把字签了，表示不住院出了事责任自负。随后父亲就自己天天到医院输液，坐公交来来回回地跑了十几天。

女儿小升初那年，西安市首次实行摇号加面试的方式。徐晖很想回去给孩子们辅导下面试，但因为工作忙碌又没能回去。结果两个孩子在面试上都失了分，其中老大面试仅差了 0.6 分，与理想的高新一中失之交臂。

徐晖得知这一消息后，后悔莫及，她不断地自责。她想，如果当初她能给女儿辅导一下，这 0.6 分，说啥也能补上去啊。自己怎么就没有回去呢？

女儿上初中后，她还是很少能管到。女儿打电话对她说，老师让打印复习资料，老师让家长辅导功课，还要签字，可是爷爷奶奶都辅导不了，也不会给她们打印资料。

两个孩子的学习成绩不断下滑，徐晖除了给她们的老师不断打电话外，别无他法。

作为挂职副区长，徐晖在耀州区分管卫生、民政、残联等多方面的工作，这些工作涉及民生，头绪繁杂，但在整个脱贫攻坚工作中相当重要。

同时徐晖还是省级部门的牵头人。当时，省上在耀州区有省委宣传部、陕西日报社、西安日报社、新华社陕西分社、新华出版集团、省粮食局、省粮科院、省储备粮集团、省城调队等 9 个单位，徐晖作为省委宣传部的下派干部，就要协调这 9 个单位包括她所在单位之间的好多事情。脱贫攻坚的两三年里，徐晖在这方面花费了很多精力，推动了各项脱贫攻坚任务的落实。比如促成粮食生产线运行这件事。

陕西省粮食局被派驻在关庄镇潦池村。粮食局想在潦池村建一个粮食生产线，生产苞谷糁、苞谷豆等，因为潦池这一带是苞谷产区，这里的苞谷一年只生产一季,质量好,口感也好。显然这是一个很好的项目,但这个粮食生产线却好长时间都落不了地,因为找不到一块适合建厂的地。潦池村位于后塬山区,离城远,从城里到潦池得翻几道梁几道沟,交通不便,而且人口稀少,建厂后还将面临劳动力稀缺的问题。

省粮食局手握几十万资金,有钱却花不出去。

得知此事后,徐晖就到潦池村去调研,发现生产线放在潦池确实不现实。那么,能不能另外找一块地方呢?

徐晖开始找地方,找来找去,她把目光放在了关庄村。关庄村是镇政府所在地,有关庄镇最大的安置小区,人口密集,又在交通要道上,南接新区,北通庙湾等几个大煤矿,东北方还有一个高速路入口。

不管从哪个方面来说,粮食生产线放在关庄村都再合适不过了。

问题来了。生产线是省粮食局投资的,省粮食局包扶的是潦池村,正常情况下,生产线建成以后产权就归潦池村了,如果放到关庄村,那这个产权算谁的呢?

关庄村这边说:占我们的地,那要给我们多少赔偿呢?工厂要是挣钱了,能不能给我们分红?能给我们分多少?

综合以上问题,徐晖提出:投资人是省粮食局,粮食局包扶的是潦池村,那么将来生产线仍然归潦池村所有。至于占关庄的地,将来的收益可以给关庄和潦池两个村子的贫困户进行分红。

虽然徐晖提出了项目落地的思路和方向,但落实起来,仍然困难重重。关庄村提供了土地,究竟能得到多少分红,能占多大的股份;粮食加工项目噪声很大,不适宜放在人太集中的地方;耕地红线绝不能碰;还有就是,潦池村能否同意把这样一个好项目放在关庄村。这些都是问题。

徐晖深感农村的事情特别难办,各方都有利益的考量,谁都不想吃亏,谁都不肯让步。徐晖的嘴都快磨破了。她反复强调:我们不能让一个好项目白白地流失掉,人家省粮食局愿意投资,愿意给我们建生产线,如果建不下去,这不成笑话了吗?如果项目能够落实,不光对潦池村有好处,对关庄村有好处,甚至对整个区域都会有好处。我们应该用开放的思维,用脱贫攻坚的总体思维,来看待这个问题。

为了这个粮食生产项目，徐晖整整跑了半年。动之以情，晓之以理，终于使各方达成了一致。

　　现在这个粮食生产线已经投入运行，地点在关庄镇政府旁边。省粮食局一开始投了 60 多万，后来追加了资金，总共投入 80 万元。

尿毒症患者

道东村有一个 50 岁出头的农民,名叫李仓娃,是一个尿毒症患者。

李仓娃的父亲是一个 80 多岁的老农民,人很老实。李仓娃的母亲看起来瘦瘦的,比较爱说话。

李仓娃家里面没有一个人有收入来源。李仓娃病得腰都直不起来了,他的父亲母亲都已 80 多岁,这样的三个人生活在一个屋檐下,屋子里明显会有一些悲戚之状。

省委宣传部纪检组组长刘培华的包扶对象是李仓娃家。

徐晖和刘培华频繁地往李仓娃家里跑,是他家的常客。徐晖和刘培华之间像是没有别的话题,只要对话,话题永远离不开李仓娃家。只要提起他们家,两人一说就是几个小时。

李仓娃家只有花钱的,没有挣钱的。花的还都不是小钱,光李仓娃的医药费,就把整个家庭拖入了深渊。

为了这一家,徐晖和刘培华想过很多办法,两人先是商量看能不能给李仓娃家找一个劳动强度不大的公益性岗位,让他的父母好歹每月能有几百块钱的收入,但是对照政策后发现,他家并不符合。

按照政策规定,公益性岗位 60 岁以上的人就不能承担了,身体有重病的人也不行。李仓娃父母都已 80 多岁了,自然不符合条件;李仓娃重病在身,也不符合条件。

后来徐晖又琢磨着让李仓娃的父母在安置区打扫个卫生,或者看个大门,结果都不行。

最愁人的当然还是李仓娃。他经常需要治疗,还需要透析,而家里却几乎没有收入来支撑他的这笔开销。

徐晖就从民政这块儿想办法，把李仓娃家纳入低保范围，让李仓娃家成为低保户。

为了给李仓娃家省钱，徐晖还设法联系耀州区卫生院，让其定期到李仓娃家给两位老人和李仓娃免费检查身体，有免费的李仓娃家需要的药就发给他们家，给他们家能省尽量省。徐晖还叮嘱卫生院关注和研究国家的最新扶贫政策、医保政策，一旦有了好政策，马上让李仓娃一家享受上。

但远水毕竟解不了近渴，李仓娃家是火烧眉毛，求"钱"若渴。所以，徐晖就协调民政部门定期给李仓娃家一些临时救助。有段时间李仓娃住在矿医院里，每周还要做一次透析。医疗费用高昂，除过医保报销的那部分之外，患者需要承担的那部分费用，徐晖就安排耀州区民政局予以解决。

2019年李仓娃需要输血，徐晖就从红十字会协调来5000块钱，给了李仓娃家。春节前徐晖又给民政局打电话，叮嘱春节慰问的时候一定要把李仓娃家慰问一下，多送一些米面油等慰问品。

李仓娃其实还有一个哥哥，但这个哥哥不管自己的老爸老妈，也不管李仓娃，像与这三个人毫无关系一样。

在关庄这种现象很多，面对父母的难处、亲兄弟的难处，有人选择了逃避。

李仓娃的哥哥常年躲在外面打工，过年时悄无声息地回到家里，不来看望父母，也不来看望兄弟。

李仓娃得了这么要命的病，得了这种花钱犹如无底洞一样的病，老两口又这么大年纪了，那哥哥居然也能硬下心肠，不管不问。对老两口来说，两个儿子，一个是绝症病人，一个对他们不管不顾。

李仓娃家的惨状，让村子里的人不由得怀疑起他家老房子的风水了。村上有人议论，说他家房子旁边经常有狐狸出没，白天没踪影，晚上就出来了。有人还试图去逮过狐狸，但没有逮住。还有人说他家大门对着老坟，老坟其实是个古墓，被人盗后他家就开始倒霉了。还有人说，怪李仓娃的妈太能了，太精了，精人天不悦。

李仓娃的母亲确实很能，应该算是一个有本事的农村妇女，年轻时还当过妇女队长，是很会说话的一个人。为了儿子李仓娃，她曾一次次地跑到镇上去，有一次还坐在镇政府门口号啕大哭，呼天抢地，拉都拉不起来。

李仓娃的父亲人太老实，所以李仓娃的母亲就只好冲到了前面。村里有人还说：李仓娃的妈把李仓娃的爸也欺负扎咧！李仓娃的母亲自然也听到了这些，一开始还和人吵，谁说她闲话她骂谁。可是面对家里的窘境，她越来越说不起话了。现在她变得不那么爱说话了，也不那么爱与人争长论短了，但她坚持要搬出老房子，要离开老村庄。

　　正赶上移民搬迁，徐晖就跟镇移民办商量协调，将李仓娃家安排到关庄镇最大最好的安置小区——关庄社区。

　　我到李仓娃家去的时候，看到他家在关庄社区的房子坐北朝南，冬日的阳光满满地照射进来，一片温暖。屋里铺了时下流行的灰色新地砖，买了新沙发，漂亮整洁，宽敞明亮。

　　只可惜大玻璃阳台前面坐着瘦骨嶙峋的李仓娃，阴霾一下子又爬上心头。李仓娃的头发已经脱光了，窝在墙角里，阳光正好照在他的头顶上，头顶一片光亮，脸色苍白如纸。

　　李仓娃最近还在做透析，住院费用太高了，他耗不起，现在就住在家里，一个星期到矿医院去透析一次。从关庄到新区，从新区再到矿医院，来回要倒好几趟车，李仓娃的父亲身体不好，就只能是李仓娃的母亲陪着他去看病。一个瘦老太婆，领着一个病儿子，每次一上车，立马就有人赶紧让座。

　　李仓娃的母亲说，世上还是好人多，她和儿子的命不好，但遇见的净是好人。省委宣传部领导下来视察，每次都来她家，每次都不空手，都是徐晖和刘培华领着。

　　李仓娃的母亲说工会也管他们家了，常会给他们家一些补助。各个部门能给的补助基本上都给了。她还拿出省委宣传部刘培华的名片，说是刘培华给她留下来的，让她有事就打这个电话。

　　李仓娃的母亲说：我这一屋子人活着做啥呀？老天爷也不把我这一屋子人早早地收走！我这一屋子人把共产党害扎咧，把你们都害扎咧！这么冷的天还叫你们都上门来，看把你们都劳成啥了！我这一屋子人都是消耗国家的人，真是不知道为啥还要活着！活着是害人呢嘛，害了多少人了，害你们大冬天的来看我们。快坐快坐，喝茶喝茶。

　　李仓娃的母亲对谁都说自己一家人把人害扎咧，她的貌似自损的话语里，实际是一种求生的渴望和期盼呀！为儿子求生！为一家人求生！

李仓娃的母亲很后悔自己年轻时太能干，光知道下地劳动，不知道经管娃，黑里半夜还在生产队里干活开会，把娃撂屋里一撂大半天，落了个"铁姑娘"的名称有啥用嘛，把娃耽搁了！

在关庄多少结结实实的好男儿都找不来媳妇，从小就病恹恹的李仓娃自然也没有成家，目前三口人的低保金全部用来给李仓娃看病，还是杯水车薪。

李仓娃是最让徐晖愁肠的人。国家没有放弃他，要救他，光医疗费就一年十几万几十万。李仓娃和他的母亲对看病过于重视，却不重视养病恢复，只知道吃药、打针、透析。医生让李仓娃好点的时候晒晒太阳锻炼一下，他也根本不听，根本不锻炼。徐晖推荐了孙思邈中医医院的大夫来给李仓娃诊治，但李仓娃的母亲不相信中医，不让李仓娃喝中药，也不同意艾灸。

他们想要追求现代文明，却没掌握现代文明的核心，只抓住了一些皮毛。这一点我和徐晖有同感。我告诉李仓娃要多吃点饭，保持营养，抵抗疾病，李仓娃的母亲马上打断我说：药都吃不起了，还吃啥饭哩，饭治不了病，药才能治病。

李仓娃家的情况让人十分焦虑，但徐晖也实在想不出更好的办法。她还曾经想给李仓娃家弄个特困供养，把老两口或者连李仓娃一块儿办成特困供养，这样李仓娃看病的费用就解决了，因为特困供养人员医药费报销比例是100%。

结果，徐晖一查政策，李仓娃家又不符合条件。

就老人来说，要是没有儿子或者儿子没有收入来源才符合特困供养条件。老两口还有一个大儿子，这个小儿子生病了，那还有一个大儿子不是吗？大儿子他有赡养义务，这样老两口就没有办法纳入特困供养里去。

李仓娃本身确实有病，可是政策要求60岁以上的人才能享受特困供养，他年龄不符合条件。

国家政策在这儿摆着，怎么协调？没法协调。

李仓娃家的情况太困难了，又太特殊了，徐晖为这一家把各种政策都想到了，但还是感觉无能为力，不能彻底解决他家的问题。

到最后连李仓娃的母亲都说：唉，该享受的政策，我们都享受完了，政府确实没有亏待咱。

李仓娃的母亲确实看到了政府这边的各种努力。老太太说这个话，是对政府工作的肯定。

她最后说：过一天算一天吧，啥时候娃走了，一家人就解脱了。

我听见这话，心像被针扎了一下，疼了好一阵。

李仓娃也知道自己命不久长，但他似乎没有老妈那样洒脱，他说科学这么发达，为啥就治不好他的病呢？他说自己才50出头，咋能就死了呢？

对徐晖来说，面对李仓娃，她深深难过。

农村的现实真是太复杂了，徐晖也是真心地想为贫困户做点事。但是政策也有不能覆盖的地方，这些遗憾也只能成为遗憾。

徐晖就住在区上，平时只要遇到有关贫困户的事情，不管是需要资金支持、政策支持，还是部门支持，她基本上二话不说，马上解决。她对贫困户的问题从不质疑，她相信不到万不得已，没有谁愿意伸手寻求帮助。

徐晖最爱用的词就是"协调"。她说贫困户家庭都很脆弱，一个大病，一场车祸，家庭就会遭遇灭顶之灾。政府的作用就是尽快伸出援手，立刻协调解决。

徐晖有种知识女性的悲悯，她见到谁都觉得可怜。有时候她也会为自己的努力感动，但更多时候她会因自己的无力深感愧疚。

比起李仓娃，徐晖似乎更心疼李仓娃的母亲，她觉得李仓娃的母亲是一个面对困境从不气馁的人。尽管连村主任都说李仓娃母亲强势，说她寻情钻眼，到处要钱，但徐晖认为那是一个母亲的勇敢，为了儿子的勇敢，就算李仓娃的母亲曾躺在地上打滚，那也是为了救儿子啊。

邂逅一个老人

脱贫攻坚后期，兜底保障的任务凸显出来。让那些因疾病、残疾而陷入困境的人拥有保障，这个保障就叫"兜底保障"。

有一次徐晖去看望兜底保障的人，在调研过程中，偶然遇见一位老人。

那个人看起来有70多岁，手里拄着一根木棍，正站在村口路边，远远地一动不动地看着徐晖他们。

通常干部去贫困户家里走访，去之前村上都有安排，要去谁家调研，也是提前说好的。但是这个老人村上并没有安排。

徐晖发现这个人一直盯着他们，目光一刻也不离开，像是急切地要把他们请到家里。

徐晖注意到了这个人的眼神，那是一种非常渴望非常迫切的眼神，那个眼神吸引了徐晖，也震惊了徐晖。徐晖感到那个人的形象就像是某部电影里的画面一样。

那时正值七八月份，天气炎热，徐晖当时穿的是短袖和裙子，而那个老头拄了一个长拐棍在那儿站着，拐棍也不是个正规的拐棍，就是一根木棍而已。他穿着一件破旧的汗衫，汗衫外面是一个浅灰色的褂子，那个汗衫和褂子不知有多久没有洗过了，脏得无法形容。

他看起来那么苍老，完全是七老八十的样子（徐晖后来知道他才刚刚60出头）。他看到徐晖他们走近，蹒跚着摇晃着想过来跟他们打招呼。他想抬腿迈步，挣扎了半天，摇晃了半天，才艰难地挪了一小步。

徐晖紧走了几步，迎上去跟他打招呼，想仔细询问他的情况。

他说不清楚话，比比画画了半天，脸憋得青筋暴突，也还是不能让人听明白。

村主任说他是一个老光棍，有些智障，是由他弟弟来负责监护的，他属于散养型特困供养人员。

徐晖问村主任：穿得这么脏，他弟弟是咋管的？你没闻到吗？他身上都发臭了，他弟弟也不给他洗一下衣服。

村主任说：他弟弟好长时间才来一次，来的时候就拿一些豆豆馍，往桌上一放就走了。平常吃饭也没有人管，他就自己瞎凑合着做饭，但他并不会做，半生不熟的也就吃了。邻居们看他可怜，有时候就给他送一些吃的。

徐晖听到村主任这么说，觉得眼前的这个老头真是太可怜了，心里不由对他弟弟生出了愤怒。

特困供养的费用一年是6000元，这些钱他弟弟全部拿着，却不承担责任，岂有此理！

徐晖对村干部还有跟随她来调研的民政局干部们说：你们把他弟弟叫过来，现在就叫过来，咱们现场办公，现场协商，看他弟弟究竟能不能把他给管好。要能管好他就签协议，把他哥哥的生活照顾好——最起码隔两三天过来给换个衣服、洗个脸吧。这是监护人应当做的呀！如果管不了，那就让他交给咱政府，政府来管。

徐晖一行在太阳下面等了很久，村干部终于把老人的弟弟叫了过来。弟弟同样是个小老头，看着也可怜巴巴的。

村干部训斥了他弟弟，弟弟还有些不服气，说：谁能管谁管，我就是管不了！村干部说：你要不管就签协议，签放弃监护权的协议。弟弟说：签就签！第二天就签了。

之所以要让他的弟弟签字，是因为有些人自己不管亲人，政府管了后，他们又跳出来找麻烦，甚至提些无理要求。签了字就表明他放弃了对亲人的监护权，从此一切事便都与他无关了。

这种事情以前发生过很多次，干部们都吸取了教训，政府做了好事，也要不留后患才行。

接着徐晖安排民政局给老人做了体检，之后就将他送到了养老院。

一个多月后，徐晖去养老院调研，再见到老人的时候，他穿着干干净净的衣服，脸也洗干净了，头发也不乱了，跟第一次见到时大不相同。

徐晖走到老人跟前，问：你认识我吗？老人看着徐晖，眼神有些迷茫。他毕竟是智障者，他没有认出徐晖。徐晖又问：你认识我不？你能把我认出来不？老人还是不吭声。徐晖说：你忘了吗？是我，那次在村口遇到你，是我让他们把你送到这个地方来的。听到徐晖这样说了之后，老人似乎想起来了，就点了点头。

过了几天，徐晖又去看望这位老人，还是问他：你认识我不？老人依旧点点头。又问他：你现在在这个地方好不好？吃得好不好？老人就开始说话了，他说得断断续续含糊不清，一边说一边还眼泪汪汪的。

两个月后及半年后，徐晖分别又去了一次。徐晖一直记挂着这个老人，因此她只要一到养老院，就要到老人的房间去看一下。

在徐晖半年后去的那次，这位老人已彻底不像以前了，他的脸色红润了，眼睛有神了。当初那种拘谨胆小、怯懦无助的表情也没有了，整个人像脱胎换骨一般。他穿着一件养老院统一发的红色中式棉袄，看起来很有几分喜气。

在养老院里，虽然他的行动还是有些不便，但是饭有人给他端到跟前，连晚上的洗脚水也都有人给他端到跟前，与以前那种没人管没人问的状况相比，当然是天差地别了。

养老院的人对徐晖说：这个老头有点怪，他的弟弟明明不管他，可他却想着他的弟弟，听说楼下来了看望的家属，他就一摇三晃地跑出去，见来人中没有他的弟弟，他就眼泪汪汪。听说他的父母死得早，是他把弟弟带大的。

公建民营养老院

无意间发现这个老人之后，徐晖就想，会不会还有人像这位老人的情况呢？

于是她就建议民政局在全区范围内对分散特困老人的生活现状做一个摸底。摸底之后发现，这种无人过问、孤苦伶仃被抛弃在山野旮旯里的老人，不止一个。这个问题引起了徐晖的重视。

徐晖发现，在农村，分散供养特困人员普遍存在着监护不力现象，在当下农村，这个老人的现象并非个例，甚至可以说带有很大的普遍性。

于是她让民政局起草了一份分散供养人员监护标准，用来规范监护和约束监护。通过出台规范监护的文件，一则保障了分散供养人员的生活，二则也有利于乡村道德秩序的重塑。

这一做法卓有成效，影响深远。老实说，通过法规性公文来制约和规范人们的日常行为，在当下实在是太有必要了，尤其是在贫穷的乡村。

那位老人住的养老院，位于树木繁茂、风光旖旎的小丘镇。它是由一所中学改建的，有好几重院落，颇有些古香古色之气。我在后面的文章里会写到另外几位孤寡老人，还会写到这个养老院。

小丘养老院是徐晖分管民政时抓的一件大事。

在她接手民政工作之后，养老院还在建设阶段，接下来如何运营在当时是个问题，也是个难题。

之前民营方加强了附属设施建设，也代替政府投入了很多，包括资金的投入，政府却不能很快地偿还资金。但是，让民营方来整体购买政府的资产进行管理的话，好像也不实际，因为养老院还承担着政府特困供养的职能。这个职能是不是可以交给民营方？是否有政策依据可以交给民营方？这对徐晖来说都是问题。

徐晖身上有种执着劲，越是难弄的事情她越要弄成功。她不但奔赴省上打听政策，咨询其他地区的相关做法，还找来大量书籍学习相关法律，在省图书馆一泡就是一天。

有了政策底气，她提出了"公建民营"的思路，即由政府建设、民营方来进行管理的运营模式。

这个模式实施以后，养老院很快就投入了运营，经过民政局和养老院的共同努力，使特困老人得到了安置。

这种运营方式当时在全省几乎没有成功的先例，这样做是冒着很大风险的，况且之前还有一个失败的案例。所以当徐晖提出公建民营的方案之后，大家在如何做如何推动上都有很大的顾虑，一直拿不定主意，都害怕在这个问题上出乱子。

民营方魏晓芳以前是做家政服务的，做得很好，是一个有名的巾帼能手。在她接手这个任务的两年中，徐晖协调江苏东台红十字会，还有残联，通过各方面政策，继续给民营方以资金和项目的支持。

区民政部门对养老院陈旧的设施进行了改造、提升和完善。后来又协调医保和卫健部门，在养老院设立了专职医生和专职护士，以保障特困供养老人的日常健康。

人们纷纷传说着小丘养老院的好处，传说着养老院的好环境和好待遇。

不到半年时间，小丘养老院里收纳的特困供养老人就比初建时增加了一倍，之后又不断增加，由最初的40多人增加到了后来的100多人。

看到公建民营养老院运营得这么好，徐晖当然也是欣慰的，但当初下这个公建民营的决心，确实需要很大的勇气。

扶贫是双向的

陕西省委宣传部包抓的对象是关庄镇道东村，所以徐晖往道东村跑得最多。

作为女干部，徐晖从不抱怨自己下到了基层，事实上自她来到耀州之后，随着工作的深入，她对农村和农民产生了浓厚的感情，特别是对那些贫困户们产生了感情。这种感情有点复杂，她说不清楚，但这片黄土地，这苍茫又落寞的山峦，却越来越让她眷恋。

在道东村，徐晖和省委宣传部的干部们先是联系资金，对道东村进行基础设施建设，规划并修建了村中道路、村前道路，还修建了文化墙、小广场以及小花园等，小花园里还安装了健身器材。天气好的时候，村民们都喜欢坐在整修一新的村道边，一边晒太阳一边聊闲天。

在关庄，就属道东村的小广场最漂亮了，小广场的戏台子也别具一格，是请建筑专家和文化学者共同设计的。背景墙是戏剧脸谱，很有几分古雅之气。道东村早年就有过戏台子，"文革"时被毁坏了。有一些老年人还能回忆起童年时在戏台下听秦腔及其他戏的情景，年轻人大多已不知道了。

戏台子搭起来之后，年轻人就有了上台表演的机会，不过他们不唱秦腔，他们跳街舞，还挺像回事。道东人最擅长追求时尚。新鲜玩意都是从道东这个地方先开始流行，然后才蔓延到其他村庄的。

脱贫攻坚的很多重大活动都在道东村的小广场举行，领导讲话也站在戏台子上面。"扶贫扶志"全省现场会就在这里举行，从国务院副总理到演艺明星，都"使用"过这个广场。佟丽娅、姜昆、苗阜等都在小广场上露过真容，这也成了道东村人最津津乐道的话题。

徐晖每次去道东村，都能见到一些村民在广场上晒太阳。他们坐在小板凳上，三三两两的。有的妇女在纳鞋垫，有的在编笼子，有的在砍木柴为冬季取暖做准备。村道两边的墙上画了很多幅图，内容是《三字经》。老汉们在抽烟，他们抽的是旱烟，长长的烟管上吊着一个旱烟袋，他们不时地从烟袋里捏出一小撮烟末，塞在各自的古旧烟袋锅里，然后缓缓地吸上一口。徐晖觉得那才像抽烟的样子，比城里人抽洋烟的姿势要潇洒帅气多了。

还有一样呢，道东村的老汉们毕竟是住在古代官道的旁边，有些老汉大概是有一些士绅的遗风吧，他们喜欢戴那种镜框圆溜溜的石头镜，如果再给他们头上扣顶瓜皮帽，就是一个活生生的旧时代的士绅。

每当看到这些悠闲的村人，徐晖总会生出羡慕，暗想：城里的人住进高楼里就像进了笼子一般。不知道邻居是干嘛的，邻里之间也不常往来。哪里会有乡村这种一出门就是院子就是村道、随心所欲坐在一起晒太阳谝闲传的情形。乡村有乡村的好处，经过脱贫攻坚，环境好了，生活好了，加上乡村的空气好，那说起来，乡村是比城里好的。在乡村重新找到田园诗般的感觉也不是不可能的。或许乡村才是人们灵魂的最后栖息之地。

这是徐晖对脱贫攻坚意义的直观理解。

徐晖投入这项工作中来的热情极其高涨，她觉得在农村里跑比坐办公室有意思多了，也更有价值。很多时候，她并不坐车，从道东到镇上七八公里的乡村道路，她就步行。

省委宣传部包扶道东村的另外两个干部庞仕平和汪燕斌，也和她一样，走着去走着回。庞仕平和汪燕斌到村民家里去时从不劳烦村干部，不坐镇上的车，也不坐村干部的车，反倒经常坐村民的拖拉机。他们喜欢同农民像朋友一样聊天，也借此掌握了大量最真实的情况，写出了关于脱贫攻坚很有价值的调研报告。

徐晖爱跟晒太阳的村民聊天。她也搬个小板凳坐在人堆里，她说：你们拽得很呀！村民们说：拽啥拽，农村人有啥拽的！她说：你们有时间晒太阳呀！也有地方晒太阳呀！村民们说：挣不来钱嘛，你城里人有钱，我农村人没钱。徐晖说：太阳比钱值钱。你们有比钱更值钱的东西，我们没有呀！大家都笑了！

徐晖是2018年5月21日来到耀州区的，按照原先两年一个任期的规定，她到2020年5月21任期就结束了，之后就可以退出"战场"，回到原单位工作了。但2020年，脱贫攻坚正好进入收官阶段，省上又出台了新的规定，即2020年所有下沉到基层的人员，都暂且不轮换。

这样本来已在耀州区脱贫攻坚"战场"干满两年、正打算"撤回"西安的徐晖就又留了下来。

全省派到基层来的女干部总共有五人，有一人因为单位后来不再作为牵头部门，中途回去了，之后就剩下了四个女干部。这四个女干部从开始坚持到了结束。徐晖当然是坚持到最后的一个。

徐晖曾写过有关她个人的一个材料，她在里面说：要把党的事业和需要放在第一位。徐晖说自己说的都是实话。

对此，我是深信不疑的。

海浪、陈海玲，还有李仓娃的妈，是对她影响很大的几个贫困户。这些在命运的窄路上跌跌撞撞又努力前行的人，使她开始重新定义生活，重新思考生活。她说她其实没有为贫困户做什么，但贫困户们却让她的灵魂得到了洗礼，并在洗礼中得以升华。她说扶贫是双向的，她扶了农民的贫，农民也扶了她的"贫"，扶了她深度理解生命的"贫"。她觉得她到基层来是来对了。在基层的几年，对她今后或多或少都会产生影响，无论是工作上的影响还是人生观的影响。她触摸到了土地，听到了土地的呻吟，也感受到了土地之下涌动的巨大力量。

"扶贫是双向的"这句话特别耐人寻味。是的，不能对贫困人群以居高临下的态度视之，实际上真正的救赎来自人民，来自那些匍匐在大地上的人。

徐晖非常牵挂那些贫困户。只要我在微信朋友圈发了有关贫困户的动态，徐晖总会马上点赞。

2021年11月，我重回关庄，给田河南儿媳妇的一对双胞胎拍了几张照片。徐晖也马上点了赞，并留言道：这么快呀，他们的双胞胎有三岁了吧？两个小宝宝看着挺健康的。我说：是的，过了年就三岁了。

2021年5月28日，徐晖荣获"陕西省脱贫攻坚先进个人"称号。她说：不敢说自己对得起自己，但可以说对得起组织的信任。离开耀州时，徐晖曾发过一个朋友圈，她这样写道：三年一个月，1125天的坚守与奋战。一日耀州行，终身耀州情。

我想，那应该是她的心声。

第三章 撞在一起的五年

瑶峪村：清代中叶，村以居民姓氏和所处地形得名姚峪。后姚姓外迁，村仍沿袭姚峪，"瑶"系"姚"之谐音。

佛教圣地香山寺在该村境内。

——摘自《陕西省耀县地名志》

扶贫，是对你的一个挑战

我叫李静，就是咱本地人。我出生在农村，从小在农村长大，所以对农村有比较深刻的认识、理解和感受。后来出去上学之后又回到耀州区工作，刚开始的工作是在山区教书，可以说我的基层工作经验比较丰富。

后来我到报社当了几年记者，当记者的时候广泛了解了社会各方面的情况，可以说跑遍了全区每个乡镇、每个村。最远的地方，最穷的地方，我都去过。当报社记者的四五年间，我对农村的情况有了更加深入的了解，人也都非常熟悉。

到宣传部工作以后，首先任副部长兼文联主席。我们宣传部刚开始包扶的对象是庙湾镇瑶玉村，是耀州区后塬山区的一个贫穷村庄。瑶玉村位于香山脚下，我们去的时候那里的情况比较复杂，当时正在搞开发，要建设香山小镇，因为征地、拆迁、道路改造等一些问题，公司和群众之间有一些矛盾，我们去了以后就感觉很棘手，复杂的情况给我们的脱贫攻坚工作带来很多困难。

2017年初，我到瑶玉村帮扶时，只有39岁。村里贫困户为108户，我们11个人每人包4—8户贫困户，每个人的任务都非常重，而且瑶玉村的群众居住分散，组与组之间相隔很远，一个组在这个山梁上，另外一个组可能还要翻一条大沟，上到另外一条山梁上才能找到。脱贫攻坚之前，组与组之间的路，只能步行，并不通车，你要入户就得自己跑，翻山越岭地走着去。

一开始要熟悉村里情况，就需要搜集资料，于是让村民填了各种表，然后和村民进行深入交谈。我带领包村的干部，开展了逐户走访调研，不管是刮风还是下雨，整天奔走在山路上。越是深入走访，越是感觉问题多。我当时就想，我们包的这个村，究竟是怎样的一个村？有人说：李静，你这是中彩了，你们包的这个村是有名的难搞的村。还有人说：你看你，可不敢弄到最后给你挂个处分，或者啥也解决不了，给你造成不好的影响，到那时看你咋办！

我当时也可愁，因为我们去的时候正面临着贫困户的清洗。当时省上说原来对贫困户的认定不太清晰，要重新核实，这就涉及一些人的利益。有的人就开始上访告状，直接把我们告到国务院扶贫办去了。然后省上、市上就逐级地让我们写说明，所以，刚开始我们就面临一个非常被动的局面。而且当时的瑶玉村班子被区委组织部定为软弱涣散的班子。可以说，各方面的情况都非常不好。我当时就想，这中间到底是个什么样的情况？群众到底有什么样的意见？我想只有把群众的心思摸透，了解他们心里所想、所需、所求，才能开展工作，这个疙瘩必须解开。

我萌发了一个大胆的想法，我给镇上的书记汇报，说我想先给班子成员讲党课，讲完后开一个班子座谈会，座谈会后在村委会院子里再召开一个村民代表大会。村民代表大会，不是全部人参加，全部人也过不来，有的老弱病残离得非常远，每个组选几个村民代表，选七八十号人，在这里开一个民意倾听大会。

我觉得这种方法非常好，为啥？有的人，他在背地里搞小动作，他在告状信上写，但是你让他面对面地说，他那些歪门邪道的事，他就说不出口，因为不能见阳光。凡是能说出来的正当需求，该怎样解决就怎样解决；说不出来的，就代表没有这事，以后就不要再胡乱生事了。

我记得那时候是夏天，穿着短袖。镇上的书记说：你不用害怕你的基层经验不足，我给你撑腰，我给你做证。

我们在村委会院子里摆了几张桌子，设置了意见簿，请年老体弱的人坐在凳子上，其他的七八十号人围在外面。

我在大会上说：你们有什么需求、有什么意见就发表。群众就开始提意见、谈想法。提完了，我们区委宣传部的干部和村上的干部一起梳理问题。我们还把党课和召开群众大会的情况发在微信上，微信发出来以后，立即得到我们区委杨书记的重视，杨书记在全区领导干部大会上还专门提到这件事：我们有一个30多岁的女同志，她就敢于说，她就面对面地和群众说，说你们要相信，要配合咱们包村部门、包村干部，大家要配合起来解决问题，共同发力，把这些棘手的事情解决好。杨书记给予我们很大的精神鼓舞，我有了更大的干劲。

随后我就按照梳理的问题，对接区上的一些部门，谈村上发展面临的问题、需要解决的事项，谈群众需要什么样的支持，包括个人看病问题等等。在各级单位的支持下,大部分问题都得到了合理解决。

后来群众就说:宣传部好,宣传部下来的人好,是为群众着想的。

有了一点群众基础以后,我们就开始在瑶玉村全面推进扶贫工作。

当时的情况是这样的,村上离我们单位非常远,每次去村上,需要近两个小时,为了赶时间,我们早上7点就在单位门口集合,然后到村上。如果按平常8点半去上班,等到村上也10点多了,半天时间没了,是不是?

我们就这样早出晚归的,当然也是披星戴月两头不见明。

冬天的时候,早上7点头顶还是星星,然后就黑乎乎地出发了。到村上以后,说实在的条件可不好,先生炉子,炉子生着先暖和一下,烧点开水,然后开会、写资料等等,开始启动各项工作。

有两个老同志都快退休了,身体不好,每天还要吃药,包里时刻装着速效救心丸,吃着药在工作。

刚开始驻村,我们基本都是女同志,只有两个男同志,一个年龄大,一个年龄小,住到村上都很不方便。

为了推进驻村,我就说,头一天我先住。另外一个女同事看我一个人,自告奋勇陪我住。

我记得当时村委会里没条件住宿,村委会隔壁有一个农家乐,我就在农家乐里租了一个房子,一个月200块钱。

那房子条件非常简陋,头天晚上住,房间的门还关不上,风一吹就开了,有点害怕。山里的风很大,吹得呼呼的。我和同事用凳子顶着门,折腾了半天,才敢上床。

后来就两个人一组,互相壮胆。有的同事孩子放假了,就把孩子领上,也是壮个胆嘛。我们都感觉脱了一层皮。

扶贫工作对机关干部来说,是前所未有的锻炼,真正是对人的一个挑战。

它是一个战场

当时,我和朋友聊微信的时候,常常根据自己的经历感受分析一个问题:为什么群众的矛盾比较大、比较多,思想又比较蒙昧,为啥?我的结论是,他们都住在山区,本身受教育程度低,加之这此地信息不畅通,对外界的感知非常少,这造成了他们对一些事情没有办法理解的窘境,继而就生出一些令人想象不到的事情。

因此我暗自思忖,我们要重点抓群众的宣传教育。本身我们也是宣传部门的,正好对路子。

当时我还兼任着区文联主席,于是我们搞了很多场演出,在演出中用唱歌、快板等形式教育群众:党和国家给了这么好的政策,给了这么多的支持,要感党恩、跟党走。

我们请来小宁老师——她画画得好,让小宁老师把社会主义核心价值观、爱国爱党这些内容都画到墙上,让群众天天看,希望他们能够越来越好。

当时确实是悲喜交集,我也是第一次有这样的感受。我觉得在瑶玉村经历了这一生最深刻最复杂的情感。

有时候,我都觉得自己坚持不住了。

那天我正在村上,区上一个领导,是副区长,到我们瑶玉村来检查工作了,我和他比较熟悉,我们原来是同学,年少时就熟悉。我见到他就像见到亲人一样。

我有好多天没回家了,瑶玉村村委会里别人都走了,我向他说起在村上的事,控制不住情绪了,眼泪就唰唰流下来了。

一方面因为村上的复杂情况,另一方面我觉得让我带领这么一支队伍来扶持一个贫困户这么多的村子,压力非常大。我生怕自己做不好这份工作,各种压力委屈一下子就爆发了。

他安慰我说不要给自己太大压力，然后说需要什么，他支持，肯定全力支持。

当时他给我鼓劲，书记也给我鼓励，还给我发微信。书记在微信里说：你要大胆，不要害怕！

为了调动村干部的工作责任感和积极性，我经常在村委会给村班子成员讲党课，经常是外面下着大雨，我们还在开会。我发的微信朋友圈里写着：风声雨声讲课声，声声入耳；大事小事百姓事，事事关心。大家都点赞，说我这几句话好。

我们整天面对的就是这样的情况。

当然还是有收获的，你的付出肯定会有回报的。我收获了感动。

比如，我包扶的一个贫困户叫邢秋桑，是个可怜的60多岁的老婆婆，她本来有老公，还有两个儿子。其中一个儿子在外面打工的时候谈了一个女朋友，到了谈婚论嫁的时候，女朋友家里要彩礼钱。他家在山里，没有钱给。儿子和女朋友为此发生争吵，冲动之下，杀了女朋友，然后被判了无期徒刑。

这样一来，她男人就伤了心，受打击后不久就去世了。家里只剩下她和另外一个儿子。这个儿子受刺激后也出去打工了，家里就剩下她一个人。

可能是因为压力比较大，她就到香山去了，去做义工，打扫卫生，做饭。晚上和尼姑们住在一起。

当时我们搞脱贫工作，必须要和贫困户经常见面嘛，每个月要入户走访四次。我每次要见她，都要到香山上去找。然后我就问她有什么要求，有什么需求，家里还有什么困难。

当时她正和在外打工的儿子通电话，我就说让你儿子回来，我在这边给他找个工作，并告知她搬新房的事情。她家原来的房子已经很旧了，墙都塌了。我就问她愿意到城里还是愿意到村上的安置点。她表示不愿意到城里，愿意到瑶玉村那个安置点。

后来我们就在瑶玉村的安置点给她安置了一套房子，又给她落实了各项政策。

邢秋桑，我应该叫她阿姨吧，特别让我感动。

我每次从香山走的时候,她就给我拿人家给佛和菩萨供的水果,她说:这是神仙享用的哦,你不要嫌弃啊!我这儿啥都没有啊!

我说我啥都不要就赶紧离开了。结果她就徒步提了两大兜水果送到我这里来了。

瑶玉那地方夏天真热,又闷又热。

我们在会议室填表,吹着风扇,一个同事说:唉,你的贫困户来了,找你呢。我一看,她真提着大包小包的水果来了,进来跟我说不要不行,硬把水果给我。

那个夏天我们同事都吃了水果,大家都说是沾了我的光。

此后她不知道咋知道的,只要我们一到村上,她就提着水果来了。从香山上下来的路很不好走,她不嫌远不嫌累的,就给我们送水果。

后来,我们转到另外一个村,再没有见到她。

这都好几年了,我到别的村扶贫也三四年了。我如果去香山的话,只要碰见她,她就把我拉住,亲热地问长问短,后来跟她就像亲人似的。

我觉得一般人承受这么巨大的打击,可能就会万念俱灰,活都不想活下去了。这个阿姨的情况要是发生在我身上,可能我也承受不了这么大的打击。

农村里最可怜的人,最贫穷的人,如果他们没有生存空间,他们的生活就没有指望。正是有了脱贫攻坚这个政策,有了咱们干部对她的帮扶和关怀,她才有了生活下去的勇气。

现在,分给她的那套房子已经装修了,非常好。她还邀请我去她家做客。

她说她在香山上已经待得非常习惯了,她见识了各种好心人,还说菩萨教育人要善良,要慈悲为怀,要普度众生。她在香山上见的都是些善人啊!一年四季都有好心人给她送衣服,送鞋帽,从头到脚都不用自己买,一到换季就有人送来了,说是旧衣服,其实都新新的,干干净净的,还合身得很。有些洋火得自己都穿不出来,又送给别人了。她说这都是菩萨在暗中安排的。她在香山上打扫卫生,做饭吃饭,也不用花钱。在那儿待着,她的心里非常平静,说以后老了就老在香山上。

她说,政府分的那套房就留给儿子,儿子结婚了,她就感觉很幸福。

听她现在说话,语气里又有了活力。她觉得很好,很幸福,已经从那时的万念俱灰中走出来了。

所以，脱贫攻坚中干部的帮扶就是贯彻党的政策，政策是无形的，需要人去执行，去把它落到实地，而人是有温度的。

和贫困户面对面交流、握手，和他们拥抱，这样的感受，绝不是口头上给他们宣讲政策所能比拟的。

所以，我觉得帮扶干部要把脱贫政策落实好、贯彻好，首先要让群众切切实实得到关怀、鼓励、鼓舞，这不光体现在物质方面，更重要的还要重视他们情感方面的需求。

我就常给这个阿姨讲海浪的故事，海浪是我们耀州区推出的励志典型。

我对她说：你看你身体多好，啥时候你想去哪就去哪了，是不是？你看你香山上下跑，而我上香山都费劲，因为我有点胖，哪有你的身体好啊！

我这样一鼓励，她特别高兴！

我帮扶8户贫困户，在脱贫攻坚过程中都是直面每一户群众，解决他们最根本的一些问题。

帮扶干部和贫困户之间可歌可泣的故事非常多。比如，当时我们的年轻干部帮贫困户收麦子。帮扶干部们自己在家大都没收过麦子，但此时根本顾不得这些。

就说张健吧，他是区委宣传部帮扶庙湾镇瑶玉村工作队的队员。他在帮助村上理清发展思路、解决基层党建中存在的问题方面很有思路，文笔也很好，撰写了很多扶贫先进材料，比如柳林村的高世美，他十八年如一日不离不弃呵护瘫痪妻子的事迹，就是张健写的。高世美"绝不做陈世美"的高尚品德，经张健文章的传播，感动了许多人。

一个夏天，张健帮助缺劳群众晒麦起场，白净的脸都晒成了黑脸膛。张健倒是个农村出来的孩子，他持杈起场翻麦，姿势标准，像模像样，他跳上三轮车拉碌碡碾麦子，潇洒自如的神态让那些城里来的娃好生羡慕。可以说，这些年轻人用实际行动践行了初心。

脱贫攻坚这个历程，确实是把干部锻炼了。它是一个战场。

记得那时候开全区脱贫攻坚誓师大会，我们乡镇的党委书记上台就说：各位战友们！大家都笑了。说得真好，这就是一场战斗，一场伟大的战役，新时代的战役。这是考验扶贫干部的意志，也是一种血与火的锤炼。

经历过这场伟大的战役之后，我觉得，个人意志力、综合素质、格局等各个方面，都有一个很大的提升。假如没有这一场伟大的战役，你的思想水平、个人能力、耐力、意志力，可能还停留在以前的层面。

刚开始到那里，我觉得是受命于危难之际。这是真的。

在瑶玉村帮扶了两年以后，中宣部包抓我们，要完成另一个村柳林村的脱贫任务。我们要配合中宣部搞好扶贫工作，我们的队伍就又转战到了柳林村。在柳林村，我们又开始了新一轮的扶贫工作。

撞在一起的五年

写东西的人可能比较感性吧，我也爱写东西。

扶贫我干了5年，其实我有两个五年都撞在了一起，给我很大的压力。

另外那个五年就是我女儿的五年。

我女儿11岁就到西安去上学了，一个11岁的女孩多需要家长的关注。女儿非常渴望我周末能按时到西安，和她说说话。学校里都是西北五省的尖子生，说实话，咱当地的孩子到西安以后，学习压力特别大，生活上也不习惯。

但是我们那时一到周末就集中下乡去了，脱贫攻坚，连续3年，我们几乎没有周末。我只能通过电话给女儿一些安慰，电话里女儿哭了好多次。

女儿不理解，说贫困户都比她重要。女儿说，人家的家长都在学校门口租房子陪读，而她呢，没有爷爷，也没有奶奶，妈妈也指望不上。女儿内心非常崩溃。

女儿快中考的时候，我下定决心要请假，我一定要请假！我请了3天假去陪孩子。最后一门英语考试前吃午饭时，电话就来了，说是村上有事情，中央巡查组马上来了。我跟我爱人说我要回去。我爱人很生气，说要回你自己回，你坐公交坐地铁自己走，我不开车送你。

我两点多从西安出发，4点到耀州区，之后又坐班车赶往村上，晚上才到村上，赶忙连夜整理材料迎接检查。

女儿快高考的时候，又到脱贫攻坚收官时期。女儿紧张的时候我就紧张，女儿忙的时候我就忙，好像我的工作就是和女儿对着干一样。所以我常常处于焦虑之中。

这5年，我跟孩子的事是硬碰硬。现在孩子考上了中国农业大学，去上学了，我的扶贫工作也结束了，我这才一下子轻松了，前所未有地轻松。

我的孩子也比较感性，后来，她写了一篇文章，叫《我的母亲是扶贫干部》，文章的点击量很高，后面的留言也很多，小编跟我说因为只能放出100条，好多留言都放不出来。

那篇文章后来在多家有影响的网站上也都登了。因为她是一个局外人，用不同的眼光来看待这场脱贫攻坚，她的感受也许更具有代表性。

不能和贫困户一样

脱贫攻坚让农村的情况真实地暴露在你的面前，一切虚伪的东西都无法掩藏，都赤裸裸地展示出来。就是说，你和贫穷是面对面的，你面对的就是最贫困的人，直面的就是很多棘手的问题，你要去解决它，你必须使尽全部的力气去扶持他，让他从穷变富。你不去扶，他可能一辈子都改变不了这个现状。

我觉得从这个意义上说，脱贫攻坚就是一场壮举，是对人的生存、人性发展的一种深层次的关怀。

政策非常好，非常到位。

我们先前去瑶玉村，有的群众住在山上还不愿意搬。国家花了多少钱啊，弄新房，弄太阳能，建新工厂，水电路都通，原来这些都是无法想象的。那么偏远的地方能有这样的景象，为什么不搬呢？

在政策落实的过程中扶贫干部对贫困户所给予的关怀和扶持，影响可以说就是一辈子。

拿我来说吧，我和很多贫困户后来都成了朋友，现在我要是去瑶玉村，这个拉右胳膊那个拉左胳膊的，让我去他们家吃饭。他们高兴得不行。

我工作26年了，脱贫攻坚是我工作以来最完整最深刻的一次历练。现在再说加班苦，说两头不见明，都感觉是难忘的美好的回忆。当你看到群众理解你感激你，真是涕泪横流啊！

当你不被人理解的时候，工作难以推动的时候，面对各种猜测的时候，偶尔还有一些人胡搅蛮缠的时候，你都要接受他，去改变他。

我觉得参与脱贫攻坚对我自己改变也非常大，现在我的心胸比原来更宽广了。

作为女人，作为一个文学爱好者，我有时候有些情绪化，喜欢伤春悲秋，对有些小事会耿耿于怀,甚至几天都回转不了,别人一句不中听的话或一个不好的脸色,我都会觉得是看不起我,对我有啥意见。

我现在没有这种情绪了,之所以我能把这种不良情绪消化掉,和脱贫攻坚的经历有关。脱贫攻坚经历的哪件事不比这大呀?

瑶玉那地方是山区,贫困的原因很多,但是我在工作中发现,因病、残贫困,因技术贫困,这几个类型占比较大。

那地方大骨节病比较多,这些人先天不足,腿都弯成那样了,无法从事重体力劳动。有好多是聋哑痴呆等残疾人。还有一些没病也不残疾的,但是因为没有文化,想在家里发展个产业又没有技术。

国家把他们分成几个类型,根据类型施行优惠政策。国家会给残疾人补助,给残疾人免费培训,培训不收钱,还发钱,培训机构到村上到家门口进行培训。缺技术缺资金的,国家给提供三年无息贷款5万元,这样如果有人搞家庭养殖很快就能启动了。

我在柳林村包扶的贫困户中有个叫王家仁的,他原来养过猪,有经验。他有脱贫的信心,我们就按照政策先帮忙给他贷5万块钱,之后还指导他,帮他操心。

王家仁的三个小猪冻死后给我打电话,说猪死了咋办。我就让技术员指导他养殖,并帮他销售,他的养猪产业才慢慢地做起来了。

有个一家四口的贫困户,其中三个残疾人,老头崔振安只有一米四几的个子,还是一个聋哑人,不能出去,也不能下苦力,让他养猪,他连一桶水都提不到猪跟前,你让他干啥呀?!

最终我们让他养了几只兔子。我们在网上买了一个山桃核打孔机,让他打孔。他耳朵聋但眼睛好着,眼睛好就能坐着弄,他做得非常好。

还有就是给他申请了公益性岗位,扫路,他很勤快,做得非常好。总之我们通过各种帮扶,帮他脱了贫。

我们针对不同的家庭,不同的人,使用不同的脱贫政策,把政策用足用好,真正让贫困户受益。

还有好多人原来住的土窑、砖窑、平房,那些窑洞"龇牙咧嘴"的仿佛就要塌了,看着着实让人害怕,也很纳闷这几十年他们是怎么住的。我们就把他们安置到楼房里了，好多人还住到了县城里。

有的人住电梯房还不习惯，就像我的一个包扶对象，说他不习惯住城里，一坐电梯头就晕，他年龄也大了，就愿意住到村上，我们就给他在村上解决了一套房。

当时我带着贫困户来城里选房子，有的还不愿意远离家乡，因为他的地就在村里，他家玉米地就在附近，还要种地。那我们就把他们安置在村里的楼房。

我们让每一个贫困的人，都得到了政策的支持和心灵的温暖。我觉得这是脱贫攻坚最伟大的地方，政策制定得非常好，帮扶的各级干部也支持配套政策，大家共同促成了这场战役的成功。

有些人对贫困户很有一些看法，觉得一些人不值得同情。我是这样认为的：不是说千人千性万人万性嘛，贫困户都处在社会的最底层，生存条件非常恶劣。有一些地方电都不通，他从没上过学，你指望他有多高深的认识？

有人说，可怜之人必有可恨之处，你帮扶他的时候，他有各种无理要求，老是伸手跟你要，要么提出各种让人觉得无法承受或者超出干部帮扶范围的要求。

我觉得都应该理解，为啥？因为你和他的认知层次不一样。

比如，村里的光棍，给我提的最多的要求是让帮扶个媳妇，这样的人多得很。咱在手机上也看到过，不是光咱这个地方有。

可是，这个问题也确实难解决，男人找老婆难这个现象在我包扶的村很普遍。

如果和贫困户斤斤计较，那就不是我们来帮扶的初衷了。

当然，有些贫困户确实很难沟通。比如你对一些人说政策好，你这样干，可他就不干。我就这样，我爱穷，看你把我能咋！早上8点你来了，他在床上还不起来，不听你的，就不听你的。你说了几十遍，他一声不吭，也不回答你。你问急了，他哼哼两声，你以为他答应了，第二天你再去看，还是没有动，还是原来的样子。他能让你连着跑一个星期都不按你说的做。你还不敢多说，你要是把他说烦了，他还给你发火呢，说你啰唆啥哩！

说实在的，有些人的贫穷确实有自身的原因，这些人能把人磨死。有的年轻干部说，他要是自己家里的人，真想上去踹他一脚。他是一个活人，不是一个机器，不是你按几个按钮就到位了。有时你拿他真是没有一点办法。

你只能慢慢地感动他，感化他。你要让他感受到你的善意、你的关怀，你对他的理解和帮助，他才能配合你。群众毕竟是群众，群众要是和你一样，也成干部了。这是我们书记在大会上经常说的。

有好多下去一线的，特别是女同志，刚刚从学校毕业的小女娃，哭得哇哇的，都是被气哭的。天天都有好多这样的事情发生，真是悲喜交加。

他的无理、他的贪婪、他的自私，不是你一时半会儿能解决的，你也解决不了。但你要想办法让他了解你、理解你，你要超级有耐心，你要想办法跟他沟通，慢慢地让他明白，到最后就会柳暗花明。

我们当时在瑶玉村的时候，帮扶干部和群众也有各种各样的矛盾，到最后我们感动了他们。现在玉米熟了要给你拿玉米，核桃熟了要给你拿核桃，和我们有了很好的关系。

第四章 关庄八年

关庄村：相传唐、宋时皇帝往香山降香，常驻跸安王村，因扈从官员多留宿该庄，故名官庄。"关"乃"官"谐误。

——摘自《陕西省耀县地名志》

关庄之"官"

关庄是一个乡镇,我们通常会认为乡镇很"土",和城市的一切都是有距离的。尽管关庄历史上也出现过一些大人物,比如书法家柳公权、史学家令狐德棻,但它始终是一个依赖农业生产而存在的乡镇。

镇上的人都说着当地的土语,他们走路的方式和长相也带有鲜明的特色,呈现着关庄人才有的特殊气质。就算是说普通话,他们也会不经意间流露出一些土语,比如说"我家在土桥",他就会说成"我家在土(tou)桥",他们自嘲说自己的普通话是醋溜普通话,是陈醋拌出来的。那些夹杂着方言读音的普通话,常令人忍俊不禁。他们把不说土语爱说普通话的行为叫作"洋火",比如说,"看你还洋火得很!"带有某种调侃和讽刺!

正如"洋火"不是赞美,我这里说的"土气"也不是贬义词,"土"实际是指具有地方性,带有某个地域的鲜明特征。在一个地方生存已久的人,你常常会一眼就把他分辨出来,不管是长相姿态还是性情等等,任何一点都会成为你判断的依据。说到底还是那句老话:一方水土养一方人。

可是有一位干部却和关庄镇的其他人迥然不同,第一眼见到他的时候,我很是吃了一惊:关庄怎么还会有这等人物?后来一问,才知道他不是关庄人,是河南巩义人。他是关庄镇的一把手——闫军。他爷爷那一辈来到了陕西,大概属于20世纪五六十年代来到陕西的那批人。

闫军是扶贫工作领导小组的组长。在关庄,闫军应当是镇一级领导中工作时间最长的。到2020年,他已经在关庄待了整整8年。是不是还要继续待下去,他自己也估计不来。

到关庄之前,闫军先是在董家河镇工作。董家河镇靠近210国道,那里有石灰岩可以生产水泥以及水泥副产品,加之交通方便,是个富裕的乡镇。

有一天，董家河镇的一位领导调到了关庄镇，闫军和一群干部去欢送，大家一起来到了关庄镇。那时的关庄镇还不叫关庄镇，叫稠桑乡。

当时的稠桑乡交通不便，政府办公条件很差，镇政府大门东侧是一排砖墙，西侧是耕地，麦田和苹果园交错分布，麦田和苹果园之后便是深沟大壑。通往柳林、照金那边的耀照路那时只是一个破破烂烂的二级公路，镇政府前面也没有供乡民集会的场所，乡民们过会还要跑到小丘或者以前的耀县（今耀州区）县城去。

那时候，闫军做梦也没有想到自己有一天会来到稠桑乡，来到这个他眼里财政吃紧、荒凉偏僻的乡镇。

2002年，耀州区撤乡并镇，稠桑、安里、阿子三个乡合并成了一个镇，镇政府所在地位于关庄村，所以新的镇就叫关庄镇。

闫军对稠桑、安里、阿子这些地名的消失也很惋惜。作为资深乡镇干部，这些老地名早已耳熟能详，突然换了名称，心里一时还挺失落的。特别对稠桑，闫军内心是极有感情的。那个酒酣之夜，他看到了夜幕下的稠桑，稠桑乡东边，那几点零星的灯光，一直闪烁在他的记忆里。

还好稠桑这个地名没有消失，它现在是关庄镇的一个村。

在历史上，稠桑是一个养蚕织绸的地方，那里桑树成林，是一个有过手工业发达经历的古老村庄。当时人们生产的绸缎被运进京城，供皇家享用。而现在却凋零得一棵桑树也找不见了。

稠桑名虽还在，村里的人口却在逐年减少，年轻人基本上都外出打工了。稠桑是坐落于耀照路旁边的村庄，尚且没落如此，后塬的一些村庄就更不用说了，人口流失更大。所以，撤乡并镇算是顺应形势的决策吧。

幸好关庄的名字也不错，关庄村和稠桑村并列位于耀照路旁边。关庄离长安城也就100多公里，因唐宋时常有官人路过驻跸，它本来是叫"官庄"的，叫着叫着走了样，就成了关庄。不过也是贴切的，关庄算得上是耀照路的入口，是前塬和后塬的分界线，过了关庄村往西北走，再有几公里就进入崇山峻岭的后塬山区了，那里有一座名山叫香山，10公里的路程后就来到照金这片红色革命根据地了。

2012年，闫军从董家河镇调到关庄镇担任镇长，那年他刚刚36岁。

在关庄，脱贫攻坚谁最有发言权？自然非闫军莫属了。8年多的时间里，扶贫是闫军工作的一条主线。

闫军的前任书记叫宋耀宁，只比闫军稍大一点，也非常年轻，却因极度劳累，倒在了脱贫攻坚的战场上。宋耀宁牺牲之后，闫军独立负责关庄的党政工作。一年后闫军升任关庄镇党委书记，人大主席焦建军升任镇长。

脱贫攻坚就是一场不见硝烟的战役，在这场战役中，关庄这一帮人，包括下派的第一书记、帮扶干部、镇上的干部、村上的干部，也就是闫军他们说的四支队伍，有一个共同的名字叫"扶贫干部"。这战场上还有另一支部队，那些贫困的农民，那些孤独的光棍，那些孤寡老人，那些遭遇灾难亟待帮助的人……他们也有一个共同的名字叫"贫困户"。两支部队前所未有地汇集在黄土塬上，为了一个"拔穷根、挪穷窝"的宏大目标而一起战斗。

这段经历用闫军的话来说，就是"记忆深刻、历历在目"。

脱贫攻坚开展之初，闫军的想法是困难由民政来解决，如果民政把困难群众这个短板补齐了，把人的温饱问题解决了，应该就能脱贫。

但事情并不那么简单。

2015年开始给贫困户建档立卡，到了2016年脱贫攻坚工作更加深入，闫军认识到脱贫攻坚是一个全面系统的工作，它不光是困难群体的温饱问题，贫困户的住房问题、收入问题，以及医疗、教育等方面的要求，这些都要达到标准，还有贫困户们精神面貌的变化。脱贫攻坚是对于农村贫困群体的一种全方位的立体的改变和提升。

这个标准就是扶贫干部们常说的：一收入两不愁三保障。

2015年识别贫困户的时候，有一个标准是家庭人均年收入2850元，低于这个标准就可以纳入贫困户，有危房、重大疾病、长期慢性病的，只要有一项也可以纳入。当时群众都想把自己纳进去，可以多得些好处，所以都争着抢着要当贫困户，都想着把自己的收入压低，都说自己家里有慢性病人，都说自己家的房子破旧。

上面也鼓励大家说，门槛可以放低点，能进来的都让进来。结果全省区县统计数字报上去以后，省上发现数字过大，说他们基层把关不严。

他们又拿出一个方案，时间不长又被打回来了，这回说他们退出的户数又太多了,还要重弄。

关庄镇刚开始是 1000 多户贫困户,按照"九条红线"把一半人卡出去了,剩下了 400 多户,省上又说他们是大进大出,卡下去太多户了,还得拉进来。

2016 年建档立卡实施精准扶贫,那是闫军和干部们最忙的时候。上面千头线,下面一根针;上面万把锤,下面一根钉。所有的工作最后都要由他们穿起来,都砸在了乡镇,都要靠乡镇来完成。乡镇可以说是扶贫工作的最后一道屏障。

到了 2017 年上半年,按照"九条红线"进行数据清洗,全镇的贫困户从最初的 1400 多户,经过再评议筛选降到了 800 多户,后来又召开镇村干部大会、各村评议大会,在进一步核实的基础上,经过区、镇、村三级多次调整,上上下下经过几轮核实衔接,最终审定关庄镇建档立卡贫困户为 979 户。

扶贫工作要精准,上级还要求过程完善、痕迹清楚、数据准确,还要按照统一时间节点上报,镇村干部只能没白没黑连轴转,天天加班到深夜。

精准扶贫是前所未有的,上面也没有成熟的经验,也是在摸索中前进。这样政策就显得很易变,基层干部们刚开始宣传执行这个政策,新的政策又出来了。干部们要把贫困户的信息一个一个地录入,还得随着变化不时删除或添加,光是贫困户信息就得反复好多次。

这种简单的反复,或者说是重复的劳动,把基层干部们弄得心力交瘁。准确地说,2015 年、2016 年,甚至到了 2017 年,政策都在不停地调整。其中移民搬迁政策变化最大,上个月这个政策,下个月新的政策又来了,干部们对此感到十分苦闷。

闫军那时候干脆就不回家了,就住在镇上的办公室里,和干部们一起作战。每天,他都是只知道早上 8 点半必须上班,但不知道会何时下班,因为他的微信工作群里会随时传来上级的指令,他频繁地接打电话,手机也必须随时充电,不然根本耐不到晚上。那时候闫军感觉自己就像是电影画面里的前线军官一样,一边手指着墙上作战图,一边督促着前线冲锋。当时他脑子里就冒出来了一个词——战役,他们现在是在作战,脱贫攻坚是一场战役。

关庄全镇有 979 户贫困户,如果严格按照脱贫攻坚识别标准来对照,估计有一部分人要被拒之门外,但这个事在当时真的难以鉴定,就只能按照上面的要求来来回回地评议。光是在贫困户的识别以及最终确定上就要消耗很多的时间和精力。

2019年冬季的一天晚上，已然夜色深沉，镇政府二楼办公室的灯还亮着。不用说，那是关庄的干部们在工作。

闫军走下楼，看到办公楼前停着一辆陌生的小车，那小车嘟嘟嘟地响着，像是要急着开走一样。闫军上前敲窗问道：这么晚了干什么的？车上是个小伙子，他说来镇上接人的。接谁呢？接白孟迪。

白孟迪是关庄脱贫办的女干部，她就要生产了，女镇长张煜说了好几回让白梦迪注意身体，有情况就赶紧请假。白梦迪笑笑却从来没有请过一次假，今晚镇上通知脱贫办的全体人员一律加班，白梦迪也就参与了加班。现在已经是晚上11点了，她还在办公室里。他的爱人就开车来接她了。

闫军让白梦迪的丈夫来办公室等候，年轻人笑着说不用了，就在车里等。

脱贫办实际还有一位怀着身孕的女干部，此刻也在加班。

看那年轻人一直在等，闫军就对白梦迪和另一个女干部说：你们俩都回去吧，让那个谁把你们俩一块儿送回去。

白梦迪说：你们都没回去，我俩咋好意思回去呢？

闫军说：女的全部回去，男的留下。这样白梦迪和另一个女干部才走了。

这样的例子不胜枚举，闫军说：脱贫攻坚每一个干部都有一种脱了一层皮的感觉，大家付出的真的很多很多。

电商物流园

说到产业，闫军讲述了这样一件事。

脱贫攻坚期间有一个项目，是要建一个集农产品集散、交易、配送为一体的物流园，带动关庄及周边地区40万亩苹果的销售，还包括其他的农产品比如核桃的销售和储存，当时的定位是辐射铜川周边，带动100万亩苹果的仓储交易配送。

他们把这个项目叫"关庄扶贫电商物流园"。闫军认为这是个很好的项目。

物流园有一条园区的主干道，必须从野狐坡过。但有弟兄两个在野狐坡那里偷偷盖了房子，卖饸饹和肉夹馍，生意很好，这两兄弟不搬。

野狐坡的兄弟俩在那儿盖了砖混结构的平房，有100多平方米，前面还有一个大院子，并排能停六七辆大拖车。过往的司机在他这里吃一碗饸饹、一个肉夹馍，然后再加加水，洗洗车。这里车流不断，生意当然好，每天下午四五点肉夹馍就卖完了。

在这种情况下，兄弟俩是不可能轻易搬走的。

当时闫军他们眼看着也没办法，但为了推进物流园建设，必须要让兄弟俩搬走。

这兄弟俩建的房子是违章建筑，没有任何手续，但是建的时候没被发现。原因是，当时路边有一个土墙挡着，这个土墙很长，有三四十米长，看起来就是个高崖。实际上他们把高崖里面的土全部掏空了，推进去建房。高崖很高，从外面公路上根本看不到里面。然后他们在两边修了沥青路，也不太引人注意。

这野狐坡的人也有点名不虚传吧，既野又贼，等闫军他们发现的时候，兄弟俩都弄了快两年了。平常干部们都怕跟野狐坡的人打交道，都说野狐坡的人比狐狸狡猾，比狐狸难缠。他们这场取缔，简直可以用"惊心动魄"来形容。

他们的第一方案是跟兄弟俩谈，就是补偿拆除。兄弟俩请人做了评估，房屋的垫层、硬化的道路，还有商业这块儿的损失加起来，兄弟俩提出了420万的赔偿要求，明显脱离实际，有些离谱。

实际上，兄弟俩一年的平均收入是三四十万。

闫军把政策给他们交了底，请了房屋管理所，加上合理参照，再根据耀州区的补偿惯例，重新做了一个评估，提出赔偿49万。

这个数字和兄弟俩的要求差距太大，事情就谈不拢。兄弟俩中的老大一口咬死就420万，1分不能少。

谈的过程可以说是历经了千辛万苦，闫军通过村干部谈，通过跟他们关系好的朋友谈，通过他们的亲属谈，通过他们的同学谈……半个月后，总算有些松口，放出话来，说可以少，但不能少于300万。

等于还是没有谈拢。

在谈的过程中，有一次闫军带着班子七八个人，开了两辆车去了兄弟俩那里，从晚上八九点一直谈到夜里两点。

两点多，有几个人实在困得不行，就打扑克，想提振一下精神。

兄弟俩把他们打扑克的场景录了下来，拿着视频说要去告他们，告他们赌博，但其实他们只是娱乐。

最后一次去跟兄弟俩谈的时候，闫军把村上和镇上的包村干部都带上了，仍是谈不拢。

最后决定不谈了。闫军他们以在基本农田上违建的事实为依据，给兄弟俩下发了限期拆除的书面通知，要求他们自行拆除。告知其如果不自行拆除，依据土地法，将强制拆除。

限期拆除的时间到了，兄弟俩仍没按通知要求自行拆除，闫军就向区上请示联合执法。

经区上批示后，闫军他们联合公安、国土和住建等部门共同执法。

闫军在手机里找到一个视频给我看，视频上显示的时间是2017年6月29日。

视频是从执法记录仪里截取的一部分。当时，公安局全程录像，就害怕闫军他们在执法过程中遭遇不测。然后闫军把这个资料保存了。

公安局做的这个工作，确实必要，强制拆除过程中发生的事的确难以预料。当时还有消防队参与保障。执法也很不易，必须考虑周全，要应付各种突发状况。

联合执法那天早上9点多，镇上所有干部，年轻的年老的，男的女的，全部出动，将近30人，加上公安人员20人及其他单位的人员，总共七八十号人。黑压压一大片都拥到了兄弟俩的院子前。

没想到，兄弟俩早有准备。他们早早地让各自的媳妇把他俩的婆，也就是他俩的奶奶（这里人把奶奶叫婆），一个瘦小的80多岁的老太太，从家里拉到了他们那里。

你们一定会以为他们这是叫老太太站到前面挡执法。其实不是的。闫军到现场一看，老太太在房顶上。兄弟俩知道他们要来，一早就把他奶奶弄到房顶上了，还有两个媳妇，也在房顶上。

他们搭了个长梯子，将老太太弄了上去，然后把梯子搬走了。老太太也挺配合。

兄弟俩叫嚣着：你们敢拆除，我婆、我媳妇就从房顶上往下跳。

闫军边让我看视频，边接着对我说：你看，老太太这不是在房顶上嘛，很瘦是吧，这是她孙媳妇。这是公安，对，还有消防队。这是我们镇上干部和环保、国土等部门同志，以及村上的干部，这是当时的包村干部赵振东，这是我，这是公安局的副局长，这是他们家大门。穿白衣服的都是我们镇上的干部，后面的全是公安民警，这是派出所所长。这是他们家南门，这是那个土墙，大门上了锁，叫不开，我们开始连门都进不去。派出所所长上去先把锁给砸了。这个好像是铲车吧，铲车在等着。

闫军他们的阵势也挺大的。老太太站房顶上一声不吭，看着瘦小得很。两个孙媳妇陪着她。

兄弟俩在底下喊叫：房子坚决不拆，你们要是敢拆，我媳妇和我婆就跳房。

当时，闫军是总指挥，配合的所有单位、所有人员由闫军统一调配。大家都把眼睛望向他。

为了缓和这种紧张局面，闫军对兄弟俩说：房肯定要拆，只是补偿多少的问题，违建是必须要拆的。

闫军这话的意思首先是让兄弟俩不要抱有幻想，只说在补偿多少上可以谈。闫军说：你叫你婆下来，现在没有人逼你上房，你这叫威胁，你们最好自己从房上下来。你们不下来，就是阻挠正常执行公务，有啥后果，是你们自己造成的。

兄弟俩气势有些软了。

闫军继续说：让你媳妇把你婆领下来，一块儿走。那两个媳妇就瞪眼看着闫军，不动。

闫军话音一落，镇上干部就准备上房。兄弟俩中的弟弟，上去把梯子拉开了，不让干部们上。

兄弟俩都是四十出头的样子，看起来都很凶。

弟弟手里提着一个钢管椅，就是那种圆凳子。哥哥手里拿着一个电壶（这里人把保温瓶叫电壶），不知道有没有开水。

哥哥说：你们谁再往前走一步，就是跟我过不去。你们让我过不去，我让你们也过不去。

闫军说：把你手里的东西放下。我们是来执行公务的。你们妨碍公务，我们的执法仪都有现场记录，你们妨碍公务的一切行为，执法仪都能提供最直接的证据。闫军尽量注意说话语气，不刺激他。

闫军又说：有啥事，咱们商量，你一个男人，怎么能让老人和女人跟你受累呢？你要敢做敢当，你这种行为是不孝。你愿意耗就耗，不要对老人耍流氓。

这时干部们看到拆迁房后面还有一块地，就准备从后面上房。

现场就跟解救人质一样，兄弟俩的婆其实就是人质，将人质弄下房，兄弟俩就没有依仗了。

考虑到万一会出现的问题，闫军给120打了电话，120很快也来了。

这时几个女干部从后面悄悄上了房，她们上去后一把抱住老太太，对老太太说：好我的婆哩，你咋这傻哩，你跳下去了，赔了钱，都叫你孙媳妇花了，你一分落不下，你看你冤枉不冤枉？

老太太就抹眼泪。

女干部又说：好我的婆哩，你看这世事多好哩，你好好地多活几年，把共产党的福也多享几年嘛。

老太太就被几个女干部从梯子上连背带扶地弄了下来。

老太太其实也不想跳，现场僵持那么长时间，一直没跳。

幸亏提前叫来了消防车，消防车的云梯搭在房屋背后，几个女干部是踩着消防车的云梯上去的。

说起来关庄镇的女干部真的是很勇敢,她们踩着云梯,一呼而上,四个人控制一个人。镇工商所的一个女干部是第一个上去的,她上去后一把抱住老太太。兄弟俩那房其实挺高的。那个年轻一点的媳妇不到40岁,厉害得很,在房顶上还骂骂咧咧的。女干部们不搭两个媳妇的腔,一门心思就是先控制住老太太,把老太太弄下房。

工商所女干部的一番话,把老太太的心说软了。那其实也是一番肺腑之言,说到了老年人的痛处。女干部们后来跟大家学她们在房顶上的话,大家都笑了。

最倒霉的是派出所所长。

兄弟俩养了一只大黑背狼狗。当所长把大铁门砸开时,大黑背狼狗"噌"一下就蹿出来了,上去一口咬住了所长的腿。

其他人一看这狼狗咬着所长的腿,赶紧捡起地上的木棍,把狗打跑了。

赵振东后来开玩笑说:狗专门咬穿制服的人,这兄弟俩早把狗训练得见制服就咬。

放狗咬人构成治安案件,后来派出所就把老大拘留了15天。

老太太被弄下来之后,兄弟俩就开始拿着钢管椅、电壶乱抡。但这时候,闫军已经不太担心了,老太太一下来,大事就基本成功了。弟兄俩现在威胁不到他们了,他们不过是恼羞成怒,做做样子。

接着公安民警出手,很快把兄弟俩制服了,直接给兄弟俩戴上了手铐。看这架势,两个媳妇也都不敢再吭声了。

闫军用救护车把老太太还有两个媳妇都送了回去。几个女干部也陪着一同过去,将三个人都安顿好。

但此刻铲车还是没有上去。

闫军和其他人一起进到屋里,把里面的冰箱、橱柜等都抬出来,然后一一登记,之后拉到一个库房存了起来。

他们从早上9点一直忙到下午两点多,一口气没有歇,终于完成了拆迁工作。

闫军说,当时确实惊心动魄,自己心里也很紧张,处理好了,是大家的成绩,处理不好,万一出了什么乱子,那就是自己的责任了。

当老太太在房顶上的时候,闫军脑子里居然冒出了《三国演义》里的画面:鲁肃劝孙权万不可降曹，说，众皆可降曹，唯将军不可也。闫军暗暗告诫自己，绝不能出现任何意外，一定要平稳处理。

第一个回合的任务算是完成了，但物流园仍然不能顺利开工。

协议还是达不成。闫军被这兄弟俩缠上了。

老大被拘留十五天后从看守所一出来，兄弟俩就直接到闫军办公室来了。连着十几天，天天来。

闫军平常8点来，他俩7点半就来了，比闫军到得还早，就守在闫军办公室门口。闫军一开门，兄弟俩直接进门，一屁股坐到沙发上。

老大说：你看这事咋弄，这事弄不好，就是咱俩的问题，你闫书记和我的问题。

他开始对闫军进行威胁恐吓：你把我房拆了，你把我坑扎了。我媳妇回去后就吓病了，我老妈住院了，我的拆迁补偿，还有这些，你说咋弄！我拘留所也进了，该受的罪也受了，300万，你看着弄。能成，咱俩这事就算了；不成，我跟你没完。

闫军说：你和项目办谈去。

老大说：少来这一套。我谁都不找，我就找你。你解决不好，你看着，你走哪我跟哪！

闫军清楚他已经被拘留了15天，从气势上也硬不起来了，无非还是想多要些钱。

闫军依然告诉他：要依照惯例解决，要依照政策解决，不能只依照你的意见，按你说的，那是不可能的。

老大就说：你的车号我可是知道了，你最好不要路过野狐坡。

他知道闫军下班开车要路过他们野狐坡。实际上有好多次，这兄弟俩就在野狐坡路边站着，等着闫军。

看来正常渠道是没法解决了。闫军就找当地能跟兄弟俩说上话的人。闫军知道，这种人对有社会名望的乡里贤达，心里还是很敬畏的。

这些乡贤也很给力。

乡贤对兄弟俩说：有事说事，要多少赔偿，你们好好商量，坚决不允许出现过激行为，更不能结下私人恩怨。

之前，兄弟俩整整两周天天吊在闫军的办公室里，听了乡贤的话之后，两人的思想开始松动了。

后来闫军和兄弟俩又谈了很多次。

弟兄俩总拿新区的例子作参照，而闫军是拿耀州区、关庄镇的前例做参照。闫军说：我们不参照新区，我们在关庄、在野狐坡，就按关庄、按野狐坡走。

经过乡贤协调，后来双方总算能坐下来谈了。又谈了十来天，弟兄俩的期望值一直在往下降，最后算来算去，从兄弟俩最早提出的300万，定到了86万。

闫军他们也做出了让步，由原来答应的只给49万，到后来的86万。

兄弟俩后来又提出一些赔偿，如他母亲住院、家具损失等，最后，双方议定，将赔偿款定为89万。

这是2017年的事情。闫军说：想发展一种产业，起步很难啊。如果不动用社会上的关系，不依靠乡间里的贤者达人，这事还真不知道会是啥后果。个人是一方面，另外，物流园这么好一个项目启动不起来，那将是多大的损失啊！

闫军接着说：这5年的脱贫攻坚，跟各种人打交道，真是充满了风险。酸甜苦辣我们算是尝尽了。

现在物流园总算是建起来了，它成了关庄以及周边区域一个最大的苹果存储交易市场，那些种苹果的贫困户们，可以借助这个物流园把苹果销得更多、更远。

在2020年早春疫情期间，很多苹果一时销不出去，因为有了物流园的存储功能，苹果没有烂掉。物流园充分保护了苹果户的利益。

那兄弟俩在野狐坡底下又租了几间门面房，依旧卖肉夹馍和臊子饸饹，只是现在门前不能停车，生意没有以前火。

移民搬迁

我第一次去关庄的时候，一眼就看到了关庄的移民搬迁小区，就是镇政府前面的关庄社区。从外部看，白墙灰顶，明窗蓝瓦，家家户户都有阳台，可以坐在那里晒太阳、看风景，像小别墅一样。房子的配套设施也很好，路面铺着青砖，还有小花园、小亭子、木制的长廊等，真跟城里的高档社区一样。

关庄在建移民安置点的时候，有几方面的考虑：要靠近镇区、靠近中心村，还要靠近园区和旅游线。选址合理科学，孩子上学方便，老人就医方便，其他人就业生活出行都方便。

关庄安置区共有九栋楼，里面容纳了几千人，一时间把关庄镇周边的文化经济都带动了起来。

以前街道上没有商店，现在关庄社区周边全是商店，什么东西都可以买到，再也不用担心夜晚想吃点什么喝点什么而找不到卖的地方了。各大快递公司也在关庄设立了投递点，物流交易十分便捷。

关庄社区的中心广场上竖立着柳公权的巨幅雕像，同时，十字形的街道也是关庄人集会的一个点。逢三逢九，关庄人就在镇政府门前的广场上过会，热闹非凡。各种农具再不用到小丘那边或县城里去购买了，在自己镇上就可以买到。

随着人流量增大，原先光秃秃的耀柳路两边，一个一个的饭店也冒了出来，卖羊肉泡馍的、卖臊子面的、卖肉夹馍的、卖饸饹面的、卖饺子的，县城里有的关庄镇也有了，在县城里能吃到的在关庄也能吃到了。

关庄现在确实像个镇了。

最早统计的关庄移民搬迁户数比较多，后来提倡集约集中安置，好多人又放弃了。关庄也有分散安置，但建房补助的标准低。农村人有的不习惯住安置楼，觉得生产工具没有地方放。

但论起来，国家在移民安置这块儿对农民的倾斜力度真的很大。搬迁新房以后，政府只按人均 2500 元的标准象征性地收一点房费，每户最多只掏 1 万块钱就可以拥有一套房子。人均面积 25 平方米，最大户型 100 平方米，所以如果家中有四口人，就可以住上 100 平方米的房子，非常宽敞。如果家里两口人，那你只需掏 5000 元就可以拥有一套 50 多平方米的房子，也是非常好的。

2017 年上半年，与贫困户清洗同步进行，移民搬迁的名单也进行了清洗，需要搬迁的贫困户同样经过了把关筛选。搬迁户从原来的 400 多户减少到 350 多户。数字上报后，考虑到大进大出，后来又按照"九种情形"再摸底核实，召开镇村干部大会、村民大会，逐户摸底，最终确定的移民搬迁户是 273 户。

关庄全镇一共有一大两小三个集中安置区。大的就是关庄安置区，小的一个是墓坳村安置点，一个是麻子村安置点。其中麻子村的安置点有四五排联排房，也不小。关庄安置区的房屋结构非常合理，三室、两室都不错，对原先没有安全住房的贫困户来说，确实是一个跨越式的质变，说是脱胎换骨的变化，也一点都不过分。

关庄属残塬沟壑地貌，原先人穷时住的是窑洞，20 世纪七八十年代有的人才建了砖木结构的房子，到现在多数土木结构的房子已成危房，但仍然有贫困户两代或三代人居住在这危房内。移民搬迁中住在危房里的群众，只要有意愿搬迁的，基本都给予解决，只要符合条件的贫困户，都住上了宽敞明亮的房子。

我觉得麻子村那个安置点最好，一是就地安置，村民不担心离开故土；二是在二层小楼上面还有挑台，家家还有一个小院子。我看到村民们在院子里堆放了很多农具，还有放粮食的大筒子等，旁边还停着自家的农用车……它更像是农村人居住的样子，既漂亮又实用。那个荆笆编的大筒子粮仓放在后院里，让人特别喜欢。

安置区还满足了不同人群的需求，有些户家里有外出打工的人，就想住在城镇安置区图方便；有些户儿子马上要结婚，住进集中安置房，像城里人一样，对女方会更有吸引力。关庄男人找媳妇很不容易，光棍多，有好房子是一大有利条件，他们说话就有底气了。

闫军去看搬迁户的入住情况和生活，印象最深的是关庄村的范二旺。范二旺一家 4 口人，他 50 多岁，曾患小儿麻痹症，行动不方便。范二旺原先居住在偏远的关庄村西塬峁上，家里的几间土木结构住房早已摇摇欲塌。这些年，有能力的邻居都已经搬走了，西塬峁上只剩他一家没有搬。他被纳入贫困移民搬迁户后，分得了一套三室一厅一卫100平方米的房子，只交了1万元就领到了钥匙。房子南北通透，结构合理，他是最早一批领到钥匙的人家，经过简单装修，就住进去了。

曾患小儿麻痹症的范二旺做梦也没想到他会有这样的好运气，他这辈子还能住上正儿八经的单元房。三间卧室，两个孩子各住一间，再不用挤在一起了，冬季还有暖气。平时镇上的集会就在前面的市场，买菜购物都方便了，到镇卫生院看病也很方便。

只不过范二旺的媳妇不知道啥时候学会了跳舞，竟然跟着一群妇女晚上在广场上扭来扭去。范二旺不让媳妇去跳舞，媳妇就和范二旺吵架。她说：我想跳我爱跳，我没有享你的福，我享的是共产党的福。共产党让我跳，你管不了！说得范二旺一句话答不上来。

还有马吉村的马向党，也给闫军留下了深刻的印象。马向党也是一家4口人，两个儿子都没有成家。马向党是复员军人，也分到了三室一厅的房子。老两口平常在家，两个孩子在外打工，老马因为人勤快，还被聘到安置区的物业干起了保洁。打扫个卫生每月还能领600元的工资，老马高兴坏了。老马搬进单元房后，大儿子很快就找到了对象。人家女方妈直截了当地说，就是看上他家分上了好房子。

马吉村的监委会主任李军民还告诉我另一户人家的一些情况：那户人家男主人叫李纪勤，有3个儿子，大儿子身体不大好，为了给大儿子找媳妇，李纪勤豁出了血本，从信用社贷了款，还借遍了亲戚朋友的钱，凑在一起给大儿子当了彩礼。娶了大儿媳妇之后老底就彻底掏空了，再无力建房。家里住着20世纪70年代的土坯房，只想再撅着屁股奋斗几年，还完债后再给二儿子盖房。没想到移民搬迁的政策来了，因为是贫困户，符合移民搬迁的条件，李纪勤就递了一个申请。李军民领着镇上干部到他家里去了几次，几个月之后申请就批下来了。

李纪勤那天还参加了关庄社区的发钥匙仪式，仪式结束，他用钥匙打开了自家的房门，看到家中那么宽敞明亮，觉得简直是从天上掉下来的一般，这在城里值好几十万的房子，怎么一下子就变成了自己的呢！李纪勤说他想来想去都觉得不像是真的。自己家的土坯房又低又矮又潮又破，动不动还要上房揭瓦修来修去。李纪勤说要是凭自己的本事，恐怕三辈子也挣不来这么大的家业。

农村人挣钱的门路少，可花钱的地方多。盖房子是关庄人最大的奢望，也是最终极的追求。对他们来说人生的意义就是盖上房，给儿子娶上媳妇。但这两件事往往只能完成一件，如果两件事都能完成，那便是天堂一般的幸福了。很多人因为盖不起房，就让儿子去别人家当上门女婿，这也就是关庄上门女婿大量存在的一个原因。

有的群众既想住新房，又不想拆旧屋，但政策清晰，必须搬新拆旧，所以镇村干部工作很费力。拆除旧房的时候，推土机一爪子下去尘土飞扬，在飞扬的尘土中一面面土墙轰然倒地，很多群众都流了眼泪。帮群众把旧房里的东西往外抬的时候，干部们只管干活，都不敢说话，生怕一句话说不对，就激怒了群众。有一户人家搬迁的时候，连给老人准备的棺材也被抬了出去，一家人哭得眼泪哗哗的。很多人家几辈子收藏的老古董老玩意儿都翻出来了，睹物思人，往事涌上心头，离去时都跪地烧香，向祖先告别。看着也确实令人伤感。

尽管移民搬迁的政策优惠力度很大，但有些人就是愿意守着自己的老屋，不稀罕新房子。有些守着老屋的人对搬新房的人也并不羡慕，说那些人搬了新房，离自己的地远了，种地还没有他们方便。那些搬新房后又回来租房的人更是遭到嘲笑。

农村的复杂性，由此可见一斑。

总的来说，移民搬迁是脱贫攻坚中群众受惠最大的方面，也是让人感到农村变化最大的地方，关庄借助移民搬迁，努力引导群众走城镇化集中安置的道路。

社区工厂的故事

关庄建了关庄安置区，一下子集纳了那么多的人，他们除了种地，农闲时还能干什么呢？

闫军看到像范二旺媳妇那样，晚上出门跳舞的人越来越多，还有一些年轻人住进了安置房后，常常用聚集打牌等来消耗精力。这当然也是群众娱乐生活的一部分，但是如果她们在农闲时间能有一些正经的事情可干，是不是更好呢？

2018年闫军随着扶贫经验交流团到了安康，他看到安康那边建了很多社区工厂，有很多闲散的村民，特别是年轻人都被社区工厂收拢进来做玩具、做手工毛绒制品、做毛竹制品等等。他一下子受到了启发，关庄社区有那么多人，也可以建社区工厂，把他们集中起来，通过社区工厂实现他们的就业，也减少因无所事事产生的一些社会隐患。

他向安康的干部仔细询问建社区工厂的过程和具体做法，其中一个重要的经验就是要进行招商引资，引进企业。如果有企业愿意在这地方落户，自然会需要劳动力，就可以把社区工厂搞起来。

闫军听后茅塞顿开。

可是上哪里去找愿意在关庄投资设厂的企业呢？他把自己的想法告诉了关庄的干部，让他们对外宣传招商，他也在自己的朋友圈里发布有关招商引资的消息。

消息一放出去，马上就有了回应。

2019年元旦刚过，闫军的一个朋友就对他说：福建泉州有个老板想在西部地区寻找一些扶贫项目，一直想到咱们这里来看一看，你看能不能把这个福建老板接待一下，你们见面谈谈。

闫军一听马上说：好呀好呀，让他们来吧。

一个星期以后朋友就带着福建泉州的老板来了。老板带了一个女秘书和一个业务经理,加上闫军的朋友,一共4个人在关庄住了两天。他们实地考察了关庄,然后举行了座谈会,闫军向泉州老板一行人详细介绍了关庄这边的扶贫政策,特别介绍了政策优势。

泉州一行人走了以后,一直没有反馈消息。闫军问朋友,朋友也说没有听到泉州方面表态。闫军心里多多少少有些忐忑。他看到老板人挺爽快,觉得他跟这个泉州人合作起来一定会很愉快,但是人家没有回信。会不会是因为没有看上关庄这个地方?

眼看就要过年了,闫军估计阴历年以前这个事情可能是没戏了,也就不再去想。

谁知腊月二十五,闫军正在慰问贫困户,却突然接到泉州老板的电话,说是马上要过来,还说他们又带了一个合作方,合作方也要来考察一下,现在正准备坐飞机,大约一点就到了,希望闫军能到机场接一下他们。

他们怎么说来就来了?闫军心想着,马上暂停慰问工作,从金马村开车到镇上,又从镇上上了高速往机场赶。

这回泉州老板和他带来的合作方,考察了关庄方面提供给他们的工厂车间。他们看到关庄社区一层的工厂车间面积很大,也很宽敞,二楼还可以作为办公区域,很是满意,明确地表达了合作意向。

闫军马上说:你们把我们考察了,我们也想去你们那边考察一下。

泉州老板爽快地说:没问题,你们随时可以来。

还没有过正月十五,闫军就带着副镇长赵振东和区就业局的干部直赴泉州。他们主要是考察泉州的企业概况、生产经营情况,看他们是不是真的在做商贸出口,有没有什么不良记录,比如欠薪、职工安全问题等,包括到他们的就业部门了解了工人社保工资等。

闫军他们在泉州考察了两天,了解到这个企业在泉州的私企里做箱包外贸排名前十,他们感觉这个企业还是有一定实力的,是一个做实事的公司。尤其公司的老板鲍小根给人的印象很好。他人爽快又实在,不像是奸猾的商人。

在泉州商谈时,鲍小根这个人很有诚意,他对闫军说:你帮我们把这个社区工厂改造好,我们出机器设备,我们来培训员工。

闫军前脚回来,鲍小根后脚就又来关庄了,他让闫军在招聘的员工里选五十人到泉州基地培训一个半月,学习箱包加工技术,往返交通费和吃住费用由泉州方面全部负担。

闫军对鲍小根的承诺很是高兴。

对关庄来说，把招聘的员工送出去，到先进地方感受一下工厂氛围，看看人家的集约化生产模式，确实是好事，让普通农民去感受工业化气息，把农民变成工人，这真是个大好机会。闫军自己也没有想到这一点，人家鲍小根倒主动提出来了。

50多名年轻的女员工齐刷刷地集合在关庄社区广场上等待出发。在这里举行了一个出发仪式，闫军鼓励年轻的女同志到泉州后好好学技术，学成之后报效家乡。

寒风中他念着稿子，慷慨激昂，但内心还是有些不安的。

他心想：鲍小根让咱这些员工来回都坐飞机，这鲍小根倒是大方，可咱们报名外出培训的人没有一个坐过飞机的，也基本都没有出过远门，这多让人操心呀！

泉州的带队人员把员工分了几个组，一组一组地排队上到大巴车上，按计划大巴车到机场之后，转乘飞机到福建泉州。

50多名员工在泉州培训了一个半月，培训期间，泉州方面还给他们每月1200元的生活费。泉州方是一个大方又诚信的企业，闫军悄悄算了算，生活费、往返交通费、食宿费，一个半月下来也不少钱呢！

4月15日，参加培训的员工们顺利回来了。他们没有白培训，回来之后马上就投入工作，一上手就是熟练工。后来这批人又成了新招员工的师傅。

闫军通过这几件事情，对鲍小根的好感一天天增强，他们两个隔着千山万水，每天晚上都交流着企业的状况，越谈越知心，越谈越投机。

鲍小根把能想到的都替闫军想到了。鲍小根在泉州是做箱包外贸加工的，他们组成了一个协会，鲍小根是箱包协会的副会长。协会成员中谁有订单，谁的任务紧，其他成员就可提供帮助，保证质量的同时又能按时间交货，互相支持。特别是中美贸易战之后，生意难做，大家都在抱团取暖。

关庄从福建泉州培训回来的那些女娃娃们，2019年每个人每月平均拿到了3000块钱，工资最高的拿过4300块钱。这些女娃娃们多数都是贫困户家里的孩子,一个月几千块钱,对贫困家庭来说是一个不小的收入呢,能解决好多问题呢!还有那些从事修理搬运工作的男娃娃们挣的也不少,每个月也能挣到4000多块钱。

这些贫困家庭的孩子都非常珍惜这个机会,都是加班加点地工作。有的女工手越来越快,技术越来越高,挣得也就越来越多。

他们楼上居住楼下就业,晚上还能照看老人陪伴孩子,一周休息一天。这对乡村留守妇女来说,是一个非常好的选择。

闫军说:目前农村的现实是,年轻人大部分外出打工,村里都是妇女儿童、老弱病残,这种状况会造成很多社会问题。有些身强力壮的人因为家里有老人或病人拖累,不能出外打工,也会造成贫困。另外,外出打工多数做的是劳务工,缺少技术,听着在外务工似乎挺好,但工资不是很高,生活成本却很高,干到最后也留不下几个钱,还会有流浪感,会有情感方面的缺失。

范二旺的媳妇现在也不跳舞了,也到社区工厂来做箱包了。范二旺自然也不和老婆吵架了,他还一瘸一拐地来给媳妇送饭呢。

李军民对我说,他们马吉村有一个男人,才可怜呢。男人是个上门女婿,在外面跑大车时出了车祸,腿被锯掉了,失去了一定的劳动能力,家庭陷入了贫困。老婆就到新区打工,天天也不能回马吉村,家里还留下了两个孩子,吃没吃的,穿没穿的,弄得脏兮兮的,像小要饭的。这男人的爹都70多岁了,为了让儿媳妇回家,老汉拄着拐杖跑到新区去叫了好几次,但儿媳妇就是不回来。儿媳妇说,回来没有啥干的,一屋子人就等死呀!

闫军知道这个情况后,就说服这个女人到社区工厂工作,晚上可以骑电摩回马吉村。

这个女人本来是有意跟他的男人离婚的。后来在社区工厂挣了钱,工厂的女工们也都把她劝了劝,慢慢地也就不再提离婚的事了。

那么,他们的工厂为什么要叫"社区工厂"呢?

闫军说:安置区叫社区,在社区里面专门为周边群众提供就业机会的工厂就叫"社区工厂"。在陕南人家干得很好,他们把这个经验学回来了,学成功了。关庄的社区工厂,在铜川市是第一家落地的,而且一直稳定生产到现在。通过办社区工厂,真正实现了贫困户搬得出、稳得住、能致富。

说到这里闫军打开他的手机，让我看微信里的图文，有篇文章叫《漂洋过海去英国》。这篇文章的题目是闫军起的，说的是出自关庄那些贫困户女工之手的产品，已经漂洋过海销售到了英国。

2019年4月22日，社区工厂正式开业，当时也举行了仪式。在仪式上关庄社区工厂和伊凯文加工制造有限公司达成了首批2.6万只外贸背包生产订单。闫军签协议的照片真是帅呆了。

那篇文章点击量当天就达到了5000多，"社区工厂"这个新鲜的名词吸引了很多人的眼球。耀州区杨宏伟书记看到后转发给了当时的市委书记杨长亚，杨长亚回复说：这个好呀！

还有一篇文章是《阳春四月芳菲尽，万物勃发绿意盎——关庄镇集中安置区+扶贫工厂＝搬新家能致富》，题目还是闫军给起的，这篇文章的点击量也很高。

图片上，社区工厂的车间很是宽敞，有一栋楼那样大，一排排的女工们坐在缝纫机前——缝纫机是电脑控制的，很先进。还有穿蓝色服装的管理人员在车间走来走去，胸前都挂着工作牌，很正规。女工们穿着统一的红色工作服，颜色很鲜艳。

社区工厂惊动了市委书记，当然也惊动了市长。

那天，农业局于明辉局长给闫军打来电话，问闫军在不在镇上，闫军说在。于局长说：李市长要来"看"你关庄的产业，问都有哪些好产业，有什么亮点。

于局长是农业局局长嘛，闫军就说了关庄的传统产业，苹果、核桃和花椒之类，还有特色养殖业，就是奶山羊和肉驴。于局长又问：还有什么好看的？闫军说：我们还有个大型安置区，安置区里有社区工厂。

于明辉说：好！于明辉让闫军到关庄南大门路边等候，说他们陪同李市长马上来关庄调研。

李市长一行第一站看的是产业，闫军把他们带到麻子村，麻子村有个肉驴产业，肉驴养得非常不错。这是一个合作社，带动效益非常好，村民分红比例也很高。肉驴价值比较高，驴皮可以熬阿胶，一张驴皮能卖5000多块钱。驴肉价格稳定，产量高，所以这个合作社既带动了贫困户的就业，收储了贫困户的秸秆，还能为贫困户分红。

闫军一一讲了，李智远市长说：加强管理，壮大规模，延长产业链，实现良性发展。随后就问闫军：你们的安置区在哪？社区工厂在哪？

闫军说：在关庄镇。

第二站一行人就来到了社区工厂。一进社区工厂车间，机器在嗡嗡地响着，一楼就有七八十号人，场面还是挺壮观的。

李市长走到缝纫机女工跟前，问女工是哪里人，在这工作多长时间了，每月能拿多少钱。女工有说是关庄村的，有说是北窑的，有说是雷居村的，有说是小王村的，还有说是从照金那边来的。听说她们都是周边的群众，还有贫困户，李市长非常高兴。随后李市长又上到二楼。二楼是包装和成品车间，管理人员介绍说产品属于外贸订单，还要出口。李市长更高兴了，马上对随行的秘书长说：给人社局说，这个模式要推广，在各区县都要推广，在安置区人口密集的乡镇都要建设社区工厂，要在全市推广。

闫军听到李市长这样说，知道关庄的社区工厂，这全市第一家的社区工厂，算是搞成功了！

泉州鲍小根，一直是做外贸的，且做的是订单生意，他的企业给一些欧洲国家和美国做运动产品，如背包、羽毛球包之类，还做运动员的运动服装和背包。鲍小根的设计团队在泉州也是很厉害的，聘请的都是一流的设计师，一有订单，设计很快就出来了。鲍小根的企业已经做了20多年的外贸生意，且有着丰富的对外合作经验，在欧洲已建立起多年的合作关系。

2020年受中美贸易影响，北美市场做得很艰难，他们就把市场做到了韩国、日本以及东南亚的一些国家（如泰国、新加坡等）。

2020年的后半年，鲍小根按照当时提出的双循环思路，积极开拓国内市场。

在关庄建起社区工厂以后，鲍小根很快抓住了一个好机会——西安要举办第十四届全国运动会。

省委宣传部不是包扶关庄道东村嘛，2020年8月，时任省委宣传部牛一兵部长要到道东村来调研，同时要看产业发展情况。闫军当时就特意选择了安置区的社区工厂作为领导视察的站点之一。闫军把牛一兵部长要来视察的事情电话告知了鲍小根，鲍小根一听，马上从泉州飞过来了。

牛一兵部长看了社区工厂后说：非常好！就业稳定，收入不错。还说可以扩大做文化旅游产品。牛部长建议闫军和文化公司、旅游公司联系对接一下，也可以跟他们搞一些合作。

鲍小根一路紧跟着牛部长，他一听到牛部长这句话，马上说：我们很希望能给西安将举办的全运会做一些运动员的服装、箱包产品等，把这个市场作为我们扶贫产品的一个切入口，开拓国内市场。

牛一兵部长说：很好，可以。当时就叮嘱随行的处长，让帮助对接省委宣传部的文化产业处，看能不能让关庄的社区工厂给全运会定做一些服装和箱包。

鲍小根当时从泉州飞过来时，觉得自己普通话不标准，怕牛部长听不懂，让闫军给牛部长说。

说实在话，鲍小根的福建泉州口音确实比广东话还难听懂。但闫军觉得鲍小根给牛部长说比自己说效果要好。闫军就叫鲍小根说。闫军说：牛部长听不懂，我给你当翻译。

所以，鲍小根就用福建普通话把想做全运会产品的事给牛部长汇报了。

有了牛部长的那句话，这个事情很快就推动起来了。

西安十四届全运会的供应商太多了，陕西是主会场，陕西最大的一个总赞助商是陕西黄金集团公司，要与他们对接和商谈，才可以成为服务商品单位。

从 8 月份到 10 月份，在省委宣传部文化产业处的帮助下，闫军积极对接，社区工厂的产品最终通过验收，进入第十四届全国运动会。

鲍小根的设计团队果真很快拿出了设计方案。9 月 17 日，鲍小根把箱包类设计方案的 PPT 发给闫军，闫军一看，哎呀！背包、行李包、运动包、运动帽……一共 180 多种产品呢。这些设计都是给全运会量身定做的，按照这个要求，关庄这边的社区工厂可有活干了。

女工们确实也很辛苦，9 月下旬就生产出了一批样品。

她们是基础工资，加计件、全勤奖和超额奖，有个别女工手脚灵巧，加班加点地干，就挣得更多，社区工厂后来也冒出来了好几个脱贫典型。

鲍小根后来在印台区的金山水岸那个移民安置点又做了一家社区工厂，也有五六十号工人。社区工厂的产品用的是信达宝利和信德宏泰两个品牌，这两个品牌都是社区工厂的注册品牌。

还有一件事，对闫军来说，也特别有意义。

2020年，有一个全市镇域经济工作会，38个乡镇的书记、镇长都来参加会议。李市长在会上说：我到第十四届全运会展厅参观，看到了咱们铜川社区工厂生产的服装、帽子，还有运动背包等一些配套产品，非常兴奋。铜川能为十四届全运会做贡献，而且是咱们社区工厂做的贡献，我心里很高兴，也很自豪。

听到李市长在大会上这样说，闫军坐在下面当然也很高兴。

社区工厂的诞生、成长，从意向到商谈，到招员工培训，到开业运营，一直到品牌进入全运会，闫军对这里面的每一个环节都非常清楚，他是参与者、推动者、见证者，也没少督促和鼓励这个社区工厂。

李市长那天来关庄视察，看完了关庄的社区工厂，听完汇报，准备坐车离开时，闫军来送行，李市长却喊着闫军的名字让闫军上车一起走。当时闫军有点诧异，他没想到李市长会叫他。坐上李市长的车后，李市长又让他把座位换到自己跟前。李市长让闫军汇报怎样把鲍小根这个企业引进来的，怎么办起的社区工厂。闫军就把前前后后的情况做了汇报，并回答了很多问题。

车到新区已经11点半了，李市长又说他要到坡头镇牛村去，去看那边的工厂，让闫军跟着一起去。

到了坡头镇牛村村委会后，才知道他们那边做的是民间手工灯笼。

李市长就问坡头镇脱贫攻坚有什么特色，有什么产业，有什么创新。镇长就一一汇报，说他们的特色是做灯笼。

李市长问他们是家庭作坊做，还是工厂化集中做。

镇长说是集中做。

李市长说：看一下你们的产品。然后到了牛村二楼会议室，会议室里挂了一圈红灯笼，但是没有见到做灯笼的人。

李市长又问了镇长灯笼产业的从业人数、产品销路和带动收益情况。镇长又做了汇报，李市长听完以后，一句话也没有说，脸上表情很凝重。

然后李市长对秘书长说：你告诉一下新区管委会韩晓辉，让他们的镇办人员到关庄学习一下，好好抓一下，看看人家关庄是咋带动就业的，是咋样把社区工厂和脱贫攻坚结合起来的。

说实在话，坡头镇牛村的灯笼产业规模小、带动小、增收少，真的比不上关庄的箱包产业。因为灯笼的季节性比较强，不是过年过节，基本也没有什么需求量。

看完坡头镇后，李市长上车往回返，脸上的表情终于舒展开了，他扭过头对闫军说：闫军，你招商再招十家来，让像你关庄那样的社区工厂在铜川遍地开花！闫军听了这话，有些意外，就笑着说：多谢领导关心支持，我会努力去做！

李市长对社区工厂非常重视，后来让市人社局起草了关于支持发展社区工厂的政策文件，这样更有利于推动社区工厂的健康快速发展。

现在，关庄社区工厂的模式通过市、区相关部门的推动，在全市已做了6家。印台金山水岸的那个社区工厂，就是按李市长的要求落实的。

闫军一直记着李市长的话，一直在努力工作，希望闫军早日达到建10家社区工厂的目标，早日让社区工厂在铜川遍地开花！

永远的遗憾

闫军的祖籍河南巩义，现在是个县级市，离郑州很近，出过大诗人杜甫。

闫军有一个叔叔，在2019年去世了。他的堂兄给他打来电话，希望闫军和妻子能回去一趟。堂兄知道闫军母亲年龄大了，没有说让他的老母亲回去的话。

闫军和叔叔感情很深，在他的眼里叔叔就像是自己的父亲一样。

闫军的父亲是在1993年去世的。当时闫军只有十七岁，正在上高中，没有能力给父亲办丧事。叔叔得到消息，就带着自己的媳妇以及三个儿子从河南过来，给闫军父亲料理后事。叔叔对父亲的感情、对闫军母子的关心怜悯，都给闫军留下了特别深刻的印象！

后来闫军上了大学，由于父亲不在了，他的学费成了一个大问题，大学第一年叔叔就给闫军寄来了钱，供他上大学。闫军记得有一回叔叔一次就寄了1000块钱。20世纪90年代的1000块钱，够闫军一年的生活费了。

闫军结婚的时候，叔叔和几个堂兄又来了，叔叔还给闫军主持张罗了婚礼。就是说，叔叔虽然远在河南，但闫军这边家里的重要事情叔叔都是参与的。在老家的叔叔，其实就是一个普通的农民，他的三个儿子都比闫军大，他们都非常爱护闫军和闫军的母亲。

闫军对叔叔一直怀着对父亲一般的深厚感情。

所以得知叔叔去世的消息，闫军想，我说啥都是应当回去的，见叔叔最后一面，再送他最后一程。

不要说情感了，就是从道义上讲，这也是一个做侄子的义不容辞的责任呀！更何况在闫军的眼里，叔叔就是他的父亲！父亲去世得那么早，如果没有叔叔的呵护，他怎么能够这样顺利地成长？正是有了叔叔的庇护，他才能够有今天呀！

闫军是家里的独子，父亲去世后，本应该由闫军承担的家事，叔叔都替他分担了。

闫军得知叔叔去世的消息后，悲痛之余，马上向区委书记请假，书记一听是这种事情，马上就同意了。

闫军只请了一天的假。他计划早上先到单位安排好工作，10点出发去西安北客站坐12点多的高铁，下午3点多赶到郑州，5点多就能到老家，然后晚上举行家祭。第二天早上把叔叔安葬之后，中午就坐郑州到西安的高铁，下午就能回到关庄上班。最多也就是24个小时。

叔叔去世是在2019年的12月底，正赶上脱贫攻坚的年终考核，闫军他们要迎接年终的国家级考核。

对于国家级的考核，区上要先来检查一下，当天区上的明察暗访组早上9点多钟突然来了，由副区长冯保华带队直接到关庄镇来督察工作。

当时闫军的高铁票已经订好了，闫军的妻子和他的几个姐姐都在县城等着他，打算一同出发回老家。

等了半天不见动静，妻子着急了，打电话问他：怎么还不下来呀？几个姐姐都在这等着呢！

闫军这边不能不接待检查组，他想检查组到10点钟应该就差不多要走了，那么自己可以12点走，对，最迟12点走。

这样，闫军就跟妻子说：我这会儿走不开。实在不行的话，你陪着姐姐们先走，把我的车票先退了。下午我坐三四点的高铁赶晚上回去。

妻子一听就躁了，在电话那边说：关庄就你忙，关庄就你一个人，关庄离了你就不转了，是不是？

妻子带着几个姐姐乘车走了。

闫军这边一直陪着检查组在村上检查，因为随后国家检查组要来，所以区上这边检查得非常仔细，情况问得也非常仔细，闫军和分管领导、脱贫办以及村上的四支队伍，一刻也离不开。

闫军当时心里想，顶多也就再检查一两个小时吧，你检查组前脚走，我后脚就走。你们检查完赶到午饭时如果还要吃饭的话，那我就不奉陪了，我就直接告辞往西安赶，然后坐高铁回河南。

等检查组检查完已经 12 点了。

闫军赶紧上网重新订票。啊？没票了！下午到河南郑州的高铁票一张都订不上了。西安到郑州是一条热线，闫军刷新了好几次，都没有刷出票来。最终，闫军没有走成。

闫军先把电话打给了妻子，让妻子给老家的人解释解释。妻子和姐姐们那时候已经坐上了高铁，快到家了。妻子说：你给哥哥嫂子们直接解释吧，我说不出口。

是的，妻子说不出口，闫军更说不出口。他有一万个不回家的理由，也张不开这个口。

叔叔去世了，他没有能够见上叔叔最后一面，也没有能够亲手安葬自己的叔叔——那个他视为父亲的人，他留下了终身的遗憾，永远的遗憾。

2020 年年底比 2019 年还要忙。全省脱贫攻坚验收全面考核，要求更高更严了。闫军的叔叔去世一周年的时候，他还是走不开，真的走不开。闫军想着等脱贫攻坚胜利结束的时候，到 2021 年叔叔过三周年的时候，他一定要回去，一定要回一趟老家！

闫军的父亲和母亲，在十八九岁的时候随闫军的外爷和外婆来到陕西。他们到陕以后从事手工业，做陶盆和陶罐，做那些黑色的小盆和瓦罐，也就是过去人们家里面用的那种和面盆、盛面盆和腌菜的罐罐等。

父亲去世以后，老母亲就和闫军他们一起生活，现在母亲的身体还算可以。这几年春节的时候，闫军给老家的几个堂哥打电话，一直都在说，等脱贫攻坚结束的时候，我就带着我妈回一次咱老家。

但这个话一直没有兑现。

现在是 2021 年了，马上又要过春节了，2019 年的时候没有回成，2020 年的时候也没有回成，就看今年能不能回了，还真的是说不定。希望闫军不要再留遗憾了吧。

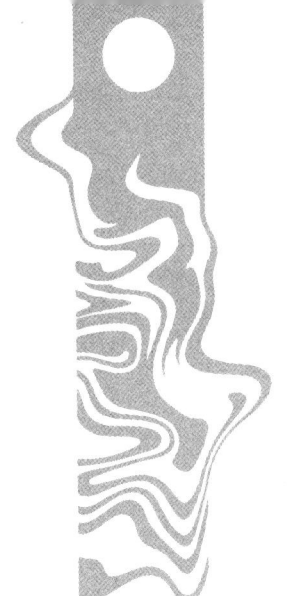

第五章 上了央视的镇长

道东村：清代中叶，以村位于县城通往县境西北部及旬邑县的官道之东而得名。

——摘自《陕西省耀县地名志》

乡村浪人

20世纪80年代末的一个晚上,从道东村的一孔窑洞里传来一个男人悲切的号哭,他的哭声撕裂了黑夜的沉寂,似乎连荒原上的树木都被吓得疯狂摇摆、不知所措了。

这个男人在哭他的妻子。

妻子是他从耀州城里"叼"来的。叼,是这个男人多年后用的一个字,他还说是"硬叼来的"。我觉得"叼"字用得极其传神,表明他那时对女人的追求极其热烈,也表明他追求女人的过程是费劲的,就像一只狗从另一只狗嘴里抢夺一块骨头似的。

男人是生长在道东村窑里的农家子弟,他家所在的那个组之所以叫"窑里",就是因为那一片的人都住在半坡上的窑洞里。

道东村听着像是一个平坦的村庄,实际上,在黄土高原上,那里的土地被深沟大壑切割成了一绺绺的长碎片。人们开垦土地,也只能在这些被分割而成的长碎片上,它被叫作"梁"。

道东村其实也是在一道梁上,即使清中叶的官道,也是从一条梁上而过。人们多居住在沟里的半坡上,那些高处形成的村落在这里被叫作"堡子"。堡子里住的人,一般都是家境好一些的或在村里有根底有威望的人。这个男人的家当时在"窑里",可以想见他家的家境也不甚好。

他"叼"来的女人既漂亮还有工作,是耀县(今耀州区)城里的一个护士。对于贫穷的李战文来说,这算得上是得了宝贝,但他的脾性和造化不足以使他拥有这样的宝贝。

李战文曾在青海当过两年兵,在部队的一次训练中,他不幸受伤,之后便因伤残退役了。

退役之后，他便与"叼"来的女护士结了婚。

从某种程度上来讲，李战文也是拥有"叼"女人的条件的，他天资聪颖，在部队无师自通地学会了各种乐器，笛子、二胡、口琴、手风琴，还有箫，他能吹能弹，还不需要看谱，只要听别人唱一遍，他便可以吹奏，他还会吹西洋乐器萨克斯。他说他在青海，连马头琴都弹奏过呢。

在"叼"女人的过程中，他的文艺青年的气质大概也发挥了一定作用吧。

但是，婚后不到一年，他便动手打起了他"叼"来的女人，原因至今没人清楚。村里人只知道他脾气很坏，动不动就打女人，而且打得还很凶，女人凄惨的叫声经常从那孔窑洞里传出，惊吓了一村的人。

但是没人敢去劝架。

就这样，在一个快要过年的冬夜里，忍受不了毒打的女人，悲愤交加的女人，抑或是无限绝望的女人，喝老鼠药自杀了。一个女人选择自杀，她的内心该怎样波涛汹涌，该多么痛苦难过，外人真是不能道出。

他和女人之间没有孩子，从此他便成了一个浪子，周游四方，行走天涯。

一个青年农民，因为妻子的自杀，身上打上了一个抹不掉的印章，像刺青一样，洗不掉了，村里人对他总有几分忌惮。

我起初还以为他一直没有婚娶过呢，是和村里许多娶不上老婆的"光棒"一样的状况。"光棒"一词也是第一次从他口里听到的，关庄人把光棍不叫光棍，叫"光棒"。问他为啥也当了光棒，他说：没钱嘛，没人跟嘛。

后来知道了他的历史，问他现在后悔不后悔。他说：后悔嘛，咋能不后悔哩，可有啥办法哩，那时候太年轻了，不懂事。

他很不愿意提起那个事儿，一直在小心地遮掩着。

4月的一天，我去他的养蜂基地采访他，正赶上他到外面吃饭去了，我就坐在院子里等他。看到崖畔下有个农妇在锄地，农妇的苹果园里花开正旺，粉白相间，是幅非常动人的图画，我就绕到苹果园找那个农妇闲聊。农妇放下锄头，和我一起坐在苹果园旁边的石头上，问我是不是找李战文。我说是的。农妇便说起他的著名劣迹，说他把老婆打死了，"咑人'瞎'得很，不要理他"。

"他把老婆打死了！"这话我听过不止一遍，起初我以为是他真的动手把老婆打死了，还曾经问过"那咋还没把他抓起来？那他是判了刑现在又放出来了？"这样的问题。

后来深究起来，才知道是他打老婆，老婆自杀了。"我虽不杀伯仁，伯仁因我而死"，根据这个典故，村人说"他把老婆打死了"，似乎也没有错。

那农妇是他的本家弟媳，他回来时，看到我和农妇坐在一起，就猜到那农妇一定是说了他的事情。人都说他有奸诈的一面，也算是吧，暂且用"奸诈"来描摹他的机警。

他便不再讳莫如深，坐在院子里的大理石桌子前，给我泡了茶，对我说：不要理那些个婆娘们，吥些个都嘴长得很。

我说：人家没有说你啥，光说你养蜂养得还好，来买你蜂蜜的人多得很。之前我告诉农妇，我也是来买土蜂蜜的，人家就说你的养蜂场用的这块地是流转她家的，人家没有问你要钱，说是本家，要啥钱哩。

他没有接话，自己却说起了"把老婆打死"的故事。

他是借着说另外一件事情"巧妙"地说起来的，好像并不是单为诠释农妇的话。

到底是一个走过南闯过北的人，言谈中散发着浓郁的江湖之气，但他的谈话应当是有趣的，那些外面世界的故事都被他描述得绘声绘色，他读过的书、见过的人、看到的风景，也都生动地出现了，而且都有几分传奇色彩。明显地，他是见多识广、浪里行风里走的一个人。

他和多数老实巴交的贫困户完全不一样，他是一个非常特殊的贫困户。

我想起省委宣传部的庞仕平评价他，用了四个字，说他是个"亦正亦邪"的人物，最值得我去写。其实好多人听说我要写贫困户，都推荐李战文。

他跟人交谈不怯场，几句话过后就会像老朋友一般地海阔天空起来。他识天文，知地理。他说起某个地方的风土人情、山川形貌，还有特色饮食，能让你心驰神往。他记性又好，一串串地名从他口里出来，不带磕巴的。

我对他的采访不止一次，他也是贫困户里我见得次数最多的人。

第一次见到李战文，他戴着一顶皮质的鸭舌帽，正坐在院子当中白色大理石的桌子前喝茶，身边卧着他的狗。那是农历庚子年一个临近春节的冬日。院子里摆着一排排的蜂箱，冬日的阳光从药王山那边照射过来，核桃树、柿子树还有不知名的树木的枯枝散落在院子里铺了青砖的地上。

我一下子就被这萧索又从容的冬景打动了。而李战文仅凭着那一顶村民一般不会戴的鸭舌帽，就把他和普通的村民区分开来了。还有他的大理石桌子，后来知道那是上面专门送给他的。

他并不站起来迎接我，照样喝他的茶，在那大理石桌前，我的脑子里冒出了一个词：乡村浪人。我说：李战文，你是个乡村浪人。

他说：你会看相？是不是学过《易经》，咋把我看得那么准？我说：没有钻研过《易经》，但我会看人。于是和李战文的交流，从《易经》很自然地开始了。

听说我是个写书的，他就给我谈他读过的陕西作家的书。他读过陈忠实，读过贾平凹，还能发表一些评论，也不无见地，他说他还读过《推背图》，懂点《易经》。

我特别喜欢李战文的院子，在他的养蜂基地待了一个上午。阳光很好，我晒着太阳，听李战文胡诌乱吹。李战文养了3条大狗，我很害怕狗，李战文就拉着狗的前腿，像牵着小孩的手一样把他的狗关到了后院里。狗蹦着跳着叫着，不愿意被关起来，样子十分可笑。

后来，李战文又讲他如何钓鱼，如何用弹弓打野鸡，如何套兔子。李战文说着就从兜里摸出他的弹弓还有钢球，他说打野鸡要打野鸡的头，要躲在树后面，不让野鸡看见。麦收过后下点雨的时候，野鸡在麦田里吃饱后，齐齐站在田埂上，脚上沾了泥，跑不快，一打一个准。突然，"嘭"一声，李战文的弹弓飞出的钢球，射向了一棵树枝，树枝应声折断了。李战文说春天的时候他的院子更美。的确，站在李战文的养蜂基地上，东眺药王山，北望文武山，赵氏河大桥也隐约可见。

李战文指给我看，说：翻过这个大沟就是申河村，再过去就是石柱塬，再过去就是你们王益区了。

5月的时候，我又来到了李战文的养蜂基地。门大开，狗乱叫，人却不知何处去，空留一座屋。

第二天，李战文给我打电话，他明显是喝醉了，说他的蜂蜜今年收成不好，今年的风太厉害了，从没有刮过这样大的风，大风把花都吹落了，蜜蜂采不来花蜜着急得乱飞，他心里也很着急。他说他刚从富平县买了10箱蜂，没想到叫大风吹了。他想把蜂卖了，不干了。

通过电话，我似乎都能闻到李战文嘴里喷出的浓浓酒气。确实，关庄的风太大了，把我的门都吹得哗啦啦直响。窗外，那么挺拔有力的青松，都不得不在风里来回摇摆，也像是喝醉了一般。

我立刻赶过去安慰李战文。

李战文从他的脏得不能下脚的房子里拿出一双军靴，说这双军靴是省委宣传部韩亮送给他的。他又拿了一个军绿色的雨披，说也是韩亮送给他的。李战文说，韩亮当时对他说：下雨的时候，你查看蜂，就披着这个雨披吧。

李战文说，韩亮也是个转业军人，军靴和雨披都是韩亮珍藏的东西，一直没舍得送人，却送给了他。

他说，韩亮走了，回西安了。他今天突然很想韩亮。

李战文手提着军靴问我：你觉得这个靴子值钱不值钱？我说：不是值钱不值钱的事，这里面有韩亮对你的期待，他一定是希望你能保持军人的本色。

他把靴子放回屋子，坐在石桌前点了一支烟，袅袅烟气里，他说：韩亮对我好呀！他是省上的处长，他没有看不起我。

那一刻，我看出李战文的孤独。他放浪形骸，落拓不羁，内心却是荒凉一片，寂寞一片。

要不是脱贫攻坚让他养了蜂，他这个孤魂至今还不知道在哪里游荡呢。

李战文那么能谝会说，但是，想从李战文口里听他讲脱贫的故事，实在是太难了。他总是东拉西扯，说起那些年在外流浪的场景，他便眉飞色舞，滔滔不绝，但你要问起当下，问他如何当了脱贫明星，他却总是顾左右而言他，不像别的贫困户那样实实在在地给你讲。奔着主题去采访李战文其实挺难的，他不是个好对付的人。

或许是他今天喝了酒吧，我总算是听到了他和镇长焦建军一起上中央电视台的故事。

镇长与浪子

镇长焦建军原先在教育上工作,在大山深处的乡村中学当了好多年语文教师。2016 年调到了关庄镇,任人大主席。

焦建军一开始对于到乡镇工作是抵触的,来到关庄之后正赶上脱贫攻坚,当时镇领导每个人都有包抓贫困村的任务。

焦建军包抓的是中吕村和道东村。

他在参加省委宣传部和省工会的慰问活动时见到了李战文。这是焦建军第一次与贫困户见面。那时是 6 月份,天气有点热了。

当时,脱贫攻坚还停留在发送慰问品这样一个浅层面上,每年两次。

活动中有个人过来和他打招呼,说:焦主席你来了,你包抓我?

见焦建军有些疑惑,那人就自报家门,说他叫李战文,是来领慰问品的。

慰问品是夏凉被,盒装的。李战文领了慰问品,把慰问品放到电动摩托车上,一溜烟地就骑车走了。

以后,每当有慰问品,第一个赶来的人就是李战文,话不多说,领完就走。其他的贫困户领东西的时候都说一声"谢谢",就李战文不说,东西一提转身就走。

道东村是陕西省委宣传部包抓的一个点,任务非常艰巨,而且有时间规定,要保证尽快让贫困户脱贫。

焦建军压力很大,每天到单位一处理完办公室的工作,马上就去贫困户家里走访,一家家地走访,想要尽快实现道东村脱贫的目标。

脱贫攻坚时镇上给住在窑洞里的李战文盖了新房,是个两室一厅一厨的平房,还有个院子,独门独户。李战文不愿意集中安置,镇上就给他进行了分散安置。

焦建军来到李战文家里时，看到新房子方方正正、高高大大，古铜色的双扇大门发着光，房子真的挺气派，但一进到屋子里，却是另外一个样子，简直是乱七八糟、目不忍睹。

李战文在新房子里盘了个土炕，炕上一团乱被。地上不知道是些啥东西，堆得连个下脚的地方都没有，还有一股子难闻的气味，呛得人直想咳嗽。

最让人无法忍受的是李战文爱养狗。他养的其中一条狗是细腿子狗，这种狗腿细而长，看起来很是挺拔，抬起前腿搭在李战文的肩膀上，和李战文差不多一样高。

李战文经常领着亲兄弟一样的细腿子狗到野地里撵兔子，细腿子狗奔跑能力强，是撵兔子的高手。只要看见了兔子，不等李战文发命令，细腿子狗便像子弹一样地射出去，直接扑倒野兔。

李战文养了三条狗，两条大狗，一条小狗。细腿子狗算是大狗。另一只大狗健硕凶猛，一身黑毛，怕黑狗伤人，李战文基本不让它出场，总是把它锁起来。

那阵子到李战文家里去的人比较多，各级各部门的都有。狗也见惯了来人，一见到人就激动地到处乱窜，非但不咬人不狂吠，还热情地和人打招呼。像对李战文那样，细腿子狗把两条细长的前腿搭在人的肩膀上，伸着猩红的长舌头，嘴里喷着热气，一扑闪一扑闪地和人亲热。

谁能受得了狗的这种热情欢迎呢？

平常狗和李战文是睡在一个炕上的。狗把李战文的席子咬得都遮不住炕了，把李战文的被褥也撕扯得露出一团团棉花套子。

李战文在锅里炖了兔子肉，三只狗乖巧地蹲在他的身边，李战文吃一块肉，给狗夹一块，直接用他的筷子送到狗的嘴里。有时，狗舔了一下，不吃，李战文就又自己吃了。狗不看李战文，直接看着锅里，三张狗嘴把锅围了一圈。特别是那个不谙世事的小白狗，把头都快伸进锅里了。

李战文一边吃肉一边喝酒，还给狗喝酒。

李战文院子前不远处有一条公路，路边有个餐馆，李战文平日不做早饭，睡到日上三竿的时候，就揣着半瓶子剩酒，到餐馆里一吃一喝，然后，领上狗不是去撵兔子就是去打野鸡钓鱼了。

焦建军问李战文：看你高高大大的，咋还成了贫困户了？李战文就说了自己在部队受伤的事。

李战文从部队回来后，装在衣兜里的退伍证被不识字的母亲洗衣服时洗烂了。焦建军就到镇上武装部找到档案，让李战文享受上了伤残退伍军人的待遇。

李战文的父母去世多年了，他有两个哥哥，其中一个也是贫困户，叫李更文，还是一个大骨节病人。

李战文的妻子死后，李战文就离开了家乡。村里人都不知道他到哪里去了。后来才听说，他跟着一个养蜂人走了，因为他看上了从东北来的养蜂人的女儿。

跟着养蜂人，从陕南到四川，从四川又到云南，追着花期，一路南下，一直走到云南边境，还偷偷跑到缅甸逛了几天。

十几年后，李战文回来了，还是孤身一人。那个养蜂人的女儿又让他给弄丢了，也没有攒下钱，还是懒懒散散的样子。

听人说，有段时间李战文还参与过盗墓，跟着富平一伙人到咸阳西安去盗墓，也在道东村的周边盗过。

李战文说起盗墓，像说书一般，津津乐道着他用的是什么工具，怎样发现的古墓，怎样圈定古墓的范围，怎样下到古墓里，怎样判断哪些墓被盗过，哪些墓没有被盗过。因为盗墓只能在夜里进行，李战文还讲了一些夜里的情景和奇异之事。

一听就知道李战文是个盗墓行家，甚至有时候他还算个文物专家。他那些恐怖又奇异的故事更像是玄幻小说或恐怖电影。

李战文有着兔子一般的敏捷，狗一样的嗅觉，别看他不动声色，但给贫困户发东西的消息他绝不会漏掉，第一个冲到前面的永远是他。

2016年的冬天来得早，寒风吹得树木哗啦啦地响，镇政府门前的黄叶落了一地，又翻滚飘飞着，一派萧索冬意。

这时李战文来了，他来要棉衣棉被。他说自己炕上的席子彻底用不成了，成了片片子了，棉被也烂得不行了，没办法盖了。

焦建军说：还不是怪你太懒了。

李战文说：都是这狗把人害的，把我的棉被撕成啥了。李战文一个劲儿地骂狗。

焦建军说：现在才刚刚11月份，还不到发慰问品的时候，你咋就提前来了?

李战文说:来了就来了嘛,冻得不行嘛。

焦建军随即给民政部门打电话问还有没有棉衣棉被,对方说还有。焦建军对李战文说:周一给你送过去,你放心回去吧。李战文却又说:米、面、油也没有了。

焦建军听了心里有些不舒服:贫困户咋是这样的,这不是得寸进尺吗?好像政府该给他送这送那似的。

第二天早上,是个星期六。焦建军计划着去医院里看望自己80多岁的老父亲。当了一辈子农民的老父亲,得了脑梗后一直由焦建军的姐姐们在伺候着,焦建军忙得几个月都没有到老父亲跟前去了。

焦建军拉开窗帘,一股子冷气从窗玻璃后面钻了进来。外面下雪了,下得还挺大,好一个白茫茫的世界。这是今年的第一场雪,来得突然,来得猛烈。

焦建军的脑海里出现了李战文。这样的下雪天,那个李战文窝在烂被子烂席子的炕上咋过呀!冷飕飕的天,没有棉衣没有棉被,要真把李战文冻坏了可咋办呀?

焦建军决定先不去看望自己的老父亲了。他赶忙给民政办打电话,说跟他们一块儿给李战文送棉衣棉被去。

焦建军开车从新区往镇上走,这时,雪已经落住了,地上结了冰,车在冰雪路上不停地打滑。

这条山梁上的路弯道很多,坡道也很多,这条路连接着西北边的几个大煤矿,拉煤的大卡车也比较多,一辆挨着一辆,大卡车都加了防滑链,而焦建军的小车却没有顾上加。

焦建军一路上小心地开着车,大卡车从小车边上隆隆开过的时候,焦建军紧张得都冒了汗,好不容易才来到李战文家。

李战文听到叫声,瑟缩着从屋里出来。他大概没想到焦建军会来,雪下得这么大,镇上的领导却来了。

李战文接过棉被,说了句"谢谢"。

这是焦建军第一次从桀骜不驯的李战文口里听到"谢谢"两个字。

焦建军和民政干部进到李战文的房子里,还是那副破败不堪的景象。大雪把外面的田野打造得洁白美丽,空气清新,而进到屋子里却无法呼吸、无法停留。

忍着难闻的气味,焦建军把李战文的炕打扫了一下,铺好被褥,倒掉李战文放在地上的尿盆子,还把和尿盆子摆在一起的锅碗瓢盆移到台面上,又给李战文的炕洞里加了柴,把炕烧热。

李战文的狗卧在炕的一角,大概是冻得没有力气了,一声也没有叫,可怜巴巴地看着焦建军忙这忙那。

焦建军摸了摸炕,感觉到炕上有了温度,展开在炕上的棉被棉褥子也有了温暖之意,焦建军的心里终于踏实了。他叮嘱李战文把狗拴好,把炕烧热。

焦建军踏雪而去的时候,李战文的三只狗突然从炕上跳下来围住了焦建军,狗的眼神表明狗已经饿得不行了:给点吧,给点吧,求求您了。焦建军打开车门把一些方便面扔给了狗,三只狗欢跳而去。

年后,李战文又来了,这一回李战文要的是手机。

那是2017年的4月份,是个万物生长、春暖花开的季节,是个可以沐春风、咏而归的时节,而扶贫干部们却整天埋头填着各种资料。每一份资料都需要贫困户签字,于是焦建军他们还要一户一户地上门找贫困户签字。

到李战文家里去了好几次,都是大门闭锁,人去屋空。焦建军给村干部打电话让人去找李战文。村上人说:李战文天马行空,上哪找去?有人说,春天冰化了,庙湾那里鱼塘生鱼了,李战文可能去庙湾钓鱼了。

庙湾那里的山洼洼里有一些水塘,有人承包了水塘,钓上10斤鱼,给50块钱。村上人说:看院子里李战文的钓鱼工具在不在,要是不在,肯定是去钓鱼了。

焦建军去察看李战文院子里的小屋子,里面有套兔子、打野鸡的电锚、绳子、网子、编织袋,还有弹弓和自制的箭,堆得乱七八糟的。翻了翻,没有见到钓鱼的工具,确信李战文是去钓鱼了。

焦建军只好交代村上,李战文一回来就叫李战文赶紧联系他。

但一连两天还是没有李战文的消息。

第三天,焦建军就直接到李战文的家里去了,早上9点多钟,李战文还是一副刚刚睡醒的样子,揉着惺忪的睡眼,光着脚。

焦建军问李战文:给你打电话为啥不接哩?

李战文说:手机掉到锅里了,煮烂了,打不通了。

焦建军说:那你重买个手机嘛。

李战文说:我没钱嘛。

李战文的回答把焦建军"将"住了。脱贫攻坚要经常联系贫困户本人，而焦建军又是李战文的帮扶人，李战文没有手机怎么能行呢？

焦建军就和道东村监委会主任商量给李战文买个老年机，老年机结实好用，掉锅里也煮不烂。

监委会主任说他正好有个新机子，是女儿才给买的，还没用哩。焦建军问多少钱，监委会主任说500块钱买的。

焦建军就给监委会主任掏了500块钱，但监委会主任只接了200块钱。

当着监委会主任的面，焦建军把手机给了李战文，李战文却一脸不高兴的样子，一声不吭。

第二天，焦建军打电话给李战文，还是打不通。焦建军又去找李战文，问李战文有手机了咋还不接电话。李战文说：有手机没话费嘛。

焦建军说：好，那我给你交。

李战文冷冷地说：我自己交，我有钱哩。

后来焦建军才知道，别看李战文穷得叮当响，手脚却大方得很。"今日有酒今日醉，明日没酒喝凉水"，说的就是李战文这样的人。

李战文之所以说他没话费是故意讽刺焦建军哩。焦建军是个贫苦农民家庭出身的干部，平日里花钱可能还真没有李战文的"气魄"呢。

李战文拿了焦建军给他的手机之后，到处跟人说：焦建军小气得很，给弄个200块钱的手机叫我用哩，我是用200块钱手机的人吗？

这个话倒是真的。我到李战文的养蜂场采访他时，李战文依然这样说。说着李战文一连拿出了三个智能手机摆在院子里的石头桌子上让我看。说他的手机多的是，他轻蔑地说：他焦建军是个小气鬼，200块钱，糊弄谁哩！

不知道当时焦建军听了人们传过来的李战文的不恭之语心情如何，反正当时我听了李战文的话，立马感觉到李战文不是个善茬。

焦建军说，那时候他对李战文的复杂性认识还是不够，后来跟李战文接触多了才知道李战文还会故意整干部，跟干部们玩躲猫猫，越是干部找他的时候，他越是不接电话，一会儿说他在这儿，一会儿说他在那儿。这一点，李战文也给我说过。

李战文在焦建军的帮助下养起了土蜂，他成了道东村的脱贫明星。上级领导经常来视察他的养蜂基地,他听说领导要来,就偏偏要给焦建军扮难看,偏偏不出场,不配合。

焦建军打电话叫李战文赶紧回来,李战文说在医院哩,看病哩。焦建军赶到医院去接他,医院里根本没有李战文的人影。再问李战文,李战文就说已经回来了,没钱,看不了病。焦建军问:那你现在在哪儿哩?李战文说:在亲戚家借钱哩。焦建军驱车赶到"亲戚"家,"亲戚"却见都没见过李战文。焦建军又问李战文:你到底在哪?李战文说:没借下钱,回来了,在屋睡觉哩。李战文其实哪里也没有去,一直就在屋里睡大觉呢。

李战文说起这些的时候,像是在传授他的人生经验一般。

想想,李战文真够狡黠的,老实本分的焦建军还真不是李战文这样的人的对手。想起一句不太好听的土话,叫作"吃屎的把屙屎的人箍住了",世上原来还真有这样的事。焦建军怎么包扶了李战文这样的贫困户,真是够难的。

村上建了一个湖羊养殖厂,有100多只羊,需要一个养羊的人,焦建军第一个考虑的就是李战文。一方面可以增加李战文的收入,每个月可收入1500元,以当地农村的生活水准应当是不少了;另一方面也可以把李战文固定在养殖厂,控制在帮扶区域里。焦建军更希望养羊能把李战文野马一般的狂傲之心收回来。

可是,李战文怎么会按照焦建军指定的路径行走呢?李战文养羊也不好好养,一个月没有去盯着,李战文就又黄鹤一去不复返了。

一开始,焦建军天天去养殖场监督李战文,李战文不知是故意还是本性使然,邋里邋遢的简直不像样,羊圈也脏得无处下脚。

养殖场就在沟边,沟里到处都是青草,李战文却不出去放羊,可怜的羊落在李战文的手里,吃了上顿没下顿,一个个饿得皮包骨头、少气没力的。

后来,李战文竟然连招呼也不打,就扔下羊不管了,又不知云游到哪里去了。

八星励志

要想让李战文这样的人脱贫，真有点"老虎吃天，无处下爪"的感觉。

李战文太难缠了。

焦建军说，他也曾为李战文发愁得睡不着觉，脖子上起的肿包，就是在那个时候冒出来的，为了这个肿包，焦建军后来还做了手术。他心里急得像是着了火，李战文不脱贫，道东村就不能实现整体脱贫。上面要求一户不落，一人不少，必须想办法让每一个贫困户实现脱贫，再难也要寻求突围。

焦建军说：贫困户有好几种类型，大部分都是因残、因病致贫的，但还有相当一部分人属于脱贫意愿不强。

所谓脱贫意愿不强，实际就是比较懒散。关庄这个地方懒人不少，"穷自在"意识根深蒂固。或许是贫困日久，人的精神和意志也被贫困麻木掉了。贫困是慢性毒药，它悄无声息地潜入人的精神细胞里面，使精神细胞腐烂裂变成为没有感觉的神经。人们得过且过、浑浑噩噩而不自知，甚至沉溺于现状自得其乐。

渭北这一带，相对来说风调雨顺，历史上特别近代以来基本上也很少有大灾大难，即使在1959年到1961年的三年困难时期，这里虽有过饥饿现象，但没有大批人饿死的现象出现，而且那时这里还收留了各地逃荒来的人，使他们在这里避过饥荒，得以生存。故而，这一带的人总体上没有陕南、河南、四川人的那种勤劳，相对来说显得"懒"了一些。

道东村是关庄镇的一个中型村庄，由原道东村、中吕村合并而成。

省委宣传部帮扶工作队队长是理论处的韩亮。

韩亮是一个有着理想主义情怀的人，他奔放豪迈，身上洋溢着某种济世扶弱的气概。作为转业军人，他对扶贫工作有很多深层次的思考和研究。韩亮有一句很有名的话——贫困不是比较词，意为不能把贫困户当作异类，要从"人"的角度来思考贫困，解决贫困。韩亮认为致贫的个人原因更主要一些，所以他强调扶志。

韩亮对焦建军说：曾国藩曾言，"有志，则断不甘为下流"。脱贫根本的问题还在于人的脱贫，人的思想的脱贫。人的力量是巨大的，人有了动力，自己愿意脱贫，才能实现脱贫。扶贫不是光发点米面油，扶贫必先扶志，扶志才会除根。扶贫要激发内生动力。

"扶贫扶志""内生动力"，这些词韩亮脱口而出。

焦建军还想起了这么一段话：如果要造船，不要招人来搬木材，不要指派任务和工作，而是要教他们去向往那无边无际的大海。

那么，从何入手，如何激发？韩亮和焦建军又在一起反复讨论。

之前，焦建军为了让贫困户对"八个一批"政策有所了解，制作了一本小红书，给贫困户们人手一册，方便随时翻阅。小红书把致贫原因、家庭状况也列在了上面。当时的初衷是为了因应上面的检查，因为上面检查时会问贫困户一些政策问题，如果回答不上来，那包扶人就有责任。

2016年年底的时候，韩亮和焦建军还设计了一个年画，上半部分是日历，下半部分是"八个一批"政策，挂在每个贫困户的家里。这个年画后来在耀州区得到了推广。

韩亮说，可以参照"八个一批"的内容，也搞"八个激励"，尤其定位在精神层面上，结合贫困户的品性、态度，以及对集体的关注度、精神面貌等方面，量化一些指标，从而达到激励作用。

这时，韩亮到陕南去学习，陕南推出了一个道德评议"红黑榜"，在黑榜的评选中，出现了激烈的争吵，场面无法控制。

韩亮给焦建军谈了陕南"红黑榜"的情况。焦建军说，自己是当过教师的人，经验告诉他，正面评价对学生的激励作用更大，对成人也是一样的。他建议不采纳"黑榜"，还是给予正面评价比较妥当。焦建军又提出用"星"作为每个正面评价的标志，正如学校里给学生贴小红花一样。

韩亮和焦建军带领村"四支队伍"摸底走访，分析研判，最后把贫困群众"缺志"，即内生动力不足做了一个归纳，归纳出了八种类型。

针对八种类型，把"励志"的载体设置成八个星目，把抽象的"励志"转换成具象的群众"语言"。八个方面，八个星目，每个星目都赋予了特定内涵，每一个星目既成为一项工作标准，也成为一个领域的工作任务，可操作，可量化，可考核。并将八个星目分为觉悟层、觉醒层、崛起层三个层级，由低到高依次评星，得星越多，等级越高，奖励越多，越受尊重。

几番商讨，几番琢磨，道东村推出了"八星励志"的扶贫扶志工作方针。

"八星"的具体内容是：

热爱集体觉悟高
诚实守信品行好
精神面貌变化大
摆脱贫困愿望强
不等不靠动力足
勤劳致富步子快
致富点子提得多
示范带动成效佳

小矮人都得星了

陈海玲是个残疾人，个子不到一米，走路一扭一扭，个子小，手小，脚丫小，像是一个微缩人。

陈海玲年幼时，有次感冒发烧，父亲带她去村里的卫生所打针，卫生所里的土护士给她连着打了五天针后，她的感冒好了，却走不了路了。

那是20世纪70年代的事情，从那时起，可怜的陈海玲便再也不长了，她的筋像是"蹴"住了，展不开，伸不长。

她让我看她的手，她说：你看我的手指头关节平平的，没有疙瘩子，我不是大骨节病人，我就是让那半吊子打针的人害得了。

陈海玲长到20多岁，没有结婚，她家原是马咀村的。父母为她流了不知多少泪，看到人家女娃早早都嫁出去了，父母更加忧心。

终于有人给陈海玲介绍了道东村的增增，是个傻子。陈海玲二话不说就嫁给了他。

增增个子很高，细长身条，长得也很清秀。增增也很倒霉，增增5岁时也是因为发了烧到镇上卫生院看病，卫生院给增增用错了药，不但烧没有退，反而越烧越重，最后烧成了脑膜炎。此后增增的脑子就有点不管用了，话也说不连贯，有点傻呆。

陈海玲个子没长高，但是脑子管用，增增又听话，她指挥增增干啥增增就干啥，让锄地就锄地，让摘苹果就摘苹果。老天照应，增增虽然瘦一些，但身体还算不错，啥活都能干。

像陈海玲这样的夫妻，怎么能被村里人看得起呢？陈海玲说就连亲戚也都避着他们。有次陈海玲为了给女儿看病，一连走了四五家亲戚，一分钱都没借到，还听了些不三不四的话，回来白白生了一肚子的气。

道东村"八星励志"推出以后，给增增安排了一个扫地的公益性岗位，陈海玲督促增增勤快扫地，把苹果也伺弄得很精细，卖了好价钱，很快就还清了女儿生病欠下的医疗费用。

陈海玲非常勤快，虽然个子小，但不管是在苹果园里还是在种麦子收麦子的时候，都能见到她，就是给苹果套袋剪枝这样的活，陈海玲也亲自上手。陈海玲让增增给她搬个梯子架在苹果枝上，小小的身子就站在梯子上摘苹果。

增增脑子有些不够数，很多时候会把事情干错，但陈海玲从不责怪增增，而且她做饭做得很好，把屋子收拾得也很整齐。

陈海玲有句话我印象特别深刻，她说：日子是给自己过的，又不是给别人过的，日子过好了，别人才能看得起。

随后我在看到其他贫困户的一些境况之后，常常想起陈海玲和增增。命运曾经把陈海玲和增增推向绝境，陈海玲却能够绝地求生，并且拉着增增的手让增增和她一起绝地求生。

人们常说，一个家庭里女人最重要，家庭最好的风水就是好女人，一个好女人旺三代。

我想增增其实也是有福的，他虽然是个智障人，但他遇到陈海玲后，就变了。在陈海玲的调理下，他的状态越来越好。现在，他们的两个女儿都结婚了，二女儿经过政府的帮助，病也好了。他们现在都是爷爷奶奶辈的人了，四个外孙外孙女环绕膝下，其乐融融。我在陈海玲的朋友圈里看到他们一家三代还一起去泰国旅游了一回呢。

上帝给陈海玲和增增关上了一扇门，但陈海玲硬是用她小小的身体，把这门挤开了一道缝。

我有时想，以增增那样的状态，如果遇到的是别的女人，还不知道会是什么样的结局呢！

当年增增的妈妈让儿子娶了陈海玲，这是一个多么明智的选择！尽管陈海玲是个"小矮人"，但她有聪明的大脑，有善良的心，有安于命运的坦荡，又有敢于和命运博弈的勇气。她是一个大女人！当然陈海玲遇到增增也是幸运的，因为增增不会嫌弃陈海玲，因而他们相濡以沫，共度艰难人生。

陈海玲和增增不等不靠、努力自救的生活状态，使她和增增成为首批获"星"

的人，而且一下子就获得了"诚实守信品行好""热爱集体觉悟高""不等不靠动力足""勤劳致富步子快"四颗星。

韩亮和焦建军把"星"设计成大大的红色木板星，下面安了一根长长的棍子，可以把红星高高地举起来。

焦建军带领着扶贫干部，举着四颗"星"，敲锣打鼓地来到陈海玲家，把"星"授予了陈海玲，同时，又在陈海玲的大门上也贴了红星。

后来，他们还在道东村的小广场上举行了授星仪式，很多人都光荣地走上了高台，获得了象征光荣和美誉的红星。

他们还对获"星"者进行物质奖励，每颗星奖励200元，陈海玲和增增两人，一下子就被奖励了800元。

道东村的人都开始羡慕陈海玲，同时内心里也有了丝丝的惭愧。村里人都在议论：像陈海玲和增增这样的人都能获星，咱为啥不能哩？

焦建军一直关心着陈海玲，陈海玲的二女儿招上门女婿的时候，摆席庆贺，焦建军人虽没去，但托人行了200元钱的贺礼，虽是200元钱，却对村民们产生很大的震动。李战文的弟弟李更文为焦建军给贫困户行礼的事还专门从公路对面一摇一摆地跑过来，问这事是不是真的。他不相信干部还能给贫困户行礼。

焦建军他们还对"八星励志"实行动态管理，一季度授予一次，没有坚持住的就取消星；有了新表现的，经过村委会评议就授予星。后来"八星励志"活动又与"爱心超市"结合起来，获星的人可以到"爱心超市"免费领取生活用品。

李战文的"星"

李战文一开始对授星很是不屑,他喝着酒吃着野鸡肉说:净弄些个没眉眼的事,把人当成猴耍哩嘛。

这时,村上成立了"互助资金协会",区上扶贫局给协会注入了50万资金,可以无息贷款资助贫困户发展产业。

焦建军问李战文有何特长,想发展何种产业。李战文说自己会养蜂,曾经跟着养蜂人跑了几年,掌握了养蜂技术。要弄产业,就弄养蜂。

但是李战文说:没一分钱,进不来蜂,咋养呀?

李战文一开口总是离不了钱的问题。

焦建军就通过"互助资金协会"给李战文贷了1万元,然后帮李战文联系土蜂。李战文在马栏买了10箱蜂回来,就开始养蜂了。

李战文对养蜂倒是很上心,也不带狗出去了,也不钓鱼了,也不撵兔子了,像模像样地养起了蜂。

养蜂需要天色微明就检查蜂箱,看有没有病害,是否要移蜂,等等。蜜蜂这种小精灵分工很明确,自己的窝也认得很准,不小心钻错了群,就会被别群的蜂无情杀死。蜂王的竞争也相当激烈,有时母女蜂王也互相残杀,需要人帮忙把一只蜂王转移到另一个箱子里,或者叫作群里,新群对于蜂王也有个接纳过程,如果蜂王不被接纳,也会被群蜂杀死。要对群蜂进行气味迷惑,让它们慢慢认同新蜂王的气味,让它成为群主。

自然界的规则奇妙无比,必须遵守,还要适度干预,干预其实也是在适应规则。

养蜂是个很细致的活,看起来很不适合李战文这样粗枝大叶的人,还把李战文的懒觉给耽误了。

李战文能不能把蜂养好，焦建军也是有担心的。

果然时间不长，李战文又找来了，他说他的蜂死了一半，要求给他赔蜂。

让谁给他赔呢？

原来，通往照金的耀旬公路两旁栽了很多树木，夏季的时候交通局要给道旁的树木喷洒农药，防虫除病。李战文的蜜蜂吸了带药的花粉和蜜液，就中毒死了。

李战文气冲冲地来了，说要去上访。

焦建军赶紧安抚李战文，又去找喷药人，喷药人说自己是在干工作，赔钱的事不管。焦建军又联系了交通局，交通局说没有赔付的相关政策和规定，无法赔付。

焦建军就连夜查阅资料，李战文也查，李战文在网上搜到了一个"养殖基地三公里以内不得喷洒农药"的规定，急忙发给了焦建军，焦建军打印下这个规定，就又去了交通局，最后交通局给李战文赔了4000块钱，李战文就又添了几箱蜂。

8月，李战文的蜜蜂出了蜜，他来到镇上，把第一瓶蜂蜜给了焦建军。焦建军要给他钱，他说：你要给钱就是看不起我了。

焦建军跟李战文开玩笑说：你不是前一向还骂我呢吗，这咋可又送蜜来了？

李战文就说：你大人不计小人过，我把你骂了，你一声不吭，把我还弄怪了。今天给你送蜜，感谢你也是给你赔礼道歉来了。

那是半个月前，省委宣传部来慰问，考虑到李战文养了蜂，这次的慰问名单里面就没有他，李战文听说后，一路大骂着闯进会场，点着焦建军的名字大骂，说是焦建军把他的名字取掉了。

省上领导都在呢，焦建军只好低着头，默默地忍受李战文的谩骂。

骂人能有好口吗？那天焦建军可算是被李战文骂美了。

焦建军说：你就算是一块石头，也该被暖热了吧？

李战文嬉皮笑脸地说：你给别人挂星哩，你啥时给我也挂个星，就能把我暖热。

焦建军说：你不是看不上星吗，你要星干啥？

李战文说：星好嘛，得星光荣嘛，谁不想光荣，我也想光荣。看别人都得星哩，瘸子瓜子都得星哩，我好好的不得星，这脸往阿搭放嘛！

焦建军跟李战文开玩笑说：你还知道顾脸呀。

李战文说：人都顾脸哩，我咋能不顾脸哩。

焦建军说：好，你只要好好干，肯定能得星。

金秋十月，李战文收获了养蜂成果，他的蜂一下子卖了7000多块钱。

紧接着，焦建军又把李战文的土蜂蜜带到了铜川市农产品交易会上。在展位前，焦建军手举蜂蜜瓶子，口干舌燥地介绍着李战文的土蜂蜜。焦建军向走到摊位前的每一个人仔细地介绍着，就像卖自家的蜂蜜一般，甚是卖力。李战文也装扮了一下，戴着大檐帽子，穿着农家衣，一副十足的蜂农形象。

李战文本身五官分明，饱经沧桑的脸十分上相，记者们给他拍出来的照片都很好看，很有艺术感。

市委书记杨长亚也来到了李战文的土蜂蜜摊位前，亲自尝了李战文的蜂蜜，当场给李战文代言，夸赞李战文的土蜂蜜口感好、味道正。

记者们及时地拍下了这生动的照片，市委书记尝蜂蜜的照片在报纸和网上迅速传开，李战文一下子就成了脱贫明星。

随后李战文又成立了"溪山中蜂养殖协会"，吸纳了12个贫困户一起养蜂，他自己当了协会会长。

深秋时节，第三季度的授星表彰会在道东村举行，李战文获得了五颗星，分别是："热爱集体觉悟高""精神面貌变化大""摆脱贫困愿望强""致富点子提得多""示范带动成效佳"。

李战文双手举着红色的星星，身材挺拔，面带微笑，这哪是贫困户呀，分明就是战场上凯旋的将军。

李战文终于可以站到人前头去了。他本来就喜欢看书，现在就更爱看书了，各级领导来了，他就和各位领导纵论天下，谈古论今，完全像是变了一个人一样。

第二年早春，又逢二月二庙会，那是民间生活里不能缺少的一页。二月年年拜药王，久久长长享安康。它是耀州城里延续了不知多少年的热闹又庄重的活动。

关庄镇也组织了秧歌队、高跷队、锣鼓队，祭祀药王。道东村出的是锣鼓队，那个甩开了膀子敲打锣鼓的人正是李战文。

李战文目光如炬，威风凛凛打鼓的照片又上了很多网站。

李战文像蜕了皮的知了，像拱出壳的蝴蝶，实现了人生的转变和飞跃。他唱出了蝉一样的嘹亮之歌，舞出了蝴蝶一样的翩翩之态。

一个从不干正事的浪子开始干正事了。

那天，李战文兴之所至，又拾起了自己在部队里学会的萨克斯，他给焦建军吹奏了一曲《回家》。

那是夏季的傍晚，基地的院子里种满了各种花草，菊花含苞，月季正开，白色的栅栏把基地分割成棋盘一样的方格。

李战文坐在基地的小径上，夕阳照在他的脸上，一只小狗温顺地蹲在他身旁，小蜜蜂嗡嗡着正回蜂巢，音乐激越昂扬，又有些忧伤。

回家的渴望让我热泪满眶，古老的歌曲有多久不曾大声唱，我在岁月里改变了模样，心中的思念还是相同的地方……谁还记得当年我眼中的希望，谁又知道这段路是如此漫长……

焦建军默念着歌词，他被眼前的画面感动着，当看到李战文眼里涌出的泪水，他的眼里也涌出了泪水。

李战文的萨克斯是焦建军帮忙买下的。

李战文告诉焦建军他会吹奏萨克斯，焦建军就想给他买一把，店里看了，觉得有点贵，就想在网上买，但自己又不懂萨克斯，就通过北街小学的音乐老师买了一把，还请音乐老师给萨克斯调了音。

现在听了李战文的演奏，焦建军百感交集。李战文是一匹桀骜不驯的烈马，而他能不能算是驯服烈马的骑士呢？

他夜不能寐，提笔展纸写下了一篇文章——《浪子回头金不换》，讲述了李战文的故事。在微信朋友圈发出来后，获得了非常多的点赞。

焦建军意犹未尽，又写了一篇文章，叫作《李战文的甜蜜生活》，又引发大量点赞，《铜川日报》和各大微信平台也予以转发。

一个扶贫干部和一个浪子贫困户之间的故事，引起了人们的极大兴趣，焦建军和李战文一时都成了名人。特别是李战文，人们从焦建军的文章里认识了李战文，认识了一个有点古怪又有点趣味的李战文，慕名到李战文基地来买土蜂蜜的人也越来越多。

上了央视

2017年9月14日，中央电视台《新闻联播》播出了一条新闻，内容如下。

男主播：陕西通过"八星励志"评选等形式，将扶贫与扶志有机结合，鼓起贫困群众脱贫致富的信心。

女主播：（画面道东村村委会）在陕西铜川道东村刚结束的第二次"八星励志"评选会上，村民李战文获得了两颗星。（画面道东村村景）道东村有贫困人口87人。为了调动贫困户的积极性，今年4月，以"摆脱现状愿望强""不等不靠动力足""勤劳致富步子快"等八项内容为标准的"八星励志"评选会在当地展开，（画面李战文）55岁的李战文在第一次评选时落选了。

（画面李战文）李战文：看人家都得星哩，咱不得星，不好看哩嘛，咱也要想办法得星才是。

（画面焦建军）焦建军：李战文以前等靠要思想比较严重，慰问品一来，他争着踊着追着去要。

女播音员：第一次评星让李战文红了脸，借助打工时养蜂的经验，李战文向镇上申请了1万元贷款，一口气建起了30个蜂房。如今，首批12箱蜂已经产出了土蜂蜜。

（画面韩亮）韩亮：当贫困群众某一方面做好了，我们就授予他星，如果还没有做好，我们就跟上去做思想工作，让他向正能量靠拢。

男主播：扶贫先扶志，陕西各地还在不断探索……

这个1分44秒的新闻，韩亮、焦建军，还有李战文都出现了。他们各自说了各自心里的话，说得都很得体，很契合身份。焦建军是个朴实的镇长形象，话虽不多，但说得实在诚恳。

电视台采访时，天不怕地不怕的李战文却有些慌乱和紧张了，他问焦建军穿哪件衣服好。焦建军说：你都有啥衣服，让我看看。

李战文搬出了一个木箱子，里面零乱地塞着衣服袜子，焦建军翻了翻，翻出了一件长袖白衬衣，又翻出一条稍微干净点的浅蓝色裤子。焦建军说：你穿这一身。李战文穿上了，焦建军端详着李战文，觉得还缺少点什么，又去翻箱子，翻出了一件灰色毛坎，他把这件毛坎套在李战文的身上，一个干练的蜂农形象立马就出来了。焦建军说：就这样，好得很。

李战文说：你说好就好。

但当镜头对着李战文的时候，李战文的头上还是沁出了豆大的汗珠，他的嘴哆嗦着，说不成话。他让焦建军把看热闹的村民都撵走，人们都不走。村民说：你李战文嘴皮子能翻呲得很嘛，这会儿咋不能了哩。

李战文说：这嘴怪得很，一对镜头，就能不起来了。

大家都笑了。

2018年11月1日，道东村创新扶贫扶志的举措在《人民日报》以《激励提精神，产业促增收》为标题予以刊登。11月21日，中央政治局委员、中宣部部长黄坤明对报道作出批示，认为耀州区扶贫扶志相结合是很好的探索，可适当总结，给予支持。12月13日，时任省委书记胡和平和陕西省委宣传部部长牛一兵也作了批示。

2019年7月2日，陕西省全省扶贫扶志现场推进会在道东村举行，省委副书记贺荣、省委宣传部部长牛一兵、省扶贫办党组书记王卫华都出席了会议，全省各地市的扶贫负责人也参加了现场会。

会场就设在道东村村委会前的小广场上。

那是道东村比过年还要热闹的一天。

风和日丽，阳光灿烂。从专车上下来了一个个穿着白色衬衣挂着鲜红代表牌子的人，他们胸前左上角戴着闪闪发光的中国共产党党徽。

他们在工作人员的引导下站成两排，听一位年轻人在展板前讲解。

讲解的年轻人正是焦建军。焦建军穿着白衬衣、黑裤子，收拾得像个新郎官。他举止端庄，声音洪亮地说：各位领导，中午好！欢迎各位领导来到全省扶贫扶志工作推进会现场——耀州区关庄镇道东村。道东村是"八星励志"扶贫扶志活动的发源地。我是关庄镇镇长焦建军，这个点由我负责为大家讲解。

焦建军出身农家，平常说的是当地土话，就是上央视那次，说的也是当地土语，这一回说的却是普通话，字正腔圆，十分流畅，到底是当过教师的，不怯场，不畏缩。

展区很长，有十几块展板，他边走边介绍着，讲解词很长，但他没有说错一个字，他时而表情庄重，时而面带微笑，可以说是一个无懈可击的非常完美的讲解员。

领导们随着他的步伐不断地移动着，看完了所有的内容。

然后，他又引导着领导们来到了评星会现场。

在评星区，长条板凳上坐了一圈人，他们给领导模拟了评星的全过程。村委会主任任新选主持了评星会，四支队伍中有16人现场参会，其中6个人发言，今天评星的对象就是陈海玲。李战文也在现场的长板凳上坐着。

经过评议，他们都认为陈海玲应当获星，之后就给陈海玲授星。

接下来，请"八星励志"脱贫明星李战文说几句心里话。

李战文就站起来发了言，说着和上央视时一样的话。

模拟完评星授星会后，焦建军给领导们介绍说李战文会演奏萨克斯，请李战文为领导和来宾演奏一曲《社会主义好》。

李战文就拿着金色的萨克斯离开小会场走到领导们前面，手指振动、两腮鼓起开始吹奏。吹奏完毕，领导和来宾全体鼓掌，掌声雷动。

李战文这一回打扮得也不错，穿着白T恤，戴着白帽子，胸前也挂了牌子。

这次现场会，道东村安排了两个点，"八星励志"现场会是一个点，关庄社区工厂也是一个点。

来现场会的领导很多，也分成了两拨，交叉着参观。参观完道东村的一拨人，还要到社区工厂参观，那边由镇党委书记闫军负责讲解。参观完社区工厂的一拨人，还要到道东村这边。所以，闫军、焦建军、村主任，包括李战文、陈海玲等贫困户们，都要给领导表演两遍。

李战文吹奏了两遍《社会主义好》，赢得了两次掌声，兴奋得一夜没有睡觉。从此流浪汉李战文就名声大噪了。

李战文火了，新华社、光明网、中国人权网，各大媒体各大平台，都发了李战文的照片，他甚至比他的帮扶人焦建军还更加为人所知。

还有"小矮人"陈海玲的照片也火了。

2018年2月1日，姜昆、苗阜、佟丽娅等明星以"我们的中国梦——文化进万家"活动的名义也来到了道东村，那是中宣部和中国文联组织的一次活动。活动小分队到照金瞻仰英雄纪念碑，敬献花篮后，就来到了道东村进行文艺演出。

耀州区文化馆也表演了一个节目，这个节目是个小品，小品的文本正是镇长焦建军创作的，题目是《懒汉蜕变记》，小品风趣诙谐地表现了李战文由贫到脱贫的过程，引发了全场一阵阵会心的笑声。

"八星励志"全面开花，受"八星励志"激励而脱贫的贫困户不胜枚举，像河水的涟漪，以道东村为中心点一波一波地推开来，形成美丽的脱贫攻坚的壮景。

"八星励志"也以其思想的创新、方法的创新、制度的创新，成为脱贫攻坚中最值得记录的一页。

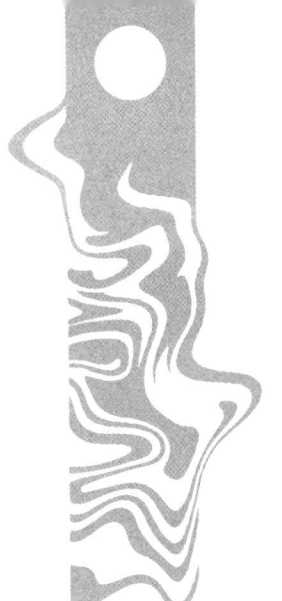

第六章　炸碉堡的人

七保村：相传，明代该村为西乡第七保，故名。
潦池村：清代中叶，因村北有一潦池，故名潦池村。

——摘自《陕西省耀县地名志》

才气逼人的年轻人

2020年夏天,我在关庄见到了一个年轻人,对他印象很深。

那时,我刚刚与陕西省作协签约要完成一部关于耀州区关庄镇脱贫攻坚事迹的主题创作作品。恰好广西师范大学出版社的首席编辑沈伟东先生回到故乡参加他一个高中老师的葬礼,沈先生对我这个主题很感兴趣,于是我便和沈先生一同来到了关庄镇。

同行的还有耀州区文联主席张小平先生,他要安排我在关庄镇的写作事宜。

我们在镇党委书记闫军的办公室里进行交谈。随后闫军叫进来一个年轻人。年轻人一见到我就说他认识我,说我前几年在文化宫门前签名售书时,他还买过我的书。

在关庄镇政府院子里,年轻人带我和沈先生参观关庄的宣传栏,还不时给我们讲解。那上面有关庄镇的历史沿革和当前状况等,还有几幅大画像,是耀州历史上曾出现过的大人物,包括柳公权在内的"一圣四杰"等。

年轻人讲得头头是道,像专业讲解员一样,他不是对着宣传栏里的文字照本宣科,而是将其烂熟于心融会贯通地讲解。我一下子便对这个年轻人产生了极好的印象,觉得他是一个有文化的干部。年轻人个子高高的,看起来很有修养。

随后他带我和沈先生到照金、陈炉古镇、王石凹煤矿工业遗址一路参观,再次印证了我对他的感觉。

一路上他侃侃而谈,文化的、历史的、地理的,包括政治的,他都无所不知,而且多有新见,语言也不俗气。

我记得我们在陈炉山上的李家瓷坊闲聊喝茶时,我问他:你对脱贫攻坚的看法是什么?之前,我听到一些对扶贫工作不以为然的言论,心里一直在思考我的这个创作究竟应当怎样进行。

他不假思索地说出了三点。

他说，一个是脱贫攻坚让各阶层之间产生了流通，特别是其他阶层和农民阶层之间的流通。干部全面下到农村，不但入村，还要入户；不但入户，还要坚持入户，要和群众同吃同住同劳动。有些村好长时间见不到生人，特别一些五保户、孤寡老人，多少年家里都不来人，那些没亲戚没朋友，从没有人入的户，脱贫攻坚搞起来之后，干部都入了。这样一来，干部与农民两个阶层之间从原来的不熟悉不了解，到现在结亲戚结朋友，阶层与阶层之间坦诚交流、互相了解、互相包容、互相支持，从而让社会更稳定了。

第二个就是脱贫攻坚深入一些偏远的地方，这些村子以前有的是社会黑暗势力的集合点，有传销组织，有邪教组织，脱贫攻坚搞起来后，阳光进去了。有阳光的地方黑暗势力就无处躲藏了。通过脱贫攻坚，把整个社会的综合治理推向了一个新的高度。

第三个就是，锻炼了机关干部队伍。过去也有让机关干部走出机关联系群众的一些好的方法，但是这些方法很多都停留在表面上，不够深入。现在搞脱贫攻坚之后，机关干部到基层和群众吃住在一起，就产生了三个变化：第一个变化，农村、农业、农民是什么样子？在他心中从表象变成了具象。第二个，再回到机关之后，讨论问题，起草方案，侧重点就更明确了，他理解中央的要求，就更接地气了。在上传下达的时候，他不脱离群众了。第三个就是说，我们身边的这些包扶干部到农村后，觉得自己为村上实实在在地办了一些事，收获感更强，机关干部能够看到一个政策生根落地，长大结果，看到自己在当中所起的作用，这对他们来说意义很大。

这番话不像是他这个年龄的人能说出来的话，我对他肃然起敬了。我一向欣赏有思考有见识的年轻人。年轻一代的人通常喜欢一种演讲式的表达，眼前这位年轻人超越了一般的演讲，逻辑顺畅，思路清晰，三点之中还套着三点，最主要是他的话颇具见识。特别是第二大点，我是第一次听到，这是一个年轻人关于宗教、关于基层社会治理途径的一种思考。

这个年轻人出生于 1983 年，名叫赵振东，镇上的干部都叫他赵书记。

他才气逼人，再怎么客气谦逊、彬彬有礼也不能遮盖，他总是引经据典，妙语连珠。那些可以作为名言的话语，我相信都不是他从别处借来的，都是他工作实践的总结，是他自己的发明创造。他绝不滥用他的聪明和机智，总能适可而止。

他总能游刃有余地在侃侃而谈和谨慎庄重之间实现转换。他的话说得有趣有情，但一定也是有节有理的。

他说：脱贫攻坚，包括接下来的乡村振兴，最重要的是人才的振兴，这一点在村委会选举和村党支部选举中要特别体现出来。

2021年元月换届时，赵振东已经担任镇党委副书记，分管的是全镇的村党支部换届工作。

村两委会选举是中国最基层的民主建设。原先是三年一选，2020年改成了五年一选。村支书和村主任也改成了一肩挑，之前，每次选举都是最大的难题，能否选出合适的人，镇上和县上都很操心。

"我就是个炸碉堡的，最难炸的碉堡都是我抱着炸药包冲在前面。"这是赵振东的比喻。他说村民选举非常复杂，确实是各种势力的交织。想选出来一个合适的人，并不那么容易。

农村里的能人，不愿意回到村上来去面对村里那些鸡毛蒜皮的事儿。用能人的话说，整天脚下踩的是风火轮，头上顶的是避雷针，手里还要拿着金箍棒。看起来三头六臂，本事可大，其实干的全是鸡零狗碎的小事儿。每个月忙前忙后，工资待遇却不高，而且有些事情干不好的话，还得罪人，得罪的还都是本乡本土的人。所以有些能人不愿意上场，不登这个舞台。一两千人的村子，符合条件的扳着手指头数过来数过去，也就那么几个人。

还有一些并不合适的人，为了家族利益和个人利益却又千方百计想当选。

赵振东说：作为一个乡镇干部，在村委会选举之前，心里一定要有底气。这件事要求你做唯一一个有原则没答案的人，场上会出现什么情况你估计不到。你要会三十六计，同时也要有火眼金睛，在紧要关头你还要有霹雳手段，同时，你还时刻不能逾越红线。每个人进入选举会场，坐在你面前，都有自己的想法，你要确保把每个人思想上的堡垒攻破。在树林村选举时，双方候选人你架一个摄像机，我架一个摄像机，把选举的整个过程都拍了下来，就看现场到底有没有人作弊。这次换届有人还拿了棍子。为了防止意外发生，我们特意布置了投票通道，确保一人一票，严防七八十人同时投票冲击选举现场。我们还通知了公安和特警，在现场维持秩序。村上也架了摄像机全程摄像。

墓坳村的选举

墓坳村是个有名的上访村，村情民情非常复杂。

墓坳村2021年元月份进行的换届选举，足足进行了5轮。

那天下午6点钟，赵振东正准备下班时，接到闫军书记的电话，让他马上到墓坳村去，墓坳村党支部换届选举工作正在进行。

听闫书记的口气，就知道情况不妙。赵振东顾不得吃晚饭，带了一个干部，立刻赶赴墓坳村。

墓坳村的会议室比较大，层高也比较高，将近4米多，里面没有暖气，冷得像冰窖。正值元月份的傍晚，夜风起，从大窗户直袭进来。

墓坳村的党员来了40多名，参选的是两名女同志，赵振东进去的时候，前两轮选举都失败了。他是以救火队长的身份出现在会场上的。

他站在台上，发挥善于演讲的特长，先讲了这一次换届选举和以往选举的不同，又讲了全镇对换届选举工作的总体要求，以及对墓坳村换届选举工作的具体要求。

第三轮投票开始了。

提名的有8个人，结果出来后，两个人过关，但两个人的票数均没有过半，投票失败。

这时已是晚上8点，夜色深沉，塬上的风刮得更猛烈了，树叶哗哗直响，像是为这激烈的选举鼓掌助阵。

这样的冬夜，按照关庄人的习惯，很多人早已睡下了。

赵振东把党员分成几个小组，一组一组地谈话。他和每个党员都见了面，都谈了话。

第四轮投票开始了。结果出来后，又失败了：两个女性候选人的票数竟然完全相等，且两人离过半都差两票。

选得真是艰难。

此时已是晚上 10 点钟了。

会场炸开了锅，有人喊叫着要回家，有人已起身朝门外走去。门外，夜色更浓，风还是没有停息，黑沉沉的大地像是狂躁的巨人，树木摇摆不停，远处稀疏的灯光如饿狼的眼睛一般盯着这不安的村庄，那么炫亮，给人一种惊恐的感觉。

赵振东手拿电壶，给党员们添茶倒水。他来墓圪村时带了两包好烟，给每个抽烟的老党员挨个发烟，请大家少安毋躁。

接着分小组谈话，谈话的时候，他跟个别党员进行了私下交流，引导他们投票的方向，划定了几个圈。

然后第五轮投票开始。

也许是赵振东心里吃劲，此时，他觉得在会场里就像是淌在冬天的河里一样，凉气从脚下窜到了全身，他冷得发抖，牙齿也无法控制地嗞嗞作响。但他硬撑着，他对自己说，再撑一把，再撑一把。

他从台上走下来，给每个人亲自发票。

投票开始。唱票画票，画票唱票。

这时，两个票数始终相持不下的女同志中的其中一个，突然宣布放弃参选。

按照规定，票数相同的另一个当选了。

党委交给的任务总算完成了。赵振东内心激动，站在楼梯口，向每一个到场的党员点头致意，同他们握手，然后叮嘱村上的干部，开车把年龄大的党员送回家。

此时已是晚上 11 点半了。

当赵振东把选举成功的消息发到镇上的干部群后，全镇干部都在为他点赞。最难啃的骨头，最能上演电视连续剧的地方，在两委换届过程中，终于率先迈出了成功的一步。

农村人一天吃两顿饭，上午九十点吃一顿，午后四五点吃一顿，赵振东下午那顿饭就没顾得上吃，这时才觉得肚子开始咕噜噜叫了。

闫书记一直在新区等着他，等他的消息，给他准备了一场庆功宴。

饭菜上来时已是夜里两点钟了。吃饭的时候，赵振东的心里是喜悦的，看着满桌的饭菜也是香喷喷的，一种如释重负的感觉袭满全身，那是一种走过了二万五千里长征胜利会师的感觉。

5轮呀，心里的一块石头总算落地了。

吃完饭回到家已经快凌晨3点了，躺在床上，赵振东还在回味选举的事，回味那5轮投票当中出现的一幕幕场景。

每一次念名字的时候，他自己也偷偷地拿笔在本子上跟着黑板上的人画"正"字。他坐在主席台上拿眼睛扫过每个党员的时候，发现他们的眼神都很复杂。

每个人都在对他笑，但他不知道这些笑容背后的含义。

他回味着第四轮投票两个候选人票数相等时，会场下面炸开锅的情形。那时，镇上的干部、村上的干部，都认为今天晚上的选举注定要失败了。

他回想着，那些喊叫的人，有人说他头疼，要回家吃药；有人说他还要回去烧炕哩；有人说他低血糖，要回家吃饭……

他安排村干部给低血糖的人送来了饭，让他吃；要求回家烧炕的他安排邻居给烧；要吃药的人，他让人把药送来，现场吃。他竭尽全力维护着会场，不让人离场。他担心有人离开后，人数不够应到会人数的五分之四而导致选举失效。他做了一切努力促使选举成功。

他还回味起那些老党员，个别老党员特别世故，你跟他谈话，他就直接给你说：赵书记，你要我选谁我就选谁。如果自己很笨，上了他的当，说出某个人的名字，那就被动了，镇党委也会很被动。他不能说，但是他还要让老党员们知道他的态度。他就只能说：应该选一些年轻的，责任心强的，有知识、有文化的，特别是懂电脑的。

有个老党员还故意泄他的气，说：赵书记啊，都这么晚了，你也不要在这费神了，咱改天重新选。我跟你说你今天晚上选20次都选不出来。他一直给赵振东说泄气的话，说让赵振东提不上精神、变松软的话，而且给赵振东夸大事情的严重性和复杂性。

赵振东对老党员说：咱们两个今天晚上坐在这儿谈话，这是要对墓坳父老乡亲负责任的一场谈话，现在我们一口唾沫一个钉，砸出个窝，每句话都要落地有声。如果没有换届选举，我一个小党员，你一个老党员，咱们两个没有这么掏心窝子在一块儿说话的机会,在平时那个氛围达不到,那个环境达不到,那个思维达不到,那个情绪也达不到。今天晚上咱掏心掏肺地说几句负责任的话,到底该选谁?

他的话把老党员震住了。

赵振东回味了很多很多,思绪像野马一样奔驰不息。他想起第四轮选举失败的时候,那一刻主席台上只站了他一个,底下黑压压的一片人,他站在主席台上,眼神扫过整个会场的时候,特意在每个人的脸上都停留了几秒。他看到有同情的目光,也有看戏、看笑话的目光。有的目光像是在说,呦,真可怜,今天赵书记咋收场呀!还有的目光像是说,不能了吧,终于弄砸了吧!

不管党员们如何看他,他盯着每一个党员的眼睛,一排排地扫过去。他用眼神告诉他们,请投好这神圣的一票。他告诫自己,要用坚定和自信,把党员分散的心收拢起来,把凌乱的会场整肃起来。

当他感觉自己冷得发抖的时候,他点了一支烟,缓解内心的压力,给自己鼓劲。

他知道,其实会场上每个人都很紧张,都绷紧了神经。

有些人抽着烟,靠在椅子上貌似漫不经心的样子,当听到一个名字时,突然就坐直了身子,掐灭了烟。有的人把手里的纸片,一片一片地撕成了碎片片,浑然不觉。有的人低着头,耳朵却始终支棱着,一直在听唱票员喊的名字。

每个人的肢体语言都不一样,都和各自的心情吻合。

墓坳村的五轮选举,让赵振东刻骨铭心,那过程真是惊心动魄,那是场没有硝烟的战争。

赵振东说,最遗憾的就是今年元月份在墓坳村选举的时候,没叫我去,要是当时让我晚上跟他跑一趟的话,我就会知道那个选举是多么波澜起伏、险象环生了。

赵振东打赢了一场场选举仗,在群众中树立了威望,现在他去哪个村,群众都喜欢围在他身边,跟他说这说那。

赵振东成了老游击队员、老爆破手了,关庄16个村的选举,主持工作的同志一遇到碉堡,就把他搬去,请求支援。

七保村选举的时候,一下子来了1000多人,主持选举的干部看到乌云一般来了这么多人,就没敢下车,只把他一个人扔到了会场外。

他在会场外就被人挡住了。进到会场后,那些人还给他拍桌子,质疑他,顶撞他。

七保村有三大姓,吴家、陈家,还有刘家,这三大姓几十年明里暗里一直在较量,要写成小说的话,怕是比陈忠实的《白鹿原》还要精彩呢。

村两委选举,里面可能交织各种势力和利益,有经济利益,有家族势力,有宗族势力。这种情况下,一个村子的换届选举,等于是这个村子里最大的一件事情。

赵振东说,七保村的包扶干部把他请去的时候,毕恭毕敬地把他邀请到主席台上,然后对参会的人说:赵书记是我们今天选举的总指挥,有什么问题大家向赵书记请教,然后自己就下到台下了。

后来,他对包扶干部说:"你这家伙,狡猾狡猾地,我是总指挥,我怎么是总指挥?你是把我架火上烤哩。你脚底板抹油,溜了,让我给你挡子弹。"

好在赵振东最终"总指挥"得很成功。

要包就包最难的户

赵振东说：在确定谁来包抓某个贫困户的时候，镇上干部、村上干部相对来说更了解情况。他们知道哪些人，只要把政策给他，关心他，很快就能被帮起来扶起来，见效快，就如同给一瓢水，这个苗就长起来了；但有些人，即使给他提上十桶水，把他的地缝子都浇不开。

我们刚开始分贫困户的时候，上面来的帮扶单位的同志们心里都有一种担忧。担心镇上会把相对来说简单的贫困户留给自己，把难度较大的复杂的贫困户留给他们。

作为乡镇这一级干部，要对上衔接上面的帮扶单位，对下统筹村上干部的思想和力量，如果脱贫攻坚战伊始，我们就没有一颗公心，没有身先士卒的勇气，没有去炸碉堡的勇气，我们这个仗肯定也打不赢。

而且后面时间长了之后，你给谁分的这一户是怎样的情况，大家都会很清楚，纸里包不住火，哄得了一时，哄不了一世。如果因此让人家给你竖个小拇指，那就太丢人了。

我们乡镇要勇挑重担，自己主动把最难的、家庭情况最复杂的、底子最差的贫困户扛起来。

所以，我要包就包最难的户，我要帮就帮最难扶的户。只有这样我腰板才能硬起来，才能说得起话。

赵振东包的这一户是潦池村的张常娃，张常娃是个四级智力残疾，娶了个媳妇也是个四级智力残疾。两口子都是智障。张常娃比媳妇李敏敏似乎能好一点，还能与人进行简单交流。

两个人一辈子没有生育，抱养了一个女娃叫张蔓蔓。张蔓蔓智力正常，也已经长大成人，从邻村北坡村招了一个上门女婿。

他们这一家的户主不是张常娃，不是李敏敏，也不是他们的女儿张蔓蔓。这一家的户主是张常娃的弟弟张宏娃。

张常娃夫妻俩的残疾人补贴、低保补贴、粮食补贴等，全部都是弟弟张宏娃拿着。他对外宣称照顾着哥哥，实际也不怎么管，平常也很少给哥哥嫂子发钱，说他们不花钱，也不会花钱。

张常娃家里有两孔窑洞，前面有三间瓦房，两间住人，一间厨房，家里也没有苹果树，靠的还是种小麦。张蔓蔓婚后没有孩子，为了要个娃，到处寻医问药，喝了各种汤药，把身体折腾得病病歪歪。

赵振东在选择包这一户的时候，村上干部悄悄给他说：你可不敢包这户，这户你扶不起来，情况太差了。咱给你分个情况相对好一点的好扶的户，你也能有些成绩。

赵振东说：共产党的政策到哪都是一样的，共产党的政策不打折。总书记让咱们落实脱贫攻坚，省上能争取的政策，咱一定也能争取下来，关键就看你想不想干，想不想真扶。如果这一户人家大家都觉得难，那就证明我选对了。我不帮，我让其他人去帮，人家也会帮，但人家会觉着，咱在脱贫攻坚时对贫困户挑肥拣瘦。咱脱贫攻坚不是一天两天、一月两月，咱要干好几年呢，不能总挑肥拣瘦吧。

赵振东的话让村干部无言以对，再也找不到话来劝他了。

之后，他做的第一件事，是把张常娃的户主改过来，从张常娃弟弟改成张常娃女儿张蔓蔓。这样，各种补贴就不会再落到张常娃弟弟张宏娃手里了。

但这牵扯到家庭纠纷，弟弟肯定不愿意。心想：你没帮扶我家之前，国家给哥嫂的钱我一个人拿着花，多舒服。你一来，就要指手画脚地变更户主，这不是断了我的财路吗？

村上干部顾虑也大，不想插手家务事。赵振东就说服村干部。

赵振东说：这个事情不违法，再说，张蔓蔓已经成人了，又是一个健康的人，她是女儿，应当由她来承担父母的事情。我就是要把户主变更过来，他张宏娃如果有怨气，让他来找我，我来给他解释这个事情。

户主变更之后，各种补贴款都到了张常娃家里，这就保证了这户贫困户收入的稳定。

张常娃女儿一家还享受了贫困户移民搬迁政策，在关庄社区分得了一套房子。现在就在社区住着呢。

张常娃的家庭经济关系理顺之后，赵振东花了一年时间让张常娃知道他是谁。

赵振东说：2018年整整一年，就这么个简单的事，我花了一年的时间。

张常娃的女儿身体不好，也不太回家，平常家里也就张常娃和老婆两个，老婆更傻。

赵振东一闲下来，就到张常娃家里去，只为让他记住一件事，他是他的包扶人。让张常娃跟村里的人说话开玩笑谝闲传的时候，能给别人说出来是赵书记包的他，让张常娃知道他姓赵。

每次去潦池村，赵振东把村里其他人家的收入核算、入户走访、慰问、下雨天查看灾情、冬季防烟煤中毒等工作搞完之后，都要到张常娃家里转一圈。几个干部围了一圈问张常娃：是谁包的你呀？他姓啥呀？你指一指是哪一个呀。

可张常娃就是记不住。这回说了，下回去了又忘记了。整整一年，他才知道说：就是那个个子高的。再问：他在哪上班呢？张常娃会笑着说：在镇上上班。

赵振东调侃地说，这就是他包扶一年的成果。

为什么一定要让张常娃记住他？赵振东说，那时候他有一种担心，省上给贫困户打电话，或者入户走访的时候，会认为贫困户是对包扶干部不满意，或者认为他包扶时没出力，才会在包扶一年后，贫困户连他的名字都不知道、记不住。

快过年的时候，赵振东带着几个朋友到了张常娃家，对他家进行了一次彻底的打扫和改造。

他们扒掉了张常娃家快要塌的老土炕，给他盘了新的炕，把他家的窗户也拆了，安装上新窗户，原来墙上为给女儿求子贴的送子娘娘画也都被揭掉了，墙粉刷得白光光。然后把包扶清单、政策清单、联系电话贴在了墙上。

他们又把房子里的老柜子抬出来，把多年的老灰清理干净。院子打扫完后，他们又给空地上撒了花种，希望春天的时候，院子里开满了花，张常娃两口子能看到花开，闻到花香。

张常娃家门前还有一条土路，他们用煤渣和碎石子把路也给垫了。

他们连着干了3天，坐在院子里喝茶的时候，赵振东忽然发现，这个院子其实很有韵味。高大的柿子树树枝伸出了院墙，肥厚宽大、红里泛黄的叶子挂满树枝，像油画一般。

赵振东给张常娃发烟，张常娃高兴地接过赵书记的烟，还知道把自己的烟也发给赵书记，并给赵书记点烟。他终于认识赵书记了。

赵振东给他说冬天落叶多，要及时打扫，他一个劲儿地说：能行能行。

张常娃日子过好了，竟然也不那么傻了。

他还学会了对付那些欺负他的人。旱厕改造时，匠人把厕所位置放在张常娃家院子中间，为的是自己施工方便，张常娃让他把位置挪到边上，匠人不听。

你知道张常娃咋说的？

张常娃说：我说不下你，有人能说下你。

张常娃把这事给赵振东说了，赵振东就让匠人把位置挪了。

张常娃对匠人说：你看咋样，有人管哩。

赵振东说：对，有人管哩，你的事共产党管着哩，我就是共产党，你只管放心。

赵振东说：谁说张常娃傻，越没有人关心他，他就越傻。他们这样的弱势群体，尤其需要关心关怀，特别是对他们精神上的抚慰。为什么张常娃抽了我的烟会那么高兴，那对他来说，也是体面和荣耀，每个人都需要尊严和被尊重，有了这个，就是傻子也能获得快乐和幸福。精神的抚慰从身体上也能表现出来，张常娃一天比一天聪明，就是精神作用的神奇力量。

腊月二十九这天，赵振东给张常娃送来了肉和蛋，那是单位发给他的，他没有拿回家直接拿给了张常娃。赵振东还给他买了一身新衣服，给他媳妇也买了一身新衣服。

张常娃说：买这谝哩。同去的干部一下子愣住了。

赵振东理解张常娃的意思，他说这是农村人表示客气的词语，表现农民的朴实厚道、谦逊谦让。

张常娃说：让赵书记可又破费了。

赵振东说：不破费，后面还要买。你看合适不合适？

张常娃说：一看就合适。

赵振东又问：你看颜色咋样？

张常娃说：美得很。

两年半以后,赵振东再去张常娃家,张常娃每次都要送赵振东,他是那么地依赖他,一直把他送到村口,看着他坐上车。车走了,张常娃还站在那里一直望着车离去的方向。

　　有天下雨了,赵振东没有带伞,张常娃把家里的伞给了赵振东,自己淋着雨,也一直把赵振东送到村口。赵振东上了车,依然看见他站在雨中。雨水从张常娃的头发上流到脸上,像是流了满脸的泪,那一刻赵振东在拐弯处把车停了下来。他发现自己也流泪了。

　　他让自己也美美地哭了一回。

第七章

带着父亲孩子去扶贫

葫芦村：位于瑶曲镇东南7.9公里处。清代中叶，因该村旁有一水泉形似葫芦而得名葫芦泉。

——摘自《陕西省耀县地名志》

"风火轮"书记

李静对我说,有个驻村第一书记,是个女的,把车开得像风火轮似的,整天忙着给村民卖土鸡。我听说后对这位"风火轮"书记产生了极大的兴趣,于是马上打电话给她。"风火轮"书记果真风风火火,不到一个小时,就来到了我面前。

"风火轮"书记名叫赵慧,名字好听,人也漂亮,我和她聊得非常投机,也非常愉快,可以说,赵慧是我最喜欢的采访人物。她口若悬河,率直张扬,采访一直进行到晚上还没有结束。吃完晚饭,我们又回到关庄,开始了肆无忌惮的闲聊,到了深夜,月上柳梢头,赵慧干脆就住在了我这里。

赵慧真心地爱着她的葫芦村,说起葫芦村的人,简直就像说她的家人一样。这种情感,也不免令我更加地喜欢她。

赵慧说:我是2018年6月进村的,进村的时候我的小孩子比较小,只有一岁半,那个时候才刚刚学会走路。我还有一个大孩子,当时16岁。我是独生子女,我20岁的时候母亲就去世了。组织上派我去驻村时,说实话我非常犹豫。我父亲当时身患癌症已经三年多了。我每个月要到西安去两回,给我父亲抓药、看病。当时,我爱人也不在本地,在外地挂职锻炼。我把我家的情况也向领导汇报了,请组织考虑下我的实际情况,看能不能不去。

领导说:咱们选派驻村人员也是有条件的,你是党员,符合条件,不然你回家再商量商量吧。

我回去就跟我爸说:你看这事儿咋办呀?

我爸就说:是这,组织上看上你了,我身体还可以,你走你的,我没事。扶贫是国家的一件大事,这事肯定是有意义的,你要好好干,能出多大劲儿就出多大劲儿,别给人家胡弄。

我又给我婆婆打电话,我说:妈呀,我要进村去了,这娃咋弄呀?

我婆婆那个人，尽管只是个70岁的农村老太太，人却特别开明。当时就对我说：组织叫你去，你就去，你是党员，你能说我要管娃我不去吗？

当时，我公公身上装了九个支架，今天住院明天住院的。听说我要去村上，老两口一商量，该搬的都搬来了，他们在临潼的锅、春夏秋冬的衣服，还有我公公的药袋子、住院的用具等都带来了，他们做好了到我这里打持久战的准备，要全力帮我照看孩子，支持我工作。

就这样，我进村了。

我当时想得也比较天真：那村上的工作能有多少啊！我把我儿子带上，把我爸也带上，在单位还得坐班，进村后也不用坐班了，带上他们，我们祖孙仨在一起，我还能多照顾他们。

然后我就带着我爸抱着我娃去了。

我们这个葫芦村在大山里边，离县城有一个小时的车程，离公路边还有4里路，到了那里，像是突然一下子到了世外桃源。啊呀，特别漂亮，当时我进村的时候，咱那个路，我跟你说，一下雨不穿高筒的胶鞋就进不去。

进到村子以后，我首先要做的就是赶紧先熟悉村子里边的一些情况，了解一下群众的困难都在哪，这样才能够做到精准施策，有力度地去帮扶。

我每一次出去的时候都背着我娃，背着娃在村子里这边转转，那边转转。那小家伙不太会走路，有时候人忙得跟啥似的，也没时间给他喂饭，我自己都吃不到嘴里，更没时间管他。

我们那边的村民的确是好，他们看我忙，就把娃给抱走了，到晚上的时候再给我送过来。他们给娃喂饭吃，还说让我放心。

你看，说是咱去帮扶村民，其实村民也给了咱莫大的关怀、莫大的支持啊。这种爱才是人和人之间最宝贵的，真心给人家，人心换人心。

我是工人家庭出身，我爷、我姑也都是工人，当年也都是厂里的先进工作者。我刚参加工作是在西北耐火材料厂，我那个时候就是我们车间的先进，那时我才19岁，后来我到了公安局出租车辆管理处，是咱耀州区公安系统的先进，再后来我又到了运管所，还被评为先进。

我们家三辈人，可以说一直就是这样子过来的。

老父亲跟我进村后，我的宿舍里放了两张床，一张我和娃睡，一张让我父亲睡。

我刚进村时，没有地方吃饭，就自己拿的灶。去的时候本来想得好好的，把我爸管上，把娃带上，把饭做上，自由自在，也挺美的。

没想到，吃没吃的喝没喝的。结果，别说照顾我爸了，我一天忙得脚不沾地儿的时候，我爸拖着病重的身子，还得天天给我做饭。

我爸那个时候在村子里也给我做了很多的工作，一开始到村上的时候，我们与村民不是很熟，村民觉得咱是外面来的人，也有距离感。

我爸为了让我尽快打开工作局面，就带着村里的妇女们跳健美操，带着她们跳广场舞，村委会前那块小空地上的那个灯，还是我爸买的我爸安的。

没事的时候我爸就背着孩子在村里转，到这个村民家去谝谝，到那个村民家去谝谝。回来后就给我反馈信息，说这屋的情况可怜呀，那屋里有残疾人，这家一大家子也挣不了几个钱呀。你看有啥好的政策，帮帮他们，或者是给他们安排一个工作，弄个公益性岗位。

你看，我爸都知道扶贫的词了。

我们是夏天进的村，到了冬天，我爸给我说：哎呀，我不能在你这儿待了。我说：咋了，你咋不待了？我爸说：你这边风太大了，这山上的风野得很！夜里老是有风钻进来，把我半截胳膊吹得沉得抬不起来。我身体扛不住，我得回呀。

我把我爸送回家，给我爸雇了一个保姆，每天在村上给我爸打电话。

这之后，脱贫攻坚工作就更加紧张了，尤其是到了半年考核和全年考核的时候，就特别地紧张。紧张到什么程度？每一天光微信群中，就会同时下来好多文件，要求你填各种各样的表格，然后我天天晚上基本都要干到两三点，有时候干着干着，就睡着了，睡着了手里还摸着鼠标。

每天虽然没有单位的那种上下班时间规定，但是自然而然地，一大清早8点，我脸都不洗，就开始继续干。

那时候我有个本子，专门记每天的工作任务。一看群里发来一个任务，就在本子上记一条，再发一条，再记一条，干完一条，赶紧销一条，就是这样的情况。

脱贫攻坚经常会出现一些新政策，尤其是医疗上面，会根据情况的变动而变动，这些政策你必须马上熟悉，马上背下来。

那年 11 月份的时候,我爸病重了,我爸那时候一个人住在铜川三号信箱的老房子里,保姆每天去给他做饭。那天保姆给我打电话说:你得赶紧回来,你爸好像不太好。我问她我能不能第二天早上一早回去,因为我还要做个报表。保姆说:你还敢等呀?!你爸已经躺在床上起不来了。

我连夜把表做完,二半夜就开着车往家奔,到家时天已经麻麻亮了。我一看,我爸在床上气若游丝,人蜷缩在那里,看着很小很小,被子也很脏。

保姆说:你那表咋恁重要哩,你爸都成这了,你还能沉住气。

我立刻把我爸送到市医院急诊科,医院直接就给我爸转 ICU。我看到我爸满身都插着管子,上着心电监护仪,还有大型的氧气机,心里十分难过。

这次进医院后,我爸就再也没能出来。直到现在我都感觉对不起我爸,是我把我爸的病给耽搁了。

要是能早点送他到医院,要是他能得到及时的治疗,说不定我爸现在还能陪着我,同我一起笑,同我一起分享荣誉和骄傲。

我对赵慧说:你的故事真是太感人了,我如果专门写你的话,就用《带着父亲孩子去扶贫》这个题目。

赵慧说:我后来一个人在村上住。我爸走了以后,天也太冷了,我就把娃也给公婆送回去了。我一个人在村上住,没有水,又害怕。我们村的人住得都比较分散,山底下几户、山上面几户的。我住的那个地方说是村委会,跟村民离得八丈远,晚上也只有我一个人。我天天晚上干到二半夜,然后回我的宿舍去,我每次上床前都要把屋子检查一遍,用棍子把被子挑起来看看有没有蛇钻进来。我见过苞谷杆堆里藏有一窝蛇,瘆人得很。村里还曾有人被蛇缠住,差点被咬死。

我们村还有野猪出没,我可是遇见过。野猪闯进村的那天晚上,村民给我打电话,说是来了头野猪。我一听就急了,开着车就往他家去了,我当时也没想起我是个女的,急忙又给我们支书打电话,叫他也赶紧来。

村民说野猪跑进他家猪圈了,一家人都被困在屋子里不敢出来。

我们当时拿着棍子、拿着盆敲着,就轰野猪。野猪惊了,直接旋风般冲我们就过来了,吓得我一个箭步就蹿到地塄上去了。

我是亲眼近距离地看到了啥是野猪,那獠牙几拃长,跟小马驹一样高,嘴老长老长的,看着野得很。

野猪趁着夜色跑不见了，当晚我们就报了案，同时喊话通知村民不要出门。第二天，区公安局就派了射杀手李警官带着枪上来了。李警官在苞谷地里发现了野猪，头一枪就把野猪的腿击中了，最后野猪挨了13枪才被打死。

有时候我在村上干到晚上一两点了才开车回家。村民们就说：你都不害怕呀？二半夜的，在深山里开着车转来转去的，一个小时才能回到家。真的，我一点都不害怕，因为从小我爸就老跟我说，人的肩头两盏灯，行事光明啥都不怕!

我们村的人

我问赵慧：你们后来吃野猪了没有？

赵慧说：没有。听说吃野猪是犯法的，我们把野猪埋了。我们村的人都说可惜了，那么肥的猪。不过我听说野猪肉也并不好吃，肉嚼不烂。

我说：你这么英武的女书记，在村里一定干了许多英武的事情吧！你给我讲讲这个，讲讲脱贫攻坚中你做的工作。

赵慧说：说实话，2018年脱贫攻坚排名通报的时候，咱们在整个陕西属于比较压后的，那时候我就想，咱干的事别给领导捅乱子，这是最重要的。再加上脱贫攻坚是好事，咱一定要给村民把这件事情办好，让每个村民真正享受到党的好政策。

当时政策比较多，就"八个一批"政策来说，我深入了解了以后，发现这个政策太好了。好到啥程度呢？你看，产业扶贫脱贫一批，移民搬迁脱贫一批，危房改造脱贫一批，就业扶贫脱贫一批，生态补偿脱贫一批，社会保障脱贫一批，健康扶贫脱贫一批，教育扶贫脱贫一批。

先说移民搬迁危房改造政策吧。先给你举两户作例子。

一户叫陈信用，夫妻俩都是聋哑人，只有一个儿子。儿子身体健康，跑外面打工去了，留下陈信用夫妻俩在危房里住着。每次下雨的时候，村干部们都得第一时间到他们家去看房子，并设法把他们接出来。

陈信用家有间屋子，仰头就能看见天，每次下雨，后墙上都会湿老大一片。每次帮扶人到他家，陈信用都要拉着帮扶干部指给他看房顶的那个洞，还有接雨水的盆，比比画画不住地"说"着，想让其帮他修房子。

后来通过享受移民搬迁政策，他们一家搬迁到了耀州区城里，儿子现在打工也方便了，照顾老两口也方便了。移民搬迁政策解决了他儿子打工的后顾之忧。以前他儿子只能出去打个零工,后来在城里找到了售楼的工作,工资高,还稳定。

另一户叫严同行的,也是哑巴找了个哑巴,只生了一个儿子,儿子不聋不哑,跟陈信用家情况一样。不过,这两口子不愿意到城里来,因为他们的儿子在镇上学装修,他们想搬到镇上的移民搬迁点,以便于儿子发展。我们就安排他们搬到了镇上的移民搬迁点。这一家的儿子也争气,后来还成了装修小老板,娶了个上海姑娘,给他爹妈添了个小孙子。小两口在镇上干活,严同行当了保洁员,没事就领着小孙子在小区花园里逛。人家那儿子长得可帅了,比电影明星还帅哩。我让你看看照片。人家家还评上了"五星明星户",一家人幸福着呢。

有个老头叫陈尧民,不太有福。老两口都是快 80 岁的人了,领着一个傻儿子,在高高的槐树堡上住着,土坯房子多年来一直漏着雨。老两口种了十几亩苞谷,还种了点菜。他们不愿意移民搬迁,只想让把他家的老房子修一修。

我每次去看望陈老汉,陈老汉的老伴都会拉着我的手对我说:给我们修修房子吧,我们两个老了,没力气。陈老汉就坐在炕上对着我憨憨地笑,同时用渴望的眼神看着我。

陈老汉还有一个大儿子,平时不管老两口,还打过陈老汉的老伴,当时把他妈的头都打烂了,血溅到了墙上,村里人都知道。后来大儿子的儿子也打他,十几岁时就开始打他,村人都说:活该,你打你妈,你儿子打你。打得好!村里人管这人叫"折货",都不想惹他。

我们一开始先给这"折货"儿子做工作,让他给老人修房,他不理,也不管。最后,我们就给老人把房子修了。2019 年的时候修的。

房子修好后陈老汉没住几个月,在清明节的那天,因脑出血去世了。下葬那天我去祭拜,他老伴一路送我到村口,路上给我说:老头子也算不亏,总算是住上了不漏雨的房子。

这老两口也实在是可怜,他们的那个傻儿子老是胡跑。有一次,跑出去两个星期了,还找不到人。后来还是我们驻村工作队队员上山入户时在路边野地里发现的。当时他衣服也烂了,手也烂了,满头都是草,也不知道那两个星期他都遇上了些啥,吃的啥。

我说:我插一句,你们村"折货"多吗?像陈尧民老汉大儿子那种的。

赵慧说：唉，咋说哩，有几个。你想，不孝顺老人现在好像也难管，我们虽然会对这种人做工作，但人家不听，你能把他咋？我们村还有一个老汉，六个儿子，没有一个管他。说谁谁都有一大堆理由。说老人有个啥宝贝，没给他，给谁谁了，谁拿谁管，死了能埋他就行了。唉，心坏了，就凭各人心哩。国家应当制定法律，专门管这些不孝顺的、打老人的人。

但总的来说，我们葫芦村的人还是很淳朴的，过日子嘛，有时也难免磕磕绊绊的。

我们葫芦村享受移民搬迁和危房改造政策的一共有36户，看着这些人开心幸福的笑容，我很感慨。当时曾写过一篇小文章发在我的微信朋友圈里。遥想当年诗人杜甫的名句"安得广厦千万间，大庇天下寒士俱欢颜，风雨不动安如山"，这个梦想梦了几千年，一代又一代，一朝又一朝，都没实现，现在在中国共产党的领导下终于实现了。

我们葫芦村是贫困村，主要的致贫原因就是病和残。在这一点上，国家的健康扶贫政策和社会保障政策的作用特别突出。我对此体会特别深。

我们村有位老人，是上葫芦组的。他和老伴都已经是80多岁的人了，常年有病。老两口一个躺在炕东头，一个躺在炕西头。啥时候见他们都是在炕上，拉着被子。老太太还是白内障，已近失明。老两口经常是这个刚出医院，那个又进医院。他们就只有一个儿子，被拖累得快40岁了还找不到媳妇，也没法出去打工。家里面更是一贫如洗。

健康扶贫政策对于他们家来说，就如同救命稻草。咱耀州区健康扶贫政策里面有一条规定，贫困户住院不用交押金，可以先住院后结算，报销比例高达95%。另外，我们针对这个家庭的困难又根据社会保障政策，给他们一家上了低保。紧接着，我们又给他儿子安排了公益岗，每个月都有600元工资。

就这样，这一家子被救活了。

这种情况很多，在我们村，一个家里要是有残疾人或者病人，这个家庭就会被拖垮，这是个非常现实的问题。

我说：你讲的这些事情，都很耐人寻味，很值得思考，能为我们国家的医疗保障和社会保障政策提供很好的依据。

赵慧说：我再给你讲一个故事吧。

我们村里边还有一个贫困户，叫党有群，也是上葫芦组的。他们家里边是弟兄两个，他妈年轻的时候就守寡了。

他妈当年坐月子的时候，因为住的窑洞太烂，不出烟，眼睛让烟给熏瞎了，双目失明已经几十年了，家里条件很不好。

党有群的哥被招赘出去了，疫情那一年，就是 2020 年，他哥得脑瘤也不在了，他妈就剩下他一个儿子了。

他哥当年招赘出去也是因为家里穷，娶不上媳妇，招赘出去就是为了能有个活路，给这个家留个后，这样他哥就去当上门女婿了。这也是贫穷人家的无奈之举吧。

党有群今年已经 50 岁了，一直都没有结婚，在家照看失明的老妈。他们家是典型的因残致贫，因为要照看母亲，党有群也一直没有出去打工。

党有群年轻的时候，人可勤快，就是现在也可勤快，家里面收拾得可干净，把他妈照顾得也可好，人一说起来都说他可孝顺了。

党有群一直出不去，不能走远，就在家里养鸡。他那个时候养鸡可怜得很，因为不会开车，也没有钱去买车，连个自行车也不会骑，不过山里面的土路坑坑洼洼的，也开不成车，他就是走路，靠两条腿，硬走路。

党有群跟我说，那时候，他每天二半夜三四点就起床了，起床以后就开始做饭，做好了给他妈放到炕头，然后他就用扁担担着笼子，挑两笼鸡蛋翻过两架山到市区卖。一直要走几个小时的山路，赶天明到王家河煤矿售卖。肩膀基本天天都被磨烂磨肿，但还要趁天黑前赶紧往回赶，给饿了一天的老妈做饭。

因为家庭的这个拖累也没媳妇，想给人家当个上门女婿也不行，守着失明的老妈，咋出去呀！也有人给党有群介绍过对象，人家女的同意让他上门，看他也够勤快，是个好劳力。但人家不同意他带老妈呀！所以大家给党有群介绍了十几个对象，没有一个成的。

针对他们家这个情况，村上给党有群安排了一个公益岗，一个月 600 块钱，就是让他有个工资，每个月有一点固定的收入。再就是根据他妈双目失明的这个情况，给他妈评了一个重残一级。另外，给他妈还弄了个重残补助，一个月补助 100 多块钱。

还有一个，党有群有个侄子。这娃也可怜得很，他爸去世后，娃直接就离家出走了，刚上初二孩子就离家出走了。

咱镇上管教育的陈镇长找到我说：赵慧，这可不行啊，这初二的孩子他好端端的就这样辍学可是违背咱们的扶贫政策的，按照政策要求，孩子们必须都要上学，不能有一人因贫困而失学辍学。

然后镇长说：赵慧这咋办？

那咋办？我们就去找这个孩子，最后在一家私人修车厂找到了这孩子。孩子哭着不回来，说：我爸不在了，我要管我妈。我们家没有钱，我不能再上学了，我要出去挣钱，我要养活我妈，养活我奶，养活我叔，我要挣钱。孩子哭得跟啥一样。

然后我就去找党有群，党有群不是这孩子的叔叔嘛，我跟他说：我明天就去镇上，把娃这件事情专门向镇长和镇党委书记进行汇报，争取给你家办理低保让孩子上学。我说如果办成了，每个月低保到账，你把娃这份钱给你嫂子送过去，但是必须要求你嫂子给娃做好思想工作，不能让娃再辍学。

第二天，党有群领着侄子就来了，当时我正开着会，看见他们我就赶紧出来了，我出来后，这孩子就看着我。

我看着那孩子，才那么大呀，那双手黑的。他给人家当修理工，你知道吧，才十来岁的娃娃给人家修车，手上都烂了呀。娃说老板一天只给他10块钱，他啥活都干。

我说：你都干啥啊？那些铁部件你能搬得动啊？你那么瘦的孩子。

当时，我看见娃这样子，哎呀，我就哭了。我就这样一把把娃抱住，抱着他。

我说：好娃哩，你瓜得很，你可不敢辍学呀，你放心，我跟你说，娃，你们家是贫困户，你就好好地把这初三念完，不管你学得动学不动，你把初三学完。如果你想上高中，你就上高中，国家还资助你，还帮助你，还让你上高中，不会让你因为没钱上不了高中。如果你不想上高中，想去学手艺，你不是想学汽修吗？你不是喜欢修汽车吗？行，咱们国家还有针对贫困户的专门的就业政策，让你去汽修学校学习。还是陕西汽修学校，这是个正规学校。只要你好好学，成绩优异陕汽就把你招聘了，姨跟你保证。初三毕业后你就来找姨，送你去上学，去学手艺，都能行！

当时在场的他姑、他妈、他班主任……都哭了。哎呀，我说：好娃，你受苦了,我娃受苦了。

他妈也感动呀,他妈加了我微信,到现在他妈都老给我发微信,说:要没有你,没有你赵书记,这个娃可咋办啊。

现在这个娃一直安安心心地在学习,今年马上就要初三毕业。

赵慧说:咱们不是围绕着"八个一批"政策在说吗?刚才那个算是教育扶贫和社会保障扶贫。我再说说我们村产业扶贫方面吧。

我们村一共是190户人,其中贫困户就有59户。过去主要是种玉米,也没有大产业、大项目落在我们村。因为地处偏远,在山里面嘛。

说到产业扶贫,我就一直在琢磨,什么产业适合我们村。

我记得我刚进村的时候,才开始熟悉情况呢,村民们不太认得我。有一天,我去村民家转,主要想听听他们的想法和意见。准备走的时候,有个老头拉着我的车门,把一盘鸡蛋举到我面前,对我说:你看咱的鸡蛋,价格便宜,还是土鸡蛋。我说:不要,我回呀!老头说:带上一盘吧,带上一盘吧。当时那个老头的声音,那个祈求的声音,让我的心呀,简直是碎完了!

回到家我一晚上都没睡着,我就在那儿想,咱村的鸡蛋这么好,当时也问了很多村民,都说这土鸡可好了,我也亲眼看见了我们的土鸡满山崖跑着呢。我们的鸡好看得很,健壮得很。我们村有得天独厚的条件,养土鸡卖鸡蛋在我们村一直都有传统。可是,为什么卖不出去,卖得这么难?

原因就是没有路。出不去,人家外头的鸡蛋卖1块钱,咱村里的鸡蛋也卖1块钱,但是这个路不行,东西拿不出去,好东西没人知道,没人认识。

咱们村里有个养鸡能手叫苗有水,能得很,他养鸡的确是有绝招。他给鸡吃油,就是咱的豆油,豆油是食用油,人也可以吃。用他的鸡做出来的那个"月子鸡汤",味道特别地香呀。

这个苗有水是咱葫芦村下葫芦组的组长,咱村不是分上葫芦和下葫芦嘛,上葫芦在山顶上,下葫芦在山根子里。他也跟我谈过发展养鸡这个事情,但就是很担心销路。

我对苗有水说:你只管建鸡棚,实在卖不出去,我就回去找我的亲戚朋友派发。谁不吃上几只鸡?两只不够,就一个人分五只。

我这么一说,苗有水就有了劲了。他建鸡棚的时候,我还带我家姑娘去给他帮忙,给他干了好几天活。他的鸡养得好,正赶上那一年很多人参观冰瀑,咱宣传得也好,他的2000只鸡很快就卖完了,那一年就挣了好几万。

咱村还有个贫困户老刘,看到养鸡有效益,也特别地有激情,立马行动开始养鸡,通过养鸡今年还买了一辆面包车。我说:老刘,你现在也算有房有车的人了!他高兴地说:是哩。

为了帮村民卖鸡,我也确实是费劲了。我在蛇皮袋子上写上我们村的广告,贴在我的车上,我车停在哪里就等于宣传到了哪里。别的地方不让咱贴广告,咱就贴咱车上。

2020年春节,因为有疫情,我还担心鸡难卖,哪知只用了19天,我就把我们全村的鸡卖完了,就19天,一天不多,一天不少,我天天都算着哩。

桥的故事

我说：你们村还有冰瀑呀？是跟玉华宫的冰瀑一样的吗？

赵慧说：冰瀑是我们村开发的一个旅游项目，我一会儿给你说。我想起了一件事，特别感动。我先给你说这个，我害怕一会儿忘了。我们村的故事太多了。

我先给你讲一讲桥的故事，就是我们村寨子湾槐树堡桥的故事。

2018年，瑶曲发生了百年不遇的大洪水，那天，槐树堡的村民打来电话说桥塌了，我立马开上车叫上我们村主任，奔向槐树堡。

槐树堡离村委会有将近40分钟的车程，山上面住有几户人家，有前面说的危房改造那一家的老太太，还有王丁水。

王丁水是一个养羊的，养的奶羊。王丁水还是一个四级残疾，他的胸取掉了几根肋骨。但王丁水非常有志气，家里边养了60多只奶羊，主要也是靠卖羊奶为生，每天往出送羊奶。

山上面还有一个叫陈卫平的，在上面种了很多苹果。这些人家山上面还有很多的苞谷，大概100多亩，大致就是这样一个情况。

槐树堡山下面有一座桥，那桥是座老桥。

那一年，山上有一个老人，就是那个憨憨的不爱说话、坐炕上眼巴巴等着我给他修房子的那个老头。哎呀，你忘了吗？就是那个有一个傻儿子还有一个"折货"儿子的那个老头。他不是房子修好没住几天就死了嘛。

那天老头突发疾病，几个小伙子做了一个简易担架，把老头抬到河边，看着滚滚河水，救护车在对面，近在咫尺，就是过不去。最后几个小伙子淌着冰冷的河水，把担架举过头顶，把老头送过了河。

经过这件事后，山上这几户人家就自己捐资，自愿每一户出2000元，就连稍稍有智力残疾的，也拿着钱要捐资。然后，陈卫平出去购买水泥管，一层一层地垒起来，铺上土……他们就这样修了一个简易桥。

那天，这个桥塌了，陈卫平当时就给我发来了信息。我过去时，正好与养羊的王丁水遇上，王丁水用担子挑着刚挤的鲜奶，正要蹚水过河，去奶站交奶。

王丁水挑奶过河，脚下一滑，奶桶翻了，奶都洒了，顺着河水流走了。那两桶奶把河水都染白了，看着可惜得很。王丁水对我说：书记呀，槐树堡没有桥了，槐树堡人再也没有力量修桥了。

我亲眼看着这一切，心里难过得不行，我现在想起王丁水的话还是想流泪。

我对村主任说：走，跟我到交通局去。

第二天，我们两个人早上6点出发，7点就到了交通局门口。我知道我们局长这人勤政，每天早上都会提前到，然后我们就把桥塌的事情给局长汇报了。

没想到，中午王局长就给我打电话，让我往槐树堡走，说他已经到了。

王局长和我一块儿看了看桥。当天下午设计队就过来开始测量。

修这个桥的过程中还遇到了一些波折。开始是因为瑶曲主干道坍塌严重，修桥机械过不来，迟迟不能开工。咱就给村民做工作说：你们再忍耐些，先绕着过。绕着过要翻一道梁哩。我说：先把咱的主干道修好，回过头来就修咱的桥。

村民说：只要交通局能给我们修桥，咱要人给人，要力出力。占咱的土地，咱也不要赔偿。

又过了快两个月，才拐过身来，腾出工夫给咱槐树堡把这个桥修了。

这桥当时修好了以后还拆了一回，代价有点大。当时施工队是按照老桥原样在原位置修的。修好后王丁水给我打电话说：书记有个事我都不好意思给你说，咱这个桥是按原桥修了，可是咱原来用这个桥的时候没有手扶拖拉机，没有三轮，现在有了机械，头调不过来。要不这个桥咱不装护栏了，这样子就比较好拐一点。

我听了以后，赶紧开车去现场看了看，的确如此。

我就又去找我们局长，我把那视频拍了，让局长看。局长说：拆！修桥是为啥哩？没有护栏群众的安全咋保障？咱修桥不光是为了群众出行方便，还要利于产业发展。

这桥就又修了一回，比原来宽了。

桥修好后，葫芦村的群众自发地来到交通局，手里提着核桃、苹果，来感谢交通局。当时群众还要求在桥上立一块碑，给桥定个名字，叫"连心桥"，局长不让。

今年我们给村上把路也修了。秋收的时候，村民直接在路上晒苞谷，黄澄澄的一片。村民说，从来没有在这么好的路上晒过苞谷。他们把图片给我发过来，高兴得跟啥似的。

2020年，脱贫攻坚快结束的时候，不是有一个普查嘛，普查组要见贫困户本人了解满意度。

那天下着大雨，山上的那个老太太，就是陈老头的老伴，专门让她的女婿骑着摩托带她下山，要在上级的面前替我们说句好话。

当时我在山梁的这边接她，下这么大的雨，老太太打着一把伞，淋得跟落汤鸡似的。哎呀，我一看，太感动了。我又是哭得跟啥似的。

2020年年底省上组织那个复查，是县和县之间的交叉普查，比如陕南人到咱们这儿，咱们可再到陕北去，陕北的到关中去，就这样交叉异地普查。普查要求，一人不落人人都要见面，要听贫困户本人讲对脱贫攻坚是否满意，对干部是否满意。

老太太说：唉，我这贫困户没一点能力，说话总行嘛，给你们添句好话总该行吧。

我说：老太太说得真好！但也说明你们做得好，正因为你们做得好，人家才愿意给你们说好话。

我还说：有机会你带我去槐树堡走走吧，我想看看那老太太，看看你们修的桥。

我带你去看冰瀑

赵慧说：这个季节去最好了，咱们现在就去吧。现在刚刚3月，我们村气候冷，比外面低好几度。我带你去看冰瀑，我们村的冰瀑可长时间都不化，化的时候它就是瀑布，也很好看，因为那水特别清，清亮亮的。

我说：还是你先讲讲吧，我先听一听。

赵慧说：我正要给你讲冰瀑呢，这话就赶到这儿了。

这个冰瀑也是让我特别感动的啊。当时，我们村的陈卫平对我说：葫芦村有一个地方，你应该去看一看。

我就去了。那是个瀑布，夏天是瀑布，冬天整个河川都结成了冰。各种各样的冰柱造型奇异，整个冰川晶莹剔透，如同进入童话世界。

我当时眼前一亮，多好的景色呀，我们村还有这么好的美景，能不能把它开发出来？随后我们就叫摄影家协会的人来拍摄，然后区文联组织了一帮子笔杆子开始写我们的冰瀑。那年冰瀑那个宣传啊，看到的人没有不喜欢的，照片、视频到处都有转发的。

星期天，我在家休息，村主任来了电话，说：书记，你快快往葫芦村走，不得了了，村里来了很多人，都要看咱们的冰瀑哩。

我就赶紧上去了。

哎呀，小山村沸腾了，从来没见过这么多的人，这么多的车。

养鸡的那个苗有水，就站在路口，自发给车辆指方向，跟个交警似的。

村当间的石板上坐了一溜老头老太太，他们在晒太阳。他们看着车一辆接着一辆过去，一个个瞪大了眼睛。

养奶羊的王丁水，不知啥时也从槐树堡下来了，站在桥头，两手操在袖子筒里，"哎哟妈呀""哎哟妈呀"地叫，过一辆车，他叫一声，过一辆车，他叫一声，叫的时候身子一斜、头一歪，样子可笑得很。

我一看这阵势，赶紧就在村微信群里跟村民们说：大家赶紧把东西都拿出来卖啊，有啥卖啥，哪怕就一碗苞谷糁子也赶紧拿出来卖。

我们村有个叫春侠的，是个巧媳妇，做得一手好饭菜。我就赶紧给她说：来了这么多的人，没有地方吃饭，你赶紧弄一个牌子，摆出来，上面写上"吃饭点"。

春侠就赶紧弄了个"吃饭点"的牌子，接着让她男人小跑到镇上轧了一袋子苞谷面饸饹开始蒸，又喊苗有水赶紧抓土鸡。春侠灵机一动把土鸡汤起名叫"月子鸡汤"，游客们都来喝，喝了一个个舔着嘴唇说好喝。就那一回，我们村的"月子鸡汤"一炮打响。

人太多了，考虑到安全问题，我们就让我们的公益岗、护林员全部上岗，在冰瀑维护安全和秩序。我们一共有三道冰瀑，几个点上都安排了人。

我们村的人好呀，好到什么程度吧，这些人都不叫苦、不叫累，谁上谁下自动换岗根本不用人管。而且，他们每天早早就到冰瀑这儿来了。游人还没来的时候，他们就来了，全是自发的。他们还拿着家里边的镢头，因为进冰瀑没有路，他们就挖路，就这样不停地挖。走几步路挖一个坑，让游人踩着坑往山上走。

游人太多了，不到一天就踩得走不成了，他们第二天又挖。护林员们害怕有人扔个烟头啥的，也全部都上。

方中明那个老头，在山口处设了一个茶水摊子，就烧水，弄了一堆干树枝点着烧茶水，专门免费供茶水。这老头平时看着蔫蔫儿的，其实也可聪明了，老头用烂铁丝挝了一个铁架子，架在干柴堆上，上面放上一把铝壶，干柴火咔嚓啦啦地燃烧着，一会儿一壶水就烧开了，那些来看冰瀑的游人喝着冒热气的水，还围着方中明老汉的火堆烤火。游人们说我们村里的水也好喝，甜得很，润嗓子得很。这会儿都感觉我们村里的啥都是好的了，游人们看见啥都稀罕得不得了。见啥都见啥都照，我们村的山，我们村的树，我们的森林，都叫他们拍全了，还拍野鸡、松鼠。他们拍照片也可下功夫了。

拍得最多的当然还是冰瀑，各个角度都让他们拍了。还有冰瀑下面的小溪流也让他们拍走了。

当时葫芦村的冰瀑，真是特别特别地红火。

有点可惜的是，因为我们这个冰瀑太深太高了，往里面进确实有点危险，后来被禁止参观了。就看以后能不能有人来投个资，修个路，修个台阶，修个栏杆，让人们来参观。

但因为冰瀑的名气，现在，人们逐渐由参观冰瀑转为参观我们村了。

我说：冰瀑真是让人无限向往呀，你要争取资金早点把冰瀑打造成旅游景点。听你讲，你们村的人是多么渴望脱贫，渴望致富啊。

赵慧说：姐，你不知道，我们村子真的很美，真的特别漂亮啊！姐，你有没有见过紫气东来？我可是知道什么叫紫气东来。我们村就有这种景观，我亲眼见过的。

那一天，刚刚下过雨，我正开着车从镇上绕山拐弯的时候——我们村有个词叫"人抱山转"，我正"抱山转"的时候，突然就一道紫气扑出来了，从山里扑出来了，像是喷气式飞机那道雾一样，接着就散开了，徐徐散开了。还带彩呢，像彩云，又不是彩云，就是雾，就是气，紫气东来，好看得很，奇妙得很！

我们村还有漫山遍野的鲜花，各种各样的颜色，太美了。春天，咱县城是阴天，暗得不行，你只要一拐过文王山，就是我们村那个山嘴，突然一下天就亮了明了，就感觉到好像人行走在太阳底下，就那种感觉，太漂亮了。太阳不照县城里，就光照我们村，直直地对着我们村。

有个飞车队经常来我们村，全副武装的摩托车队，不知道从哪来的。在我们村蹿上蹿下的，突突地，还拍照，还摄影，都是被我们村的景色所吸引呀。

我们村的人，现在也见世面了，见大世面了。

我常给村民们说：国家的"八个一批"政策，你挨个往过看，真的是好政策，没有一个不是好政策，一个政策比一个政策精彩，我就用"精彩"两个字来说，真的是这样子的。

我爱人其实不支持

我说：你也很精彩，你讲述得更精彩，我被你这种精彩震撼了。

赵慧说：姐，我现在也算是把心给打开了，我就这样一股脑儿地把我的心里话，包括对脱贫攻坚的整个认识和我心中的感动感悟，说给你听。

我爱人其实不支持，不但不支持，他还拖后腿。他一是心疼娃，二是心疼他妈。他还爱提我爸，说我对我爸是那样的，说我的心不是肉长的。他就直接这样子说。

我对我爱人说：你咋能说出这句话？你说，组织上把你放到这儿来了，村民们热情地期盼着你。你让我去给领导说我不干了，没办法说这话，是不是？

我爱人打电话问我回来不，我说村上有事回不来。我爱人就在电话那边气得啪地挂掉电话。

我爱人是狱警，也很忙，他在大荔挂职。

我爱人回来，不满意我这种情况，问我：你说这个家你还要不要了，这个家还能待不能待？

你说我咋说，我村里边的事情我咬紧牙关，我绝对不能放弃，我家庭这些事情，我也要咬紧牙关，我不能放弃。

我就哭，我自己就累我自己，我天天晚上不管多晚都尽量回来。

但是我爱人，他想逼我，我知道他是想逼着我不要干了。我晚上回来，他就把门给我反锁住，半夜一两点啊，我回到家，我咋开门都开不开。

我只能开车回到村上。一路上，我就放着一首歌，那歌就是写扶贫干部的。有句歌词是：我们走在扶贫的路上，老百姓冷暖挂在心上。那歌词写得真好。我说真的，我脑子里就是想着我们村民。真的，我跟你说，我真的就是那样想的啊。

每一次听到那首歌，扶贫干部的那个歌，都深有感触，哎呀，真是我们这些人的真实写照呢。

一条路，忘记走过了多少次
翻山越岭，脚步从来没停止
我要为你带去希望的光
为你谱写告别贫穷的故事

我们葫芦村可美了

我说：你们葫芦村这个名字非常美，有画面感，给人带来好多想象，还有诗意。这个名字一定是有来历的吧。

赵慧说：我们葫芦村呢，是在山大沟深的一个地方，正儿八经山大沟深的一个地方，离城离镇离公路都很远。可以说，我们葫芦村是山窝窝里的山窝窝。

但是，我们葫芦村人杰地灵，而且没有重工业，没有污染。到了每年的三月份，你到葫芦村去，满眼都是野花，漂亮极了。山里边雾蒙蒙的，层峦叠嶂。这里植被覆盖率高达85%，是天然氧吧，也是休闲以及养老的好地方。

尤其你看，春天咱有野花，夏天还没有蚊子，冬天咱有冰瀑，到了秋天的时候到处都是黄灿灿的玉米。我爸头一次来时说，这玉米长得比人都高。跟你说啊，秋收后，家家门前都挂着玉米棒子，一片金黄。晒玉米的时候，黄灿灿一地，天气好的时候，太阳一出来，那玉米晒着晒着，一粒粒饱满得好像都要蹦到太阳里去。

我们村子呢，一共有三口古井。

我这就给您说一下，为啥我们村子要叫葫芦村。

我们这葫芦村，一边是文王山，一边是武王山，被两座山夹着。相传周朝的时候，周文王曾带领着王公大臣来咱这儿打猎，还在咱这儿练过兵，待了大概有两个月的时间，这不是咱随便说的，《耀州志》以及《同官县志》里都有记载呢。咱《同官县志》里边也说"登高凭眺宛然在目"什么的，这些都有记载。

咱这还有一股泉水，常年喷发，所以以前老发生水患，搞得民不聊生。周文王来后，拿着一个磨盘就压下去了，结果把这一股水压成了三口井。现在这三口井都在，一口在咱这上葫芦，村民现在还吃着；一口在咱下葫芦，就在村委会旁边；还有一口井在窑窠组冰瀑那儿。

上葫芦和下葫芦的井遇到大旱的时候会干，窑窠的井却从来不干，可供一村人饮用，而且不结冰。它离冰瀑那么近，冰瀑一条川都冻成了冰的世界，这口井却从来不结冰。

我们村里没有大脖子病，没有柳拐子（大骨节病），多少年人都长得直溜溜的。

当贫困县贫困村退出时，水质是否达标也是其中一条重要的标准。考核时对全区的水质都进行了化验，我们葫芦村的三口井全部达标。我们村里的残疾人都是先天的聋哑呀，后天的车祸等，跟水质没有关系。

据说以前葫芦村曾有过一次大旱，靠着这三口井，村里的人都活了下来。

继续说葫芦村这名字咋来的吧，周文王不是用磨盘压水了嘛，忙完后他想洗手呢，就亲自跑到下葫芦村去取水，结果不小心把盛水的那个金葫芦掉到井里了。那井水就不一样了。

有个村民说，过去有个小伙子的妈妈得病了，躺在床上起不来，小伙子就老在这个井里取水给他妈喝，后来小伙妈妈的病竟自己好了。

后来我们村子的名字就叫葫芦村，人们在这儿生息繁衍，一代一代。

下葫芦的井边还有一棵槐树。

还有个村民说，他听到过大槐树哭，我们都说那可能是风吹的。这村民非得说就是大槐树哭，还说他在屋里都听见了。村里有些人还扯红布条子，挂在那大槐树上，把大槐树当成神树。

解放前，好多陕南人都往咱们铜川这个方向来，说是陕南那里受饥荒了，饥民们来到这里，就成了我们窑窠组的一部分。古家山、寨子湾、槐树堡，这三个地方的人全部都是外来户，大多是陕南来的难民，也有一些湖北来的。然后一代代在咱这儿住，成了咱们村子的人。

养羊的王丁水，他就是陕南人，好像养鸡的苗有水他祖上也是陕南的。老光棍党有群，好像是湖北来的。还有那老两口，他们家好像也是陕南的。

我们葫芦村各项国家的政策，全部都能够推行得开，这与我们葫芦村的村民们有革命渊源，是分不开的。

我们村解放前还被火烧过一回。

当年，照金那边闹革命的时候，我们葫芦村的好多人都给那里送枪、送粮。村里面有地下党，群众还掩护过地下党。有个人牵着一只黑山羊，装成是放羊的，以此为掩护，整天在村子里边宣传革命。他是从富平那边过来的地下党员。

国民党保安团为了阻断我们村和照金之间的联系和来往，就把我们整个村子都给烧了。

有个婴儿就在这场火灾里被烧死了，孩子的父亲回来后，给活活气死了。

我们村有个老人还给我念过火烧葫芦村时候的歌谣，大意是说，机枪架在窑窠堡，老牛一走一回头。老牛都哭了，一走一回头地哭，就讲当时的那个凄惨的场景。

这事是真的。当年火烧葫芦村时烧炸的老牛槽和石碾子都还在呢。

后来共产党打回来的时候给葫芦村村民们报了仇，把当时保安团的那个团长给枪毙了，另外还枪毙了三个主犯，就在咱们上葫芦村。

我们村有个保长，给国民党保安团干事儿，烧村的时候这个人还算好，给村里人提前报信了，所以人都逃走了，村虽烧了，但人大部分还都在。

那个保长家就在上葫芦村，他的后人还在，他有一个儿子后来还加入了共产党。

这都有一套资料呢，我们去问过，说这属于民国时候的东西，还没有解封，还在咱档案馆里边存着呢。

我赶上了，我值

我说：你讲得太好了，让我也爱上了你们村，看来我是必须要到你们村上去一趟了。

赵慧说：姐啥时候去，我来接你。我以上给你讲的，我都让你亲身感受一下，肯定比我讲得还有意思呢。其实吧，还有资料上说，是因为我们村有个泉像个葫芦，所以叫葫芦村，要我看，我们村的形状就像个宝葫芦。我每次开车走石瑶路快到我们村的时候，我就在山顶上找个地方停下车观察我们村，有一天我忽然发现我们村就是个大宝葫芦。不信，咱去的时候我带你去看。最好冬天去，看得比较清，春天、夏天、秋天都不行，树木太多了，都挡住了，冬天看得最清。其实冬天葫芦村也可美，田野一块块的，房子——我们村老房子可多了，还有石板房——都露出来了，从上葫芦到下葫芦，从上往下，就是山中斜挂着的一个大葫芦。

我说：驻村三年，我看你和村民真是打成一片了。你们村那些贫困户，你一个个说起来就像说自己家人一样，那么了解、那么熟悉，这太难得了，真的。我想问的是，驻村三年，你最大的感受是什么？

赵慧说：驻村三年，我与葫芦村的村民，还有这里的草草木木，都结下了深厚的感情，即使我以后离开村庄，这里都是让我永远牵肠挂肚的地方。

现在，葫芦村的路、桥都修好了，我最大的愿望就是能有更多人来葫芦村，来买葫芦村的产品，让村里的人过得越来越好。

我说：我想最后再问你一个问题，你爱人后来理解你了吧？

赵慧说：是的。如果让我用一句话来形容我这一段人生，我会说，我在最好的年华里，参与了一场轰轰烈烈的大战役，我赶上了，我不负韶华，奉献出了我自己，我觉得我值。

第八章 中吕村来了个美女

中吕村：1958年建政时以辖区中底村和吕村之首字得名。吕村，清代中叶，村以居民姓氏得名。中底村，该村旁边有一墓冢，清代中叶，以该村位墓冢之底（墓冢高而村境低）而得名冢底村。"中"系"冢"之谐音。

——摘自《陕西省耀县地名志》

我像个上访户

有一天,我去村上采访,坐了一个女干部的车。女干部很豪爽,两个小酒窝里贮满笑容,笑起来像一朵盛开的月季花。

在关庄社区的安置贫困户的过程中她曾遇到过几次麻烦,说起来还挺惊险的。

关庄社区最初在安置贫困户时,专门成立了公司,由公司来进行分配,结果后来出现了很多上访的。等到五号楼分配的时候,公司就不愿意再承担分配任务了,公司让镇上自己分配。

于是分配房屋的事情就落在了焦秀丽的头上,当时她负责贫困户安置的项目。

接下这个工作后,其实秀丽心里挺犯愁的,因为分给贫困户的房子一住就是一辈子,如果分配不好会很麻烦。秀丽他们曾经考虑过摇号分配,但那样貌似公平实际不能照顾到很多贫困户的特殊情况。贫困户中有很多大骨节病人,他们腿不好,根本上不去楼,另外还有一些瘫痪患者,如果摇号,他们怎么办呢?

最终决定还是按实际情况分配。但这样焦秀丽的工作量就很大了,必须对每户拟分配到五号楼的住户挨家挨户地打电话了解核实情况。家中有没有残疾人,有没有腿脚不利索的?有的还得上门核实。

核实清楚以后,焦秀丽就把重残的、有肢体残疾的,还有瘫痪的老人,基本上分配在一、二、三层。而将那些身体健康、腿脚利落的,分配在了四、五、六层。

分配好以后,焦秀丽就在大会议室召开五号楼全体住户大会,准备先跟大家宣布,然后发钥匙。

发完钥匙以后出现了一个突发情况。

分到一、二、三层的人非常高兴，终于住上楼了。分到一楼的人尤为高兴。因为农村人有很多农具，一楼可以找地方放农具放杂物，下地干活也方便。五号楼没有电梯，因为没有电梯，分到四、五、六层的人，就有点不高兴了。

秀丽从关庄村委会走到关庄广场的时候，一群男人就把她围住了。有的问：为啥要给我分到高层，为啥不给我分到一、二、三层？还有人说：我家东西那么大，咋上楼呢？一时间乱哄哄的，说啥的都有。

为了这次安置，秀丽已经好几个月没有休息了，有60多天没有见到自己年仅两岁的孩子了。

当秀丽被一群男人包围着的时候，她下意识地用目光寻找和她一起下楼的男同志，发现那男同志见情况不妙，居然钻出人堆溜走了。

一时间，秀丽拿着她的工作笔记站在人群中，觉得很是无助。

有一个40多岁的男人，像是这堆人里面挑头的。分房子的时候正是10月份，这个人可能是从苹果地里直接过来的，身上穿着迷彩服，鞋子上还沾着泥。

"迷彩服"用手指着秀丽，质问她为什么把他分到了五楼。

他非常厉害，手指头都快戳到秀丽的鼻子尖上了。

秀丽对"迷彩服"说：分咱们这个五号楼的时候，每一户，我都是打过电话的，都是了解过详细情况的，人家家里头有重残的，有瘫痪在床的老人，我必须把人家分在一、二楼。你想想，人家瘫痪在床上，上床都是靠人往上抬呢，不分一楼行不行？稍微有点肢体残疾的，腿脚不方便的，开始从三楼往上排。我是按照这个标准来分的。不可能说人家有残疾，我还把人家分到五楼，让人家把人往上抬，那是不可能的嘛。

可是一群人又嚷嚷道：胡说八道！你肯定是拿谁的好处了，我要去告你！

"迷彩服"也跟着大声喊叫起来：告她，咱们就告她。

秀丽没有怯场，她大声地回应道：你要觉得你符合在一楼二楼的条件，你尽管去告我。

秀丽看一群人没有接话，又说：你们有意见只管提，没有意见我就先走了。她边说边朝外走，但是那群人把她围得更密实了。

"迷彩服"上前一步，说：不行，今天你不能走。说完直接站到了秀丽前面。

秀丽把她的笔记本高高地举起来，再次提高了嗓门：五号楼安置的所有贫困户的情况都在这个笔记本上记着,我有案可稽,有据可查。我不害怕谁去告我!你们,今天,现在,谁如果敢动我一个手指头,我立马就倒下了。我连着几个月都没有休息了,也累得实在不行了。

围着他的那群人听完这话,有一个人让开了一条道,秀丽就走了。

"迷彩服"却不依不饶,又从后面追着,一路骂骂咧咧,口里喊着:你娃甭能,你等着,告你!告你!告你!

"迷彩服"其实后来也没有告,五号楼分楼层,后来也没有出现像前面几栋楼那样到处上访的情况。

秀丽说:脱贫攻坚遇到的事情没有一件是轻松的,自己在家里什么事都不操心,在这里真是把办法想尽了。脱贫攻坚没有什么女人不女人,这里只有工作,没有女人。

有一户人家不愿意到关庄社区,想要到耀州区的安置区。如果这户不能按时入住,她们就完成不了任务,为了解决这一户的问题,焦秀丽也是想尽了办法。

她先是和锦阳路移民办联系,看他们那边有没有愿意调换到关庄的,幸好有。但是那一户提出自己的房子装修过了,要75000块钱。

装修本身国家有补贴,他们和锦阳路那边协商各出一半,各拿25000。

秀丽抱着从单位领出来的钱,跑了一趟又一趟,但锦阳那户就是不同意。说好要来,但他们去了,等了一上午,那户人却又不来。

正是大夏天,她抱着单位的25000块钱,坐在耀州区移民办对面的台阶上一次一次地等人。

手里抱着"巨款",怕有闪失,她连饭也不敢去吃。那时候,她觉得自己就像是个上访户。

她和副镇长一同去的。副镇长也坐在台阶上,刚好还碰见了熟人,熟人问:坐在这里干啥哩?副镇长支支吾吾,很是尴尬。

他们一共跑了半个月,换房子的老头看到他们这样辛苦,给他们一人买了一瓶水,给副镇长买了一盒芙蓉王香烟。

还有一户,房子分了,装修迟缓,迟迟不能入住。为了督促,焦秀丽每天就坐在他家里监督工程进展。她坐在施工板子上,吃饭也在现场,就像跟踪似的。

有一次领导正好来检查,她和男同事一起吃的花生米、拍的黄瓜还正摆在板子上。

她说，她家里的装修，没有让她操过一点点的心。但在贫困户这里，从头到尾她都要管，要整天撵在贫困户后面督促他们按时入住。

入住之后，还要去拆房，拆掉村上的原住房，还原土地。这个过程自然也很艰难，房子再烂，毕竟也是几辈人住过的，盆盆罐罐的也都不舍得扔掉。还有些农具，更是不舍得扔掉。

当然，移民搬迁中，考虑到安置区的房子没有地方放农具，政府在村上也用彩钢盖了生产用房，专门供农民放农具。

毕竟故土难离，焦秀丽他们帮着农民往外抬东西的时候，挖掘机就在旁边，有些人的心情很沉重。有一次焦秀丽帮一个农妇去搬咸菜罐罐，农妇一把把她推到了一边。

她看着那些老房子被挖掘机一爪子挖下去，瞬间倒掉，心里也有些失落，和贫困户一样有点想落泪。

还有一次，有个贫困户老汉把拆掉旧房的责任归咎于她，她好言解劝，说着说着却把人家激怒了，那家的儿子操起一把锄头向她抡过来，她赶紧就跑，那家儿子一直撵到村口。老汉一颠一颠地追过来，死死抱住儿子，那家儿子才没有对她下手。

晚上她给爱人打电话，哭了。第二天，她却又到了村上。

她说，这是她的工作，上级安排的，她必须要完成。

中吕村

焦秀丽是个包村干部。脱贫攻坚中,她包扶的是中吕村。中吕村是个比较特殊的村子,脱贫攻坚从2015年就已经开始了,但由于历史原因,中吕村并没有被定为贫困村。

2016年焦秀丽接触中吕村的时候,刚好赶上小村并大村,就是说中吕村将与道东村合并,合并以后,中吕村也就成贫困村了。因为中吕村一直不是贫困村,所以相对来说脱贫攻坚的资料就比不上先前的那些贫困村齐全。

因此,他们首先要把中吕村的贫困资料弄出来。中吕村合并到道东村的目标是2017年实现脱贫,作为合并过来的村,脱贫的时候,有关资料必须赶上道东村。

当时道东村是省委宣传部包抓的,中吕村是耀州区建行包抓的。中吕村根本没办法和道东村比。

当时焦秀丽和焦镇长面对中吕村的特殊情况,说实在话也挺发愁。

有将近三个月的时间,焦秀丽和焦镇长几乎每天早上9点就准时来到村上,然后开始弄资料、补数据,他们要把中吕村从2015年到2016年的所有数据全部补充完整。同时,他们还得入户,这也是一个比较艰难的过程,在这个过程中,焦秀丽记忆特别深的就是整天吃方便面。因为一坐下就是一整天,根本没有时间出去吃饭。后来焦秀丽一看见方便面就反胃,实在吃不下去了,就早上从家走的时候吃饱,然后带点零食什么的装兜里,中午就吃点零食垫饥。两人一干就是一天,常常弄到晚上10点多,有时候弄完以后还要开会,忙到晚上十一二点也是经常的事情。

村委会是用旧教室改造的,没有取暖设施,非常冷,她和焦镇长只好一人一个"小太阳"取暖。但"小太阳"辐射面积小,腿虽热了,手却一直是冷的。她的手指头每次干完活都硬得不能动弹。因为干活太专心，有一次她的小腿肚子被小太阳烤得起了好多燎泡，她竟然不知道，回家换衣服时因为疼痛才发现了。

其实工作上的困难焦秀丽并不怕，她最害怕的是每天晚上从中吕村返回镇上要走的这一段路。走这段路要经过一片墓地，每次走到那里，秀丽总觉得车后面有影子跟着她。阴风飒飒，坟墓上的花圈左摇右摆，秀丽害怕花圈后面会钻出来一个人，脑子里那些恐怖场景和画面全部涌出来，车也开得左摆右摆的。回到家里，她很长时间都睡不着觉。

后来，有很长一段时间，秀丽的爱人就来陪着她。她爱人也有公职，下班后从老市区赶到中吕村，这中间有40多公里的路，爱人过来后，就在村委会坐着一直等着她。夜里十一二点等她弄完资料的时候，再开车拉着她回去，两三个月都是这样子。为了她的工作，爱人也实在是很辛苦。

秀丽说：实在也没有办法呀，有坟墓的那段路还挺长的，那些坟还都是一些老坟，栽着柏树，一大团一大团、密密麻麻的，我害怕得连倒车镜都不敢看，真的是不敢走那段路。

侏儒的女儿

我到村里还想见一见一对患有大骨节病的夫妻,他们也是焦秀丽帮扶过的贫困户。

这家的男人叫赵小武,不仅是侏儒,听力还不行,几乎是个聋人。后来,他从后塬找了一个侏儒加智障的女人。

他们没有孩子,收养了一个女娃,已经上初中一年级了。

赵小武的家里头养了十几只羊,一家所有的经济来源都在这些羊身上。秀丽第一次去走访的时候,简直惊呆了。因为夫妻两人劳动能力都比较差,那个家脏乱差的情况,完全超出了她的想象。

秀丽说:他家就一个窑洞,人在床上睡着,羊在床底下睡着,人在这吃饭呢,羊就在边上吃东西,就这样子,就是这个场景。

秀丽去的时候,两人刚好准备做饭。院里全是土地,他们在院子旁边种着油菜、辣椒。赵小武的老婆用黑得像鸡爪子一样的手,从院子旁边摘了几个辣椒,然后弄了几个黄瓜、西红柿,进去做饭了,算是弄了几个菜,说让秀丽尝一尝她们擀的面,做的糊糊面。

他们对人真的特别热情,非要让秀丽在他们家吃饭,并给秀丽盛了一碗。

秀丽推辞说不饿。其实那会儿她是饿的,但是她吃不进去。

秀丽看着那对夫妻在吃饭。他们吃饭的时候羊就在他们的跟前,还盯着他们看。赵小武站在那,旁边就站着羊,他差不多和羊一样高。他的嘴都快挨上羊嘴了。

窑洞里遍地都是羊屎蛋,院子里、棚子里、床边上,也到处都是羊屎蛋。

秀丽去时正好是饭点,她没有吃,但她也没有走,她没走的原因是她打算等两人吃完以后,叫两人和她一块儿打扫卫生呢。

等他们吃完以后，秀丽说：你们两个不要睡觉了，你们两个和我一块儿把家里收拾收拾。要是人家帮扶的人来了，一看你们家里弄成这个样子，人家都要说你们了。

男的听不见，秀丽就给女的说，女的有点智障，也不知道听懂了没有。

秀丽不管了，她把外套一脱，先打扫起了院子。院子都被羊屎蛋铺满了，扫了一层又一层。

别看秀丽长得好看，干起活来还真是一点都不含糊。她拿塑料袋子往头上一套，拿了个扫把就开始干起来。满地都是羊屎蛋啊，那个羊膻味，呛得秀丽直想咳嗽，眼泪都给她熏出来了。

秀丽扫完院子以后，对赵小武两口说：你们把羊从窑洞里面牵出来，我打扫窑洞。

赵小武家用树枝编了一个栅栏。赵小武就把羊赶到了栅栏里头。然后秀丽把窑洞也给彻底打扫了一遍。

秀丽说：这两口子收养的女儿特别聪明，也很健康，身高什么的也都很正常，学习还特别好。

女儿在关庄中学上学，秀丽对他们的女儿特别关注，她觉得这一对夫妻的希望就在女儿身上了。但这个女儿后来让她有点失望。

秀丽觉得那个孩子也不小了，再过上个10年，这孩子就20多了，肯定是改变这个家庭的希望。秀丽跑到关庄中学，专门去问了这个女孩儿的学习情况，见了她的班主任。秀丽当时对这女娃期望很高，她想，如果这女娃学习好的话，这一家的阳光就在这儿了。秀丽叮嘱班主任好好培养这女娃。

女孩儿在学校所有的教育补贴也全部一次性弄到位了，上学不用花钱。秀丽想，如果女娃学习好，她和建行的包扶干部商量，还打算一起供养这孩子上大学。

后来，女娃的父母，就是赵小武和他老婆，通过政府的移民搬迁政策，被安置在了关庄社区。赵小武把羊也卖了，他们的残疾人补贴也给申请上了。赵小武虽是侏儒，身体状况还可以，秀丽就又给他在社区弄了个公益性岗位，让他在社区打扫卫生。

按说，他们家的基本生活来源算是解决了。

但这个时候，那个女娃，聪明的女娃，却不好好学习了。老师和村上的干部都不知道她怎么就突然不好好学习了，跑到外面打工去了。秀丽知道后心里很是遗憾，也很难过。

秀丽包扶赵小武家的时候，那女孩上初中一年级，现在5年过去了，中途也一直没见女娃回到学校，要是女娃一直坚持读书，现在应该高中毕业了吧。秀丽挺惋惜的。

黑砖窑得病的王升峰

中吕村是个很有古意的村子,它与道东村隔沟相望,虽没有在山里,但它隐藏于杏树、梨树、柳树、柿子树等各种树之间,门前屋后,沟上坡下,随处都是树。近年政府大力倡导种苹果树,苹果树开花时节,村路弯弯之中,扑面而来的尽是粉白的苹果花。

村子里有各式各样的房子。陕西"八大怪"之一的"房子半边盖"这里有,土坯房、厦子房、蝎子房、四合院,甚至最新潮的别墅这里也有,中吕村如果不再拆旧房,可以成为渭北地区房屋建筑变迁的一个博物馆。对,还有窑洞,在中吕村,我见到了种类最全、形状最多样的房子。

中吕村的房子未经规划,像是随意点染的中国画,特别地自然,特别地顺眼。一户户一家家,沿着蜿蜒回旋的村路排列过去,时断时续。比起一些整齐划一的村庄,它的任意随性,看起来更有味道,更像是一个村子。

从大路拐进中吕村的那段路正如焦秀丽所说,的确有些瘆人,那些坟墓就紧贴着路,你从路上过,自然就是与坟墓擦肩而过。而且那些坟墓绝没有孤零零的,都是一大块一大块的,很明显是一个个家族的坟地,几个十几个地围在一起。坟前柏树茂盛得像高楼,不知经历了多少岁月才长得如此高大。从坟地形制看,也可以印证中吕村是个有年头的老村。这些一大块一大块的坟地,几步一个十步一团地一直延伸到村庄拐弯处。一路寒气森森。白天路过都心惊胆寒,让焦秀丽这样娇怯的美女夜半经过,实在是太难为她了。

这村庄有个人叫王升峰,1978年生的,今年也就40出头,是个相貌很端正的小伙子。

20多年前,刚刚19岁的王升峰跟着村里人到山东潍坊一个小县城去打工,没想到去的地方竟是个黑砖窑。

他的手心被砖机划伤，做了手术，手却一直不见好，肿得像面包，医院说还要做手术。他向老板支钱，老板只支了80块钱给他。他那时每月的工资是170多块钱。老板觉得给的已经不少了，但这哪里够手术费呀。

一群安徽人偷偷地跑了，砖厂老板派人开摩托车把他们追了回来，拿着镢头把安徽人修理了一顿。王升峰本想回家，看到安徽人的下场，也不敢逃了。

那时正是收麦时节，想到家乡麦子熟了不能回去收，手坏了又干不了活，加之老板如此可怕，远离家乡的王升峰在恐惧中一下子就疯掉了。他整天要么躺在工棚里不吃不喝，要么就起来胡跑打人。砖厂老板看他这样了，才联系陕西这边让把人弄回去。

此后20年，王升峰就基本处于精神失常状态。其间，他哥哥也曾想给他找个媳妇成个家，希望这样能让他的病情好一点。

王升峰提着哥哥准备的茶叶、烟酒还有点心，到了墓圪村的女方家，女方没有同意，这唯一的婚事没有说成。墓圪村那女的是个哑巴，也没看上王升峰。

孤单的王升峰病情一天比一天严重。幸亏，王升峰有个哥哥，还有嫂子，他们一直照顾着王升峰。

焦秀丽包扶中吕村以后，发现了这个情况。她写了一篇文章，表扬嫂嫂的行为。文章的题目是《嫂娘蔡民珍，十余年不嫌不弃，谱写人间真佳话》。

秀丽说：2017年初，王升峰的嫂子去了陕北，因她添了孙子，孙子在陕北。王升峰的哥哥也跟着一块儿去了。

刚开始，秀丽不知道这个情况，只觉得那几天没见到王升峰，就开车去了王升峰家。王升峰时而清醒，时而不清醒。哥嫂为了让他有事干，就给他买了几只羊，让他放羊。

秀丽去的时候是中午12点，刚好王升峰放羊回来准备吃饭呢。秀丽问：你哥你嫂呢？王升峰说：去陕北了。秀丽再问他就不吭气了。王升峰脑子反应慢，做不到你问啥他回答啥。然后王升峰去外面拿馍。秀丽看到他嫂子蒸了很多馍，王升峰能吃到她回来。嫂子还给王升峰弄了很多挂面，让他自己下挂面吃。

秀丽就问王升峰：那你会弄不？王升峰还是没吭气儿。秀丽看他好像不会弄。秀丽心想他清醒的时候可能还能凑合着吃一口，不清醒的时候就什么也吃不成。秀丽看着王升峰光着背不会下面，就可发愁：这没人照顾，真发病了怎办？农村人本身营养就不是多么好，如果吃饭再跟不上的话就更容易发病了。这可咋办呀？

秀丽当天就去了趟超市，给王升峰买了方便面、零食、速冻饺子，还有丸子等等，给他买了一大堆。给王升峰拿去时秀丽问他：开水你会烧吗？方便面你弄点开水，就个馍就可以吃。王升峰说他会烧开水。

这以后，秀丽再去看王升峰的时候，王升峰好像一下子就能认出她来了。从此王升峰就记着秀丽了。

又过了几天，秀丽再去看王升峰。秀丽说：我来看看你嫂子回来了没有。王升峰说：前两天打电话说这两天就回来了。正说着，王升峰的嫂子就回来了。嫂子对秀丽说：谢谢你。

再后来，只要秀丽去看王升峰，王升峰一听说秀丽来了，就从屋里头跑出来，拿个凳子，坐在边上听秀丽和他哥哥嫂子说话。

前一阵，秀丽到中吕村去看生产用房的时候，又专门跑过去看望王升峰，问他的病咋样了。王升峰说现在病控制着呢，现在好多了。

秀丽说：像王升峰这种精神上的问题，我们首先要给他关怀，经常看他就是关怀。越是这种病越不能嫌弃，也不能送到精神病院就了事。这个主要就是看家里人的爱心了，有的家里人没有爱心，任其胡跑，那这个人就完了。也多亏王升峰有个好哥哥和好嫂子，他们有爱心，有耐心，所以王升峰一天比一天好。还有就是解决他看病的后顾之忧，王升峰现在吃了好多种药，国家都给报销。

今天焦秀丽带我到中吕村没能见上捡了一个疯女人的方元喜，也没能见上赵小武，却见上了王升峰。

一到村子先是看见一个患大骨节病的妇女，她盛情地邀请我们到她家里坐坐，我们就进去了，看了她家的老窑，看了水窖，然后看见一位老年妇女在门口纳鞋垫，纳的是十字绣花，很艳丽。

我走上前去询问，听口音是河南的，说老家是河南兰考县的，就是焦裕禄的那个县。

哦，中吕村也有逃难的人呀。

秀丽说：可多了。子午岭沿线，宜君、印台、王益，一直到耀州区子午岭的南端，几乎每一个村庄都有河南、安徽、湖北等省以及陕南地区的人落户于此。有些村庄整村都是外地人。这些移民以河南人居多。宜君县有个河南村，整村都是河南移民。关庄这边陕南人比较多。小丘的移村，据说整村人都是陕南那边过来的。

纳鞋底的老太太说，那时饿得不行呀，都说西边有白馍吃，就跟着姑姑过来了。那时，她19岁，现在她70多岁了，她说的"那时"正是三年困难时期。

那个患大骨节病的女人攥过来给焦秀丽送了鲜嫩欲滴的苜蓿。我们正择着苜蓿聊着天，就听见拖拉机突突突的响声。

河南老太太说：回来了。

焦秀丽扭头一看，王升峰的哥哥开着拖拉机拉着王升峰回来了。

王升峰五官端正，脸型清瘦，如果没有病，应当是个帅气的小伙子，只是脸色有些蜡黄，人并不迷瞪。

王升峰的哥哥见我是生人，还有些戒备，倒是王升峰一五一十地讲了他得病的过程，还有他找哑巴媳妇的过程。

他真的是好了。他的十几只羊就在门前矮崖下，用铁丝网围了起来。大羊健壮如牛犊，小羊也很活泼，看起来王升峰把羊喂得不错。

王升峰真是很关心羊呢。正说着话，听见下面有动静了，他就赶紧跳下崖，去察看他的羊。

啊，真是好呀，脱贫攻坚让王升峰得到了关怀，也得到了保障，病魔在他身上不能再施加影响了，不能再轻易地攻击他了，他一定会越来越好。

我真心地祝福他。

4个月之后，我在补拍照片的时候也去了王升峰家，王升峰的哥哥在家，我问他王升峰近来情况咋样。王升峰的哥哥面带忧容，说不怎么好，前几天又犯病了，刚刚住了医院，才出院。我问他因为什么犯病了。哥哥说：唉，说起来那还是有个病根嘛，急忙把个根去不了。我听了心里也有些沉重。哥哥说王升峰去地里干活了，于是我们又开着车赶到地里。

我们在地头等着王升峰。王升峰看到我们远远地在喊他，就开着拖拉机从田间小路上过来了。他把拖拉机停在我面前，他坐在拖拉机上，我就站在地边，把着拖拉机的扶手和他说话。

我问他：还认得我吗？王升峰说：认得，你是那个作家嘛。我说：你干什么活呢？王升峰说：拢些柴，再给麦地锄锄草。我说：我看你气色还不错呀，你咋可又去住院了呢？王升峰说是因为跟嫂子吵架了。我说：吵什么呢？你嫂子对你挺好的嘛。王升峰这时候眼里就噙满了泪花。我看到他一脸委屈，就赶忙递了一点纸巾给他，王升峰坐在拖拉机上用纸巾擦眼泪。王升峰的哥哥在一旁有些不好意思地说：他嫂子把他说了两句，他就生气了。

我一听就明白了，拉着王升峰的手说：哎呀，你是个大老爷们嘛，跟女人有啥计较的？你嫂子她就是个农村妇女嘛。农村妇女的话你也把它往心里去吗？我说着又看了一眼王升峰的哥哥，担心我的话会让王升峰的哥哥不高兴。

听我这么说，王升峰的眼泪哗哗地就流下来了。他说：我整天给他们干活，让我干啥我干啥，养羊、收麦，啥活都是我干的，我嫂子还说我整天吃闲饭！

我说：你哪里吃闲饭了呀！你看你身体这么壮，一天干多少活呀，咋能是吃闲饭的呢？你嫂子她是着急了，胡说的，你不要往心里去。

我这样说了之后，王升峰果然就不再哭了。我想起王升峰跟我说过，他曾经在墓坳找了个对象，但是没有说成。我便问王升峰：你最近有没有谈对象？王升峰说没有，没有人给他介绍。

我又说到王升峰的痛处了。很明显王升峰并不想依赖哥哥和嫂子生活，他更想有一个对象，有一个女人，成一个家。我猜王升峰的内心是向往着这样的生活的。

我想起了陈海玲和增增的情况，增增和王升峰的情况差不多，甚至还不如王升峰，但是他在陈海玲的调理下，现在的状况那么好。我这次补拍照片也见到了陈海玲和增增两口子。我在村口先是碰见增增，增增推个手推车正要去干活呢，完全就是一个正常的劳动力。

人的精神疾患很大程度上来自心理，如果心理渴求不能得到满足，就会导致精神问题。我觉得现在的王升峰需要满足他内心的需求，像他这样一个40出头的光棍，目前最需要的当然是一个家庭，一个有女人的家庭。他需要一个更好的环境，一个他心里所渴望的那种环境。

在王升峰的哥哥送我们出村的时候，我把我的想法告诉了他。我说：你抓紧给王升峰找个对象吧，他结了婚有了家，他这种情况完全能好起来的，我见过很多这种例子。

但是王升峰的哥哥却说，他现在光管弟弟这一个人都够受累的了，将来再给弟弟找一个女人，还要管两个，咋能管得起呀！

我听后心里很沉重。

秀丽他们的扶贫让王升峰获得了一些医疗保障，但王升峰还需要一个最根本的保障，就是他精神上的保障、心理的保障以及生活环境的保障。这个保障不能完全依赖国家和政府，可能还要依靠家庭和自身。可是这方面的保障对王升峰来说比较缺乏。

王升峰的哥哥和嫂子其实也是很难的，做到如今这地步也很不易。哥哥说，自己现在还能照顾弟弟，将来自己老了，那怎么办呀？哥哥的忧虑也不无道理。在关庄多少无病无灾的男人都找不到对象，王升峰顶着这样一个精神病患者的名头，又上哪里找一个女人来跟他过日子呢？

还真是巧，从中吕村转入大道的时候，我看见焦秀丽过来了。她还是那么美。我赶紧下车迎上去。

秀丽说：老师来了咋也不打个招呼，我好接待你。我说：把你都麻烦透了，咋还好意思。

秀丽说她也正要去王升峰家，王升峰最近犯病了，她看了好几回了。她手里提着一个袋子，里面都是好吃的东西，要送给王升峰。

我说：有机会给王升峰找个对象，那么好个小伙。

秀丽说：就是的。老师咱俩每次想的都是一样的。

我没醉，也没哭

脱贫攻坚结束的时候，秀丽要走了，村里的贫困户们都对她说：你以后要常来。秀丽说：只要是咱村上的人，以后有事都可以找我，我还在镇上上班呢嘛。

他们都说：你不要走，你还包我们村吧。

王升峰的哥哥哭了，王升峰的嫂子说他哥哥不是爱掉眼泪的人，他却哭了。王升峰的哥哥一直坚强地照顾着自己的弟弟，是个硬汉子。秀丽说她从没有见王升峰的哥哥哭过，这是第一回见他哭，对她触动很大。王升峰的哥哥那时对秀丽帮助很大，老是给秀丽拿资料、跑腿。所以，看到他流眼泪，秀丽也很难过。

在村上的时候，秀丽可没少吃果子，中午在村上没有地方休息，就在村上转，转到谁家，谁家就把门前院里树上的果子摘下来给她吃。

有一次，她走到一棵杏树下，那家的女人给她搬来高凳子，让她踩着凳子站到车上面去摘杏子，她一口气摘了一篮子。那杏子真好呀，黄澄澄的，又大又甜。秀丽不喜欢吃南方的水果，就喜欢吃当地的水果。那一年夏天，光是杏核就砸了一大盆子，秀丽妈妈天天给她砸杏核，手都砸疼了。

柿子也没有少吃，她还学会了夹柿子。柿子树枝条比较脆，一般够柿子不上树，就在长竿子上安个工具，把柿子夹下来。

中吕村的柿子也特别好吃，像蜜一样，她特别喜欢吃那种软柿子，就凉着吃，吸溜着吃，吃到嘴里全身一阵清凉，舒畅极了。

秀丽有时也很调皮，在村上的时候，她喜欢逗牛，没事的时候，她就拿根棍子敲着牛屁股撵着牛转圈圈。

中吕村位于残塬上，三面是沟，空气好得无法形容，一年四季天都是蓝的。

秀丽说：有时觉得农村真是好，如果农民勤快一点，种地、种苹果、种花椒，只要没有大灾大难，也不会贫到哪儿去。这里的地这么多，又这么养人，一年四季都有收入，真是比住在城里还惬意呢。家家一个小院，种菜种树都行，一年四季花开不断，就是冬天也有花开。冬天塬上一望无际，树枝干枯着，挑着一个个大鸟窝，特别有诗意。

秀丽现在根本不想离开镇上到城里去工作。在镇上工作，能够和农村人打交道，可以经常到村上去，等于是去看风景，比在城里工作有意思多了。

我对秀丽的话深以为然。我在镇上待了几个月后，也不想回家，感觉在这里特别养心。这里有一种令人心境平和的静气。到这里后，城市那些纷纷扰扰的人和事，一下子就给抛到了身后脑外，仿佛从来没有发生过一样，唯享受此处的风轻云淡，花开花落。

从冬天到春天，我看到了好几种树的花，从饱满的羞怯花苞，到大胆开放，然后又渐次结成果实。我看到了桃树、樱桃树、苹果树开花，还看到了油菜花开、蒲公英花开、荠菜花开。我看到了麦子起身，麦子长高，麦子结穗。

我认识了各种各样的树，我从农村公路上穿过，一路都有树在风中向我招手致意。

我写作累了的时候，就到田野上去，那远处青山，近处沟壑，脚下田畴，无不令我心生敬畏，心生感动。特别是大自然在那高塬上划出的一道道沟壑，苍茫深邃，如同历史书上的一个个标题，梳理出历史的脉络。

这一切，常令我热泪盈眶。

这苍茫的高塬，养育了多少坚韧的农民啊！

只是高塬上的风太大了，风刮起来的时候，没有一株植物不跟着摇摆，就连高大壮硕的雪松，也无法淡定。

凌厉狂暴的风呼啸着扫过高塬，像大海的浪潮一般，卷起尘沙，让沟壑又加深一层，也在人的脸上刻下一道道沟痕。在这里，男人的脸都是酱红的，那是太阳的画作；在这里，男人的脸无不沟壑纵横，那是大风掠过后留下的印痕。

2017年，中吕村和道东村合并以后，终于实现了脱贫，焦秀丽和大家都松了一口气。

秀丽买了菜，要请大家吃顿饭，她说：咱们一起忙活了两年时间，大家都特别辛苦。我是包村干部，我要把大家感谢一下，感谢大家对我工作的支持。

秀丽在新区买了8斤排骨，还买了蘑菇、青菜、丸子什么的，还有凉菜，买了很多，然后从家里拿了两罐子西凤原浆酒，每罐是 5 斤，还准备了啤酒。

秀丽还从家里拿来电磁炉以及锅等炊具。当时中吕村的村委会有一个五保户在那住着，他生的有炉子，秀丽就在五保户的炉子上炖排骨。

村妇女主任和秀丽一块儿洗菜洗肉，妇女主任切菜秀丽炖肉，炖了满满一锅肉。秀丽把肉分成两份，刚好来了两桌人。

从中午 11 点多开始，一块儿喝酒，一块儿吃肉，秀丽因为开车没有喝酒，其他人都喝了。

秀丽对大家说：因为脱贫攻坚咱们成了朋友，今天才能坐在一块儿，现在咱们不要说谁是领导谁是干部，咱们就坐着好好吃个饭就行了。

大家边吃边喝，还一起回忆了很多脱贫攻坚的场景和故事。因为秀丽是城里娃，在农村也闹过很多笑话，大家就边说边笑她。

那一天，好多人都喝醉了，还有人哭了。秀丽说：我没醉，也没哭。

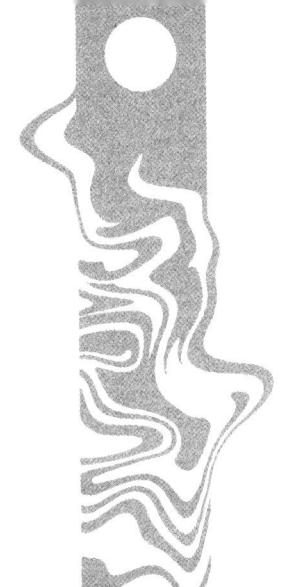

第九章　金马村的村主任

上金马：相传，北宋杨八姐骑马游春时曾在该村上马。清代中叶村以此得名上骑马。又传，杨八姐骑金色马游春，清末以此更名上金马。

下金马：相传，北宋杨八姐骑马游春，曾在该村下马游览。清代中叶村以此得名下骑马村(《续耀州志》卷一)。又传，杨八姐乘金色马游春于此，清末以此更名。

——摘自《陕西省耀县地名志》

一个美丽的传说

关庄镇金马村，原先隶属于阿子乡，后合并到了关庄镇。

传说宋朝的时候，杨八姐骑马路过这里，走到山梁上时战马脖子下面的威武铃却丢了，于是下马折身返回原路去寻找。结果发现威武铃掉在山体裂开的一个缝隙中，无法取出，不得已只好上马继续前行，后来山体裂开的缝隙自然合拢，将铃铛埋在地下。又过了很多年，这里的田间地头竟生长出一种很独特的石头，形状酷似生姜，随便捡起一个大一点的拿在手中左右摇动，里面就会有声响传出。于是，当地流传，这石头是杨八姐丢失的威武铃所变，当地人把这种石头称作料礓石，用金马命名自己的村落，一直延续至今。

"料礓石"这个名称于我是十分温暖的。小时候，父亲带着我到矿区的山上挖土修房的时候，土里就有这种石头，印象中它是白色的，质地坚硬，形状不规则。父亲见到，说是料礓石，就拣出来扔掉了。那时，我还不知道料礓石会唱歌，和父亲一样把它看作土里的多余之物，弃之而不惜。

料礓石这个我少年时代的词语突然又蹦出来了，我怎能不找来一块再重新审视，听听它的歌唱呢？

金马村的第一书记段志斌是个"80后"，他说他也没有见到过这种石头，旁边的一个村民说这种石头现在不好找了。我问他：这种石头真的会唱歌吗？村民说：会，声音很好听，拿在手里一摇，里面会有哨子一样的声音，朝不同方向摇，就会有唱歌一样的声音哩！

这真是太神奇了。

村民还说，要放在耳朵上听，这样才能听得真切。这石头窟窿窿窿的，要是再灌一点水，声音就更好听了。但水不能灌太多，不能把石头全浸了，那样就没有声音了。

越听越激发起我的好奇心。我暗下决心，改天定要专门进山寻找这种石头。

后来我见到村主任周阮山的时候，一张口就先说起会唱歌的料礓石。

周阮山却说这种石头早就没有了。为啥？他说这种石头只在上金马组有，这石头不光会唱歌，关键它还是个药引子，好多药必须有它才起效果。人们知道后，都到上金马去挖这石头卖钱，这么多年，早就挖光了。

我听了除了感慨还能怎么样呢？

金马村不光有传说，金马村的房子在关庄镇的16个村庄中也是最漂亮的。因为它的屋顶不是平面的，是灰瓦斜顶，墙又一律新白，而且门楼也是灰瓦斜坡的造型。金马村的街道很整齐，灰瓦斜顶的房子排列两侧，加之南面村口如牌坊一样的青石门楼，整个金马村看起来根本不像是黄土高原上的一个村庄，倒像是某个古香古色的江南小镇。

但它又确实不是江南小镇，因为它屹立在一道梁上，东西两面都是沟壑，土地零星分布，挨着山势险峻、森林密布的革命根据地照金。两条通往照金的路，一条高速、一条旅游专线都从金马梁下经过。习近平总书记的母亲齐心同志的题词"继承先辈遗志，建设革命老区"几个鲜艳的红字就高高地悬挂在高速公路穿越而过的一道青山之上。

站在金马梁上，在苍茫群山之中，那几个字格外醒目。

仅凭这一点，你就知道金马村这种与江南相似的村庄在黄土高原上是多么地鹤立鸡群，超凡脱俗。

所以，金马村虽然处在后塬山区，但在脱贫攻坚中领导们只要到关庄，基本上都要到金马村来。它的脱贫成果实在是太明显，太有说服力了。

对于第一书记段志斌来说，无形中又比别的村的第一书记多一重压力。段志斌在金马村待了4年，很少回家。

段志斌是个陕北后生，从陕北延川县农村通过公务员考试进入铜川市人大，他的爱人也是从陕北考到铜川来的，他们的孩子还小。2020年，段志斌的爱人不慎骨折，段志斌只好将母亲从陕北接过来照看妻子和孩子。

段志斌和周阮山互相配合，为金马村的基础设施建设做出了很大贡献，金马村之所以能成为如今这个样子，跟他们有很大关系。

段志斌和周阮山一起讲述了他们的奋斗经历。不过周阮山讲述得更细致一些，讲村风民情更多一些，所以我基本上采用了周阮山的讲述。

我有三个大

1975年,我出生在一个偏远的小山村,那个地方叫袁家坡,准确地说是照金镇杨山村袁家坡组。那里交通不便,耕地大部分都是陡坡地,广种薄收,小麦产量低,麦粒也瘦,磨不出面。

自我5岁记事起,我大(大就是父亲,地方方言)就患有结核病,不能干活。我妈身体也不好,但全家指着她一个人干活。

我记忆最深刻的是一个月只能吃一顿黑和和面,也就是烩面片。之所以叫黑和和面,是因为小麦颗粒瘦,磨出的面是黑颜色的,即使这样,我都感觉像过年似的。

平时,早上吃糁糁,中午吃搅团,晚上吃黄坨坨玉米面馍,这些都是用玉米做的。我实在吃不下去了,我大就给我把玉米和黄豆一炒,让我能有点食欲。

6岁的时候,我和我妈一人掂着半袋子玉米,拿着箩、簸箕、刷刷、筛子到两公里以外的沟底去磨糁糁。下个坡,过个河,来到一个敞开的土窑洞,里面放着一个石磨子。我妈把玉米倒在石磨子顶层,我和我妈就一块儿推着石磨子转呀转呀,好不容易把一袋子玉米的第一遍磨完了。我妈用箩将玉米面箩出来,接着又将箩上面的大颗粒再倒进石磨子上继续磨,然后再将玉米面箩出。把箩上面的颗粒用筛子一筛,筛子下面的就是糁糁子了,再用簸箕簸一下,将玉米皮簸出去。筛子上面剩下的继续倒进石磨磨。这下出来的用箩一隔,下面就是玉米面,剩下的就是玉米皮,这算是第三遍,玉米就算全部磨完了。

我妈身体不好,三遍我妈都让我帮她推石磨子。

太阳已经快落山了,我和我妈收拾好磨好的玉米糁糁子、玉米面、玉米皮和农具往家赶。

这时我又渴又饿,在回家过河的时候,就趴在河边喝河里的水。上坡的时候，还要扛着磨好的玉米糁糁子，两腿发软，走两步歇一下。

有一次，我实在累得不行了，就放下玉米袋子，空人往前走了。这时候我妈在后面喊我：娃呀，你这不帮妈背回去，妈拿啥给你做吃的呀。我想了一下，也就是的，于是又拐回来背起玉米糁糁子继续往回走。

我小的时候，村里有人告诉我：你知道为啥你的小名叫"拴牢"不？是因为你是你妈从你外婆家抱来的，要牢牢地把你拴住，不让你跑了，将来给他们养老送终。

我回到家里就问我妈：妈，咱村里的人说我不是你亲生的，是抱养的，这是不是真的，我是哪里的人？

我妈说：是真的。我只知道你是外婆从一个叫盘龙湾的地方抱来的，究竟盘龙湾在啥地方我也不知道。

原来，我并不出生在照金袁家坡，我出生在一个叫盘龙湾的地方，那地方在哪里，我妈说她不知道，我自然也就不知道了。

在我8岁的时候，我大因病去世了，我妈身体也不好，她带着我改嫁到了金马村，嫁给了一个叫阮士泾的农民。这个农民一直没有成亲，比我妈大了18岁。

我的大名叫周金福，跟我妈过来后，我继父给我起了个名字叫阮周山，因为我继父他姓阮，他就把他的姓放在我名字的最前面。我妈不愿意，我妈说：姓周的早，应该把周姓放在前面。

从那时起我就叫周阮山。

其实，我那时还不知道，我既不姓周，也不姓阮，我姓程，姓程的才是我的亲生父亲。

直到30多年以后，我才解开了我的身世之谜，我才知道我的出生地盘龙湾在哪里。

我伯，也就是我的继父（按照我们这里的习俗称他为"伯"）。这个我叫"伯"的人，是1965年从陕南山阳县宽坪乡投亲靠友来到金马村的。他之前在老家其实还是一名民办教师，由于食粮紧张，吃不饱饭才来到了这里。

我伯的弟弟来得早，我后来叫他六大。他是1963年来的，发现这里人少地多，能吃上一顿和和面，也就是烩面片，就给他哥说这个地方好，能吃饱饭，让他也来，到金马村来。就这样我伯也来到了金马村。

金马村那时候有一批从陕南来的人,还有从甘肃、湖北来的,都是逃荒来的。我伯、我六大,还有我四大都算是逃荒来的。

后来我伯就把我送到学校上学了。在我上三年级的时候,看到家里没有劳力,日子过得也很恓惶,我就辍学回到了家中。我伯拿着柴火棍在屁股后面撑着我把我往学校里赶。我还是不去。于是,我伯就把我领到地里让我干这干那,还专门让我干重活。我干了三天,实在干不动了,我就说:伯,我还是念书去吧。我伯说:你不好好念书,看干活多累!于是我又重新回到了学校,继续读书。

不知道为什么,我母亲和我伯两个人总是吵架,三天一大吵,两天一小吵。每次当我放学或是放牛回来时,老远地就停下来,听一听看家里吵架了没有。他们天天吵架把我都吵害怕了。

每当我听见他们吵架,我的心就咚咚咚地跳,听不见吵架声的时候我才敢回去。我一心一意地想读好书,早点离开这个家庭。我在山坡上放牛的时候,我都背着书包,趁牛吃草的时候,掏出书学习。我坐在山坡上,一看就是大半天。

晚上,夜深人静,我睡在炕上,想到整天听到的都是吵架声——他俩只要一吵架就啥都不管了,别的娃有父母的疼爱,而我是在吵吵闹闹的环境里成长。我特别羡慕被父母疼爱的娃,一想到这,我就偷偷流泪。就在想,不知我的亲生父母现在在哪里,他们为啥这么狠心,把我送了人,让我整天过着这种提心吊胆的日子。

初中毕业后,我因成绩优异被选拔参加中师中专考试,一旦考上,我就有了铁饭碗了。周五放学,我从阿子中学跑了20里地赶回去,就为把这个好消息告诉他们。

我刚走进院子,就听见从房子里又传出他们大声吵架的声音。我战战兢兢地把这个消息说了出来。我母亲没有吭声,我伯说了一句"好!"也再没有吭声。

第二天,我看他们没有一个人给我准备钱和馍,他们两个人都躺在炕上不起来。我就说:妈,我去耀县考试要7天,天气热得很,你给我烙些死面馍,不会坏。咱家的日子过得紧张,我少买些饭吃,也能给咱家腾点钱。

我妈说:我不管,你自己弄去。

我又给我伯说:伯,能不能给我些钱?

我伯说:咱家的日子你不是不知道,阿搭有钱哩,连一块钱都没有。

第九章 金马村的村主任 | 205

于是，我就自己到厨房和面烙死面馍，弄了一下午，烙了一布袋子馍，也不知道熟了没有，想想就这样子吧。

第三天，他们还没给我钱，我就准备自己去借。但转念一想，我还是小娃，去借钱，别人咋相信你哩，你给别人咋还上呀？

我想了好久，终于想到了一个给别人还钱的办法，我可以在暑假挖些药材，把药材卖了，给别人还钱。于是，我就坚定了信心。我决定先到村支书家里去，他家日子过得比较好。

可是他家比较远，我家住在西边梁上，他家住在东边梁上，我下了个坡，翻了一个沟，来到他家。他正在修四轮车的离合器，我看这时没有外人，才敢开口，我怕有外人在场他不愿意借的话，就太尴尬了。

我就说：荣生叔，我准备参加中师中专考试，要到耀县去，得7天时间，得住在那里，还要吃，想跟你借些钱。暑假里我挖药材卖了钱就还你，你相信我，叔。

荣生叔说：小伙子还厉害得很！这是好事，你看得多少？以后啥时有了啥时还，不急。

我说：估计得40块钱。

荣生叔说：你看这些够不够。

我说：我还背的有馍，差不多，够了。

于是，荣生叔就擦了擦手，回到屋子里，从抽屉里取出40元递给我。我也真没想到，我第一次跟人借钱哩，他就这么爽快地答应了我，不害怕我还不起。

我心里很激动，赶忙说：谢谢叔，谢谢叔。

过了两周，成绩出来了。我班主任说我考师范还差几分，但是我被耀州重点中学录取了，可以上个好高中，再过三年，按现在这个势头，我绝对可以考上大学。

我回到家中，将这个消息告诉我伯。我伯说：好娃哩，你看咱屋穷得叮当响，三个人两床被子，你上三年高中得花多少钱？我年龄大了，你妈身体又不好，都干不动地里活了，你念这些书，叫人把你哄不了就可以了，回来种地吧。

听了这个话，我流下了伤心的眼泪。我躺在炕上三天三夜不吃不喝，心里很绝望。

第四天的时候,我想我伯说的话也对着哩,现实情况就这样,我的前途没有了,我也只能去种地了。

种了两个月地以后,村上的书记就是借钱给我的荣生叔找到我,他给我说:阮山,我听你校长说你在学校里书念得好,你家里这个情况也把你耽误了,也没能去上高中。你看咱金马小学正缺人,从外地调人也不方便,也留不住,把这些娃都耽搁了。你不如到咱学校教书,一来能照看你家里,二来也不耽误娃们上学。

我想,村支书能看上咱,说明咱还有些才能,能当教师,虽然是代课教师,但是也能发挥咱的特长,两头都不耽误,也是个好事情。我就说:荣生叔,谢谢你能看得起我,你说的这个事,两头都不耽误,可以,就按你说的办。

这样,我就成了一名代课教师。我用生动的语言、灵活的教学方式,使我带的课程连续三年统考都获得了全阿子乡第二名。我本人也被授予先进个人称号。

这时,我的继父和我妈年龄都大了,身体也越来越不好,他们就喊我回去种地,我就结束了教师生涯。

那时节,山外面改革开放轰轰烈烈地开展起来,金马有人开始做些小生意,我也觉得在农闲之余做点小本生意可以贴补家用,于是我就投入了市场经济的大浪潮里。

我收过破烂,收过药材,贩过煤,收过粮,做过木柴生意,贩过树。能干的事情我都干了。

我的第一桶金是贩煤,我把家里一头牛卖了,在夏季煤炭低价的时候将煤买回来,放在院子里用塑料布苫着储存。到秋季天刚一冷,将煤全部卖给村民。没钱的先赊下,等粮食下来可再卖给我,多退少补。这样子,我卖煤又卖粮,抓住了低价进、高价卖的市场规律,挣了些钱。

那时我已经26岁,村里和我一样大的人都找到媳妇,结婚成家了。我看上了我们村里一个小巧玲珑的女娃,她很勤劳,通情达理,我就很想把她娶回来,但是我伯我妈也不替我操办。

整个过程,送彩礼、盘新炕、吊顶棚、刷门窗、买家具、过事,包括借人钱、赊账,全都是我一个人操办的。

2005年的冬季，那时候我已经当上金马村的文书了，我的继父和继母相继去世了。继父活到73岁，我母亲只活到了60岁。

2009年冬季的一天中午，我正在镇政府办事，突然接到我们村主任的电话，让我赶紧往回走，我问他啥事，他说：你回来就知道了。

我匆匆忙忙地赶回去，看到家里坐了一屋子的人，还有一些陌生的面孔。

荣生叔说：阮山，我给你介绍一下，这两个你认不得的人是富平你哥。你也知道你是抱养的，你两个亲哥今儿来找你了。你看你也这么大了，啥也知道了，你去把你亲妈、亲爸一认，了了老人的心愿。

坐在沙发上的我大哥、三哥就站了起来，他们俩拉着我的手。我大哥说：这是你三哥，哎呀，你看你跟老三长得太像了。我大哥看上去有50岁左右，我三哥40多岁。我感觉他俩不像是农民。

大哥对我说：阮山，你不要生气，当年，咱大咱妈把你给人是有原因的。

那时候你刚出生不久，咱妈就得上了甲亢病，没有人管你。你三哥上学时把咱家奶羊拉到渠沿旁拴到树上，让羊吃渠沿边的草。放学后把羊拉回家，把羊奶挤了，我们才拿羊奶喂你哩。到你三个月大的时候，看到这样子也不是个办法，想着总得让你活命吧，咱大咱妈就商量让咱舅给你找个好人家，把你给人。为了看你方便，不让你得大骨节病，把你给到了陵前乡甘涝村，离咱家也就十来里路。

可谁知那家的老婆婆有个女儿40多岁不生育，就让她妈给她抱个娃。结果老婆婆养你一年之后，不舍得你了，不想给她女儿了。有一天，她女儿从照金袁家坡步行100里路来到她妈家，待了几天，在一个风雨交加的夜晚，偷偷地把你抱走了。这个抱走你的女人就是你的继母呀。陵前那个老婆婆没有说实话，要知道她是给她女儿要的，她女儿又嫁到了山里面，说啥我们也不会把你给她的。我们只说把你给近点，不敢得了大骨节病，谁知还真把你送到有大骨节病的地方了。老天保佑，你没得上那个病，还算好。

咱大从1990年开始，多年来一直在找你呀。我们为完成咱大的心愿，也一直在找你。

半个月前，我远房妻弟来我家，我把这个事告诉了他。我妻弟长期在阿子中学教学哩,我就给他说,看附近有没有小时候抱过来的娃,年龄 30 多岁。我妻弟就答应回去给问一下。我妻弟回去找到了让义村小学的校长,让这个校长去打听金马学校有没有这样的人。校长又找到村干部,得知村里确实有这么一个娃,随着他妈从照金袁家坡改嫁到了金马村。说这娃是从陵前乡甘涝村抱来的,出生年月日和我们提供的也一致。这下才终于把你找到了。

这时,我就忍不住流下了眼泪。我就说:咱大咱妈能把你们养活大,为啥就不能把我养活大,为啥要把我给人哩?你们知道这些年我是咋过来的?

我就一边哭着一边把从照金袁家坡咋到了金马村,童年是咋过的,受了多少恓惶,一五一十地说了一遍。我特别说到了我考上耀县中学,老师们都说我学习好,但是家里没钱,耽误了我上学。我说:如果在咱家,说不定我早就大学毕业了。

我大哥和三哥也都流泪了。

然后,我大哥说:阮山,你要不认也行,你就这几天到咱下边来,站在远处,让咱大咱妈把你远远地看上一眼,也了了老人的心愿吧。

我就说:让我考虑一下吧,我回头跟你们联系。

经过几天激烈的思想斗争和荣生叔的劝说,我终于决心去认我的亲生父母了。

几天以后,我联系了我大哥。我大哥虽然是农民,但是这么多年做生意也挣了些钱,买了车,他就开着小车来接我。

车拉着我走了半个多小时,来到了一个村庄,这个村庄就是富平县淡村乡盘龙湾村,也就是我出生的地方。是我 30 年来第一次回到的地方。

我原来是富平县人,是关中道里的人。

当我走下小车的时候,我大哥对我说:阮山,这就是咱屋。他用手指了指右边的房子说:这是你三哥家,左边这是你二哥家,中间这是我家。

我一看,他们的房子比我们金马村的房子好多了,家家都是小洋楼,跟别墅似的。他们门前的地很宽敞,一眼望不到边。

一大群人都站在我大哥家的大门外,我大哥就指着其中一个老汉说:这是咱大,咱的亲大。又指着一个老婆婆说:这是咱妈,咱的亲妈。

老汉老婆看上去 60 多岁的样子,他们上前一把抓住我的手,说:娃呀,你受罪了。这些年,把你丢在外面,大和妈对不起你呀。

我妈一张口就哭了，我大也忍不住流泪了。我大说：好娃哩，把你给出去，不是咱屋里没啥吃，而是没人管你，也是为了让你逃命去。我10多年来一直在不停地找你呀！我们从陵前乡甘涝村你继母的娘家，又找到照金袁家坡，一直找一直找，把这方圆几十里的村庄都找遍了，这才在金马把你找见了。

这时，大家都哭成了一片。

认亲之后，我住了一晚上，然后又回到了金马村。

搬到梁上

2005年，刚刚30岁的周阮山当了金马村的文书。老支书，也就是他的荣生叔年龄大了，把许多事情都交给四处闯荡见过世面的周阮山来处理。由于老支书的信任，当时的周阮山说是文书，实际很大程度上充当着金马村村支书的角色。

村上的能人青黄不接，老支书希望他能多为村上做些事。当时周阮山心里也很激动，他爽快地答应了老支书的请求。他感激老支书当年的帮助，也想把村上的事搞好，但当时也有一些顾虑，觉得自己不太会做群众思想工作。他也知道农村里的思想工作是最难做的，要是心理素质不高，承受不住压力，没有胆子，不是你把人家说服了，而是人家把你说得哑口无言。

金马村辖四个村民小组，分别是上金马组、下金马组、狮子塬组、土桥组。

金马村人对自己的环境和生活有一个描述，即三梁三沟六面坡。2000年以前，金马村人还没有在梁上住，都住在山坡上的土窑洞里。出门两脚泥，回家一身土，喝着"稠咚咚"、用着"脏兮兮"。"稠咚咚"和"脏兮兮"指的是金马人用的土窖水。

2005年金马村实施了最后一批生态移民搬迁项目，一共85户，296人，全部从土窑洞搬迁到移民新村，告别了祖祖辈辈住着的土窑洞。

当时有几户人家，坚持要住在原来的村庄，不愿意搬过来，说是住梁上不利于生产。周阮山就跟他们讲，虽然说种地不方便了，但是以后随着机械化的普及，这个问题会迎刃而解，只有住到一块儿，国家对这个地方的基础设施才能进行全面提升。

他接着说：你看咱现在的移民新村，水泥路都修到每家门口了，天阴下雨出门也方便呀，卖东西的商贩也是络绎不绝的。

他做了几天的思想工作，终于说通了2户搬过来了，有5户还是没有说通。

在盖房的过程中，金马村打算整体实施沼气池、卫生厕所配套项目。村民们用惯了旱厕（即随便挖个坑，不用水冲的厕所），不愿意建沼气池卫生厕所。周阮山就给村民讲：你看咱们现在住得一家挨着一家，弄个旱厕，夏季臭气熏天，苍蝇乱飞，还容易得病，既不美观也不卫生，还影响村容村貌。再说，你看，咱这个搬迁点的土地也比较紧张，建个沼气池卫生厕所，一来能上厕所，二来也建了个猪圈，还能养几头猪，既有了经济效益，也能用沼气做饭、照明，一举几得，多划算呀。

村民一听很有道理，就把沼气池卫生厕所建成了。

这算是周阮山当准村干部后干成的第一件事情。他说：哎呀，当时还真有成就感。当时所有的基础设施工程采取的都是以工代赈的方式。金马村那个巷道，开始是水泥路和水泥硬化的 U 形排水渠，村上干部把线一放，让大家共同去整修路面，挖排水渠，村上只负责材料。还有门前的绿化树，也是干部把线一放，树窝一定，每家每户连挖坑带栽树浇水，自己弄自己门前的。村上负责提供树苗。

金马村采取集体买材料、群众投劳投工的方式，完成了四期移民搬迁基础设施工程。随后，原来那 5 户死活不愿搬迁的人家，看到移民新村配套完善、热闹方便，就天天来周阮山家吵，让给弄个地方。

那 5 户人家说，现在也不奢求享受国家政策了，愿意自己掏钱盖房，只要给个地方就行。周阮山说：地方不好找了，没有合适的地方了。他们就说：偏僻些也不嫌，只要能搬到梁上就行。周阮山说：先给你们把盖房用地协商好了再说吧。

过了几天，周阮山把 5 户人家叫到一起，说：盖房用的地，村上用复耕旧宅基地想办法给你们补，但原住户地面的核桃树、小麦、油菜，你们必须赔，地基费用你们也要承担。

5 户人家都表示同意。随后周阮山让他们抓阄排顺序，从北往南给每户划拨了三分地，也就是每户 200 平方米。周阮山又亲自数树、丈量地、叫铲车、平整土地、算账、分宅基地、规划建房。在建房期间他又多次到工地查看质量和进度。

经过一个月的紧张施工，最后这 5 户人家的房子也终于盖成了，他们都非常高兴，争着叫周阮山去家里喝酒，表示感谢。

旱塬上的水

作为旱塬山区，吃水一直是金马村的沉重话题。金马村一共实施了两次引水项目。

2007年，金马村实施了第一次人畜饮水项目。

考虑到资金短缺，村上研究后决定仍然采用酬工酬劳的方式，施工队负责材料和施工，群众负责挖管道渠。村上把管道渠总长度一量，按照常住人口数一平均，确定每个人应挖渠的长度。

还是得给群众做工作。周阮山在会上说：国家财力紧张，咱村争取的这个饮水项目属于以工代赈。咱村没有集体积累，大家都要挖渠。要想吃到干净的自来水，大家必须出劳出工，才能把水引上塬。

周阮山说完，百分之八九十的群众都表示愿意挖水渠，但个别人表示不想挖。

周阮山就又说：你看，大家都在这梁上住着，吃水不方便，如果水引上来了，你没挖渠，咋好意思去吃水？

最后，全村人行动起来，各家挖各家的，干得热火朝天。金马村人第一次提着水桶接干净的自来水时，别提有多高兴了。

最高兴的是一个80多岁的五保户，这老汉身体硬朗，一辈子不爱求人。老汉说：我以前吃的那窖水，把人吃得肚子胀得很，里面的柴草、牛羊粪便，多得很。三娃子他妈说：原来没水了谁敢烧锅，现在锅烧着去提水，把水提回来，锅还没烧热哩，看多方便哩。患大骨节病的老周头说：哎呀，这下终于把我给解放了，再也不用担水了。原来遇到下雨天，担水也不方便，上坡下坡，跑七八里路，担一担子水把一下午的工夫都磨没了。

三娃子他妈就揶揄老周头说：你那个样子，还能担水？担一担子水，东一摇西一摆的，等到屋里了也就只剩下两个半桶水咧。老周头也不生气，说：就是的。娃娃们也不用再操心得我这个病了。吃这水害了几辈子人，害得我连个媳妇都找不下。三娃子他妈说：你看咱村现在跟个小香港似的，你赶紧找个媳妇，看不上你人，最起码能看上咱这个地方的。

住在上金马的人，尤其高兴。他们原来是用牛在深沟里拉水吃，如果遇到天气不好，下不去沟，还得向邻家借水吃。

老支书荣生叔都遇到过麻烦呢。那年荣生叔生病了，没有力气牵牛拉水，儿子只好一个人去拉水。在拉水回来的途中，突然间蹿出来一只野兔，牛受了惊吓，结果，拉水车翻了，车上的水桶也翻了，水倒完了，人和车子被惊牛拖了好几十米远才停下来。荣生叔儿子的棉袄被拖烂了，脊背被拖掉了一层皮，住院花了好多钱，才把人抢救回来。荣生叔和儿子一回想起这事，就感到后怕。

对于金马村的人来说，吃水似乎比吃油还难。

移民搬迁和引水工程的实施，使周阮山在金马村的威望陡然上升。2011年，35岁的周阮山高票当选村委会主任，正式主政金马村。

到了2014年，涌到移民新村的村民越来越多，移民新村的用水量一下子增大了，原来抽的自流水逐渐无法满足群众的生产生活需求。而且金马村的产业以核桃为主，打农药、浇树、清洗退出来的湿核桃等，都需要大量用水。

周阮山就先召开村组干部会，商讨如何解决下一步的用水问题。有人说：把咱们原来的蓄水池弄大些，池子太小了，再弄大一点，装水就多。有人说：再建上个大蓄水池，多存些水，不就对了，一次多弄些水嘛。还有人说：一些村还没有自来水呢，咱们有就不错了，我看这就可以了。周阮山说：关键是自流水流量太小，没办法多抽水，池子弄大了，抽不来水，顶啥用呢？

周阮山认为，虽然金马村有了自来水，但是随着产业的做大做强，用水量增大，必须从根本上解决用水问题。不能光满足于现状。

他说：咱金马上一回是从刘家河抽的水，引的是石头缝里流出来的自流水，这一回大家再好好想想，还能从哪里引水上来。

有人提出只有从虎河里引水，才能解决用水的根本问题。但虎河太远了，距离长，施工难度大，钱从哪里弄？

周阮山说：可以向国家申请一部分资金。咱金马村没钱，总有人吧，继续投工投劳，大家就是出点力气嘛。

于是又召开群众大会,让大家出工出劳,挖水渠。

没想到群众大会开得很不顺利,会场吵成了一锅粥。有人说:我们已经有水,水不够的话,再到别的村拉些回来。有人说:我屋也没啥人,娃些个都在外头哩,屋里就我一个,一年到头也吃不了多少水,我感觉这就行,不需费事了。有人说:我干不动了,你看我这身体,上个坡都气喘喘的了,可咋出劳呀!有人说:咱村有些人,家人都常年不在屋,你分下的水渠,谁给你挖哩?一时间,说啥的都有。

周阮山知道群众一向都是得过且过,不想折腾,对群众提出的难题,必须一一化解才行。

周阮山说:年纪大的、干不动重活的,村上可以采取特殊政策,给分些轻活。你挖不动水渠,可以丈量水渠。这活轻得很嘛。在外的,你在外面挣钱挖不了,你可以在村上雇人替你挖嘛。你嫌村上给你雇人贵,你可以自己雇人嘛。有些人,虽然吃水少,但到了核桃采收季节,要大量用水,你用的水也不少嘛。

他说完之后,群众也都无话可说了,会场慢慢静了下来。最后大家都表示愿意出劳了。

施工同样也不顺利。

施工的地方在虎河村,虎河村的人认为这是国家项目,既然从他们地盘上过就必须多给钱,这样一来,引水施工受到阻拦。金马人弄一下,虎河人挡一下,根本推进不了。

周阮山有好几个晚上都睡不着觉。他甚至都想过带着金马村几个壮汉,去打那些阻挡施工的虎河村人。想了想,还是要和虎河村的村干部协商,看他们到底要多少钱。

虎河村说集体和个人都要给一点钱。周阮山说:现在的项目都是以工代赈,资金本来就不够,阿搭有钱给呀!虎河人说:不给钱就不能弄!就不要施工!

周阮山说:是这样吧,集体这块儿,咱俩都是邻家,梁上梁下,抬头不见低头见,就算了;群众这一块儿,就按照当年农作物的产量和单价,占多少赔多少,就这,村上还没有钱呢。你是这吧,我个人从我家里拿上些钱把群众的青苗一赔。

周阮山知道群众是不见兔子不撒鹰,不然的话你就是把水渠挖好了,也不让你放管子。最后,周阮山从家里拿了3000多块钱给了虎河村的群众,算是赔偿了。这样施工才得以进行。

周阮山感慨着金马人的好。他说:金马人真是好呀,一个冬天,背着馍,拿着水,中午不回来,就在工地上干一天,晚上才回家吃饭。

有的地方土质坚硬,加上当时是冬天,一镢头挖下去就只挖了一个白印印,他们就又换成了耙子,即使这样,有些人的手都被震得裂开了血口子,第二天用布条缠住伤口,继续挖。

周阮山给自己也分了一段水渠,他除了指导整个工程进展以外,也背着馍,拿着水,和群众一样出工出劳。

经过一个冬天的奋战,终于把虎河水引到了金马梁上。

虎河的水引上来以后,水量大了,吃水用水有了保障。金马一些条件好的人家就购买了太阳能热水器,在家里洗个热水澡冲个凉水澡的,扎势得不行。

过去的金马村,全家人洗脸都用一盆水,洗完脸再抹桌子,水脏得实在用不成了,再去喂牲口,一点都不敢浪费。洗澡连想都没想过。周阮山说金马人所谓的洗澡,就是把毛巾摆湿,在身上擦一擦。小孩的脸黑得能搓下垢圿,身上长年都是异味。

现在随时可以洗澡,可以冲凉,金马人感觉过着和城里人一样的生活。后来,还有别村的人跑来金马村的亲戚家来洗澡。

金马村彻底告别了无水缺水的历史。

坡屋顶改造

金马村虽然之前实现了整体移民搬迁,但是大部分瓦房因盖的时间长了,外面下大雨,里面下小雨。群众要求把房屋修缮一下。

周阮山通过多次考察调研,决定用钢构树脂瓦把屋顶加盖一下,这样既可以防水,又可以保暖,而且施工也比较简单,还不影响群众日常生活。

粗略算了一下,需要资金大概500多万。

资金、资金、资金,每次都是资金问题。金马村没有企业,也没有积累,上哪去寻找这么大一笔资金呢?

这时,包扶单位市人大派来的第一书记段志斌到村上来了。周阮山就向段志斌寻求帮助。段志斌向单位做了汇报,然后又和周阮山一起到市人大找领导详细汇报。

领导思考了一会儿,然后对他们说:坡屋顶改造所需资金量很大,你们找一下住建局,看他们可否把坡屋顶改造纳入危房改造项目里。

过了几天,住建局的工作人员来到村上,逐户查看后说,即使是危房改造项目,国家补助的资金量也不大,无法满足金马村的全部坡屋顶改造。

事情卡在这里了。这一回再靠群众投工投劳也行不通了。

周阮山和段志斌不气馁,就再去找领导,一次一次地跑。他们的诚心感动了领导,领导就答应动用他的个人关系,多方筹集资金,若还不够就勒紧裤腰带过日子,从办公经费中每年挤出20多万,给金马村用在项目上。

这时,虎河村合并到了金马村。由于历史原因,虎河村的许多人都来自外地,有甘肃的、湖北的,还有大量陕西陕南的,所以虎河村的人历来喜欢单打独斗。虎河村的房屋盖的时间也比较长,加之盖的时候条件不好,就没有像当地人那样做过长远打算,仅是为了满足基本的遮风挡雨而已。虎河村人居住分散,在山根子下面这一窝那一窝的，村路曲里拐弯的，带轮子的根本进不了村，只能步行进村。

周阮山说，虎河村人有走心没守心，他们是逃难过来的一群人，对这个山洼洼早已失去了信心，所以坡屋顶改造时，虎河村人的热情不高。

虎河村人对周阮山说：把屋弄好顶啥用呢？屋子好了，下雨了人不照样还是不得出去。

周阮山说：请大家相信我，在包扶部门的帮助下，金马村的基础设施在逐步完善，虎河村也会逐步完善的。

坡屋顶改造过程中，因为有些群众之前把两两相对的房子之间形成的院子封了，就是把院子顶上的露天处用建筑材料连在一起了，要拆除才能施工；有些群众建在墙外面的烟囱超出屋顶，也无法进行施工；有些群众家里没人，同样没法施工。对于这些问题，周阮山都要一一进行梳理解决。

周阮山到底是本乡人，最知道群众的心理。他说：你看，虽然拆除了你封的院子，你有点损失，但坡屋顶改造国家给咱每一户投资五六万元，相当于给你盖了一院房的代价。你不趁着这个机会，以后你自己想弄，你能不能弄起来呀？

这种情况的农户一听，心想：对呀！这不是沾了大光了嘛！马上就主动配合项目的实施。

最难解决的是烟囱箍在墙外面的问题。

一开始改造时，施工队就是拆墙，准备将烟囱箍在墙中间，结果把满屋弄得乌烟瘴气，砖头都掉到锅里头了。群众怒气冲冲地跑到村委会找周阮山，说：你看把屋弄成啥了，把我锅都给砸烂了，中午在阿搭吃饭哩？我不弄了，我到你屋吃饭去。

周阮山到现场里里外外看了一遍，这样子真的是没办法弄。群众的抱怨也是可以理解的。他一时也没有想出好办法，点了一根烟，就在墙跟前转过来转过去的。他一口气吸了三根烟后，突然灵机一动，想到了一个不让砖头掉到锅里头、屋里面的墙也不破损的好办法，那就是先用切割机把砖墙切一条缝，然后用电钻将砖头铲掉，再将铁烟囱镶在墙里面，糊上泥，外面进行水泥压光。

这个办法一说出口，村民们都说：阮山，你就是聪明。这个办法好，就这样弄。

村北第一户，他亲自指导施工队实施。他让工人搬来个梯子靠在箍烟筒的墙上，然后拿着切割机从上面往下一层层地切，再用电铲铲掉切的砖块，果然屋里面的墙没有一点损坏。

实践证明这个办法可行。随后，所有烟囱在外的农户，都按照这个办法弄，全部都成功了。

金马村的坡屋顶改造是关庄镇实施的首个全村整体改造工程，经过一年半时间，改造项目顺利完成。

金马村在移民搬迁的时候，本身规划就很整齐，宽敞的街道，两边各有两排房屋，门前还规划了绿化带，有红叶李、冬青、龙爪槐等。坡屋顶改造后，村庄完全换了样。

周阮山说，当初他说过，贫困村脱贫之日，就是美丽乡村建成之时。这样的目标他们算是实现了。金马村一下子成了脱贫攻坚示范村。领导喜欢来，群众对脱贫攻坚满意度也最高。不光是贫困户满意，非贫困户也笑着说：给我拾掇了房，花了这么多钱，我咋能不满意哩嘛。

以前领导们来了，村民们漠不关心。现在领导一来，村民们都主动站在自家门口，给领导说：感谢领导，我们村再也不为房屋漏水担心了，一下子还变得这么漂亮，给娃说媳妇都有了底气，也有面子。

领导们听了也很高兴。

核桃可以出山了

水通了，房子漂亮了，周阮山发现村中的巷道还是不尽如人意。

其实巷道建成时间倒是不长，但主要是当时通往照金的高速路施工时施工车辆反复通过，毁坏了路面。漂亮的房子跟破烂的巷道搭配在一起，给人的感觉好像是一个人穿了一身新衣服，脚上却是一双烂鞋。

群众也抱怨，说门前晾晒的粮食都没办法扫起来了，扫起来以后有一少半都是石头、沙粒，还要再用风车过一次，不然粮食就卖不出去，也无法磨面——有时磨面时石头沙粒会把机器弄坏。

那怎么办呢？若是将旧的水泥路铲掉重新建，费用太大。周阮山想，能否将旧路进行技术处理后再铺上沥青？

周阮山是想到了就立刻去做的人。

他跑到县城，找到一家正规公司进行咨询。专家说经过技术处理可以铺上柏油，成本比挖掉重新建低得多。他听后非常高兴，又当即让人家做了修补路面的预算。然后，他拿着预算报告，直接去了包扶部门市人大办，把专家的建议和预算一一汇报了。

领导问他有什么想法。他对领导说，金马村旁边正在修建新区到寺坡的旅游专线，人家项目部有施工车辆，有技术人员，有材料，都是现成的。希望领导协调一下"新寺"公路项目部，让给金马村的主巷道也铺上柏油。

领导听后觉得他的方案可行，立即着手联系耀州区交通局。

联系好后，领导说：具体情况你比较熟悉，你到区交通局当面给局领导详细汇报。

他和第一书记段志斌连续跑了好几趟，终于在一个星期五的下午，见到了耀州区交通局的局长。

局长给项目负责人打电话的时候，周阮山也在全神贯注地听，他听到项目部负责人在电话里说主巷道可以帮忙修，但侧巷道没法弄，原因是大型车辆无法施工，还说给帮忙不能叫他们赔钱。

局长在电话这边就说：大型车辆进不去，你可以让铲车将柏油端进去，人工铺平。大型压路机进不去，你们可以租赁一个人工推的小型震动滚，来回多滚动几次嘛。

局长和项目部负责人在电话里说了30多分钟，周阮山紧张了30多分钟，局长放下电话时，他发现自己出了一头的汗。

他已经听清楚了，那边的项目部答应给他们干了。主巷道要给他们铺好，侧巷道也要给他们铺好。这边局长的指示非常明确非常细致。他激动地站起来，紧紧地握住局长的手，连声说着：太感谢了，太感谢了！

周阮山回到村上，立马把好消息通报给了村民。他让村民将自己房前屋后放的东西赶紧清理干净，车辆也抓紧移开。他说这次机会来之不易，错过就不会有了。

只一下午时间，村民们就把房前屋后全部腾得干干净净，为施工做好了一切准备。

毛毛细雨下起来了。周阮山早早起床，站在村口，以为施工队今天不会来了。正想着，山那边传来轰隆隆的机器声。

机器声起，村民们不约而同地走出家门，站在自家门口往坡下观望着。只见一个庞然大物从村南边正往上走，接着压路机、装载机、拉料车一字排开，齐整整地轰鸣着往村中间开来。

那个硬朗的从不靠人的80岁老汉说：哎呀，前面开来的这个大家伙是个啥东西？我咋还没见过这玩意哩。

三娃说：你这些人都没见过世面嘛，那个家伙叫摊铺机。

老汉说：摊铺机是弄啥的？

三娃说：拉料的汽车把车屁股对准摊铺机上面的大斗子，将液压打起来，柏油就流到大斗子里面了。拉料汽车挂在空挡上，由摊铺机把汽车推着往前走，料源源不断地向下流，通过搅拌轴搅拌后均匀摊铺在路面上，然后压路机再来回将路面压实。

老汉不知听懂没听懂，恍然大悟般说道：噢，原来这个大家伙是弄这事的，柏油路是这样修成的，我光是走过，没见过咋个修哩。

修到各家门口时，村民就给工人倒水、发烟，并小声地给工人说：把我们前的路面多压几次，压得瓷瓷的。有的村民将工人的锨抢下来让人家歇一会儿，然后将自家门前参差不齐的路边往齐的收拾。还有的把漏下来的沥青用锨接着倒在自己家院子的坑坑里。

那是个阴雨绵绵的秋天，毛毛细雨一直下着，却没有一个打伞的，村民们和工人们混杂在一起干活。一条巷子弄得烟气腾腾地，场面十分壮观。

下午修到侧巷道的时候，场景更加热闹了。铲车将柏油一倒，热气腾腾，妇女小孩齐上阵，赶紧用铁锨趁热将柏油铺开，害怕柏油冷却凝固后铺不平。男人们从工人手中抢过震动滚，来回在自家门前滚来滚去，生怕自家门前的巷道没有压实。

雨停了，梁上的晚风吹起来了，工人们收工开着机器离开了，嘈杂的声音听不见了，但村民们还迟迟不肯离去。男人女人，老头小孩儿，从南到北走了一遍，借着巷道的路灯仔细地察看着自家门前的路面和别人家的是否一样。1000多米的巷道有人来来回回地走了好几趟。

周阮山一直跟在压路机后面，看哪些地方没有弄好，发现没有弄好的立即督促工队重新修复。

当施工队和群众都散去之后，已近子夜，周阮山一个人从南走到北，从梁上走到梁下，一直走到高高耸立的村口牌楼前。他站在那里，看着这条崭新的巷道，从兜里掏出一根烟，点了起来。

此时虎河村的村民又不愿意了。

虎河村人说：你是金马村的村主任，我们虎河合并过来了，你也是我们的村主任，你不能把我们虎河人当成抱养的孩子。你把金马村水泥巷道上面都铺上柏油了，我们村还是土路，你没看我虎河村路窄的、坡陡的，车都过不去。手心手背都是肉，你不能不管我们呀。

虎河村的自然环境其实十分美妙，山水相依，山势错落有致，但因为基础设施不到位，呈现出几分荒凉。巷道没有硬化，生产路长期没有拓宽，没有路灯，村民吃水还要去河边挑。村里也没有排水渠，下大雨的时候泥水任意流淌，村民们只好用土把大门口垫高，防止泥水流到家里去。

在实施虎河村通组路硬化时，要损坏一部分庄稼、核桃树，还要占一部分地，虎河村人又提出让对损失的庄稼、土地进行赔偿。

周阮山说，村干部不能当甩手掌柜，必须要把手伸到面瓮里面去。把手伸到面瓮里的方法就是实地考察，看占用的那些庄稼地和树木到底是个什么情况。

开会时，虎河村人咬住国家项目占地必须赔偿，要么就补地，没地就赔钱，要求按国家征地标准赔钱。有人说：看我的核桃树多大，修路从这头到那头，占了我多少地？

周阮山说：咱这个生产路这么窄，每年收种，收割机、农用车都没办法过去，大家拉的庄稼，过河时还要给轮胎打上防滑链才能通过河道上岸。有时，拉一车庄稼在河道里半晌都过不来，陷在淤泥里，不能前也不能后，轱辘只转哩，车就是不动。你们就找来锨、镢头，你们拱在车里清理淤泥，把人弄得跟泥人一样的。这些事你们都忘了吗？

他这样一说，虎河村人就不吭声了。

他趁热打铁又说道：按照国家政策，修生产路只有施工费没有赔偿费。金马村这边修了这么多路都没有赔偿，金马村人都积极配合，你们要想和金马村这边的基础设施一样，那你们也要和金马村这边的群众一样好好地配合。况且，你们想想，生产路修好了，大型农用机械都能进到地里，收种三两天时间就完成了，腾出时间还可以去打工、挖药材，多挣些钱。就是不想种地了，把地流转给别人，也有人要，也能多流转些钱。你们不能光看眼前的小利益，不看长远大利益。

虎河村人在下面窃窃私语了好长时间，最后表示愿意积极配合。

虎河村的这条生产路，也叫通组路，一共修了六七公里。施工难度最大的是樊家河组，要过两条河，还要从一处石崖底下通过。石崖高七八米，下边是水潭，路基只有两米来宽。原来的通组路是从河床边通过，为了把路移到安全地方，需要从一户群众的耕地穿过，而这户群众常年不在家。

这户的户主是虎河村几十年的老支书，已经70多岁了，老伴长期有病，犯病时遇上下雨天就出不去村。为了方便给老伴看病，老支书无奈地在离医院近的村子租了一院地方。

村上派人到外面把老支书接了回来,老支书到施工现场一看,规划的通组路如果不从他地里穿过,等到雨季发洪水,路还是会被大水冲垮的。老支书到底有觉悟,他对周阮山说:这是好事么,我也是当了几十年支部书记的,应该支持。现在这政策好得很,你们年轻人也抓住机遇了,我都不敢想,别说修通组路了,能够把咱巷子修一下都不错了,说修巷子说了十来年,到现在还是土巷子。

老支书拍着周阮山的肩膀接着说:阮山,大家选你当村主任,没选错,你看你当村主任才多长时间,咱们村变化多大呀。修这条路,老几辈人想都不敢想,看你这小伙子摊了这么大底,你要是真能把这条路修好,我就回来住呀。我住在外面花费大,人还不熟,我住外面可没有住咱村上好哩。我是咱村上的老人哩,几十年在这里,山山水水,我都熟悉得很,住在人家村里,感觉自己像是个外人似的。

虎河的路修通了,大大方便了虎河村的人。外面到虎河村流转土地的人开始多了起来,因为虎河这边有自流水,有河就可以建水地。

外面来的人都精得很,有些人想在虎河育树苗,有些人想在虎河种莲菜,还有些人想在虎河建鱼塘养鱼。

还有几个西安来的人,找到周阮山说想在虎河村搞旅游开发。他们对周阮山说,虎河这个地方修了旅游专线,路也方便了,这里山清水秀,景色奇异,可以搞观光旅游,游客可以观莲花、钓鱼、吃烧烤、现场采摘瓜果、蔬菜。他们还看上了虎河村大面积生长的连翘、党参、黄芪、柴胡,他们说可以就地取材做养生汤,还可以建农家小屋,体验自种自收的农家生活。

他们把周阮山说得心潮澎湃,真没想到修了虎河村这条通组路,还产生了这么大的连锁反应。

原先要求赔偿的村民也在一块儿悄悄地议论,亏得把这条路修了,这路修得就是好。虎河村人说:城里人都是些怪怂,人把核桃恓惶地背到山外面去,城里人一个劲地压价,咱现在在家门口,给他要啥价,他给啥价,乖乖地给钱哩,争着给哩。现在咱村上卖啥的收啥的都有,核桃不出门就卖了,卖得比在外面还贵哩。

为李天明葬母

脱贫攻坚以来村干部也是早八晚六上下班，和正式干部一样。群众的碎事更加地烦琐了，以前可管可不管的事情，现在都必须要管。

周阮山讲了一个为贫困户葬母的故事。

2017年4月23日晚上9点，我在村上开完脱贫攻坚会议，回到家里刚坐到床上，正准备点上一根烟，喘口气，就听到"嘭嘭嘭"急促的敲门声，把我还吓了一跳。我打开门一看，是我村的贫困户李天明。

我问：天明，这么晚了，有啥事？

李天明说：我妈刚老了。你看我和我妈两个人，我又没媳妇子，日子也没过好，现在也没有钱埋。这会儿我自家（也叫本家）几个人和我姐夫在我那里，你过去，咱一块儿商量一下看这事咋弄呀。

我就赶紧和李天明一块儿到他家去。

到了一看，他自家的几个人和他的姐夫都坐在桌子旁边喝水抽烟哩。

看到这一幕我就说：秦余，你是天明姐夫，看你丈母老了，你妻弟日子过得就这个样子，你要挑大梁哩，咱们有钱拿钱埋，没钱拿人埋。你拿些钱，先借给天明，把埋人最需要的基本东西一买。

李天明的姐夫说：好主任哩，我刚把房子盖起，紧得没得钱。我最多就是给他外婆把老衣一买，门上乐人一叫，其他的我就不管了。

我气得说：没菜没粮食，给打墓的人都没啥吃的，还叫啥乐人哩。

李天明姐夫又说：好主任你不是不知道，咱这搭的风俗习惯，给他外婆买衣服叫乐人是我做女婿的义务，其他的事我不管，叫天明看着弄去。

这时，我又看看李天明的本家李书斌，说：老李，你看你娘娘老了，你也是咱村干部，监委会主任，你拿些钱借给天明，看着把这事一弄，把人一埋。

李书斌说：主任，我刚盖的新房还是你帮忙设计的，刚打完顶，亲戚朋友借了一圈，你不是不知道。我真是有心无力。

这时，我对坐在墙角的李天明的侄娃子说：民娃，你爸是老大，你借些给你大大，看着把你婆（奶）一埋。回头让你大大拿外出打工挣下的钱给你一还。

民娃抿着小嘴说：好领导哩，我大和我娃今年一年都在医院住院哩，花了一河滩钱，我也没出去打工。不是我不借给他，是屋里实在没有钱。

我听了这几个人的话，无话可说。因为我也知道李天明好吃懒做，一天光知道打麻将，借亲戚的钱都不还，有借无还，他们都有顾虑。

这时候，李书斌就说：主任，咱村上给拿些钱，咋向？咱村那个汪国财老的时候，家里比较恓惶，村上不是给拿了些钱嘛。我天明比他还恓惶哩，咱村上也给拿些嘛。

我气得说：老李，你是咱监委会主任，给汪国财拿钱都几年了，账报了没报，你不是不知道。

从李天明家出来，我连夜召集村干部会议。我给大家说：李天明他妈得病时间也长了，刚才已经老了。天明这日子就是这样子，也没有钱葬埋，他姐夫和他自家人日子也过得比较紧，刚才商量，他们也拿不出钱。老人老了，是咱村里的人，总不能放着不埋嘛。是这样子，我们都是党员干部，我们带头每人捐些钱，先把烧纸、孝、菜和馍买了。按照我们这儿的风俗，人老了以后，首先要在屋子中间用砖或凳子支上板子，把人从炕上抬到板子上停放好，不能老让他躺在炕上。然后给老人烧咽气纸，还要给入殓人买麻纸、被褥，把柏树叶子装进袋子，将入殓人夯实。孝子明天还要戴孝，第二天一早就要组织人找地方打墓，要吃要喝。这些急需要办的事，我们集资先解决。

村干部们都说：天明就是个烂杆子，人已经老了，这些事都要弄哩，那就这样弄吧。

我给文书说：你就给咱记上吧，我先带头，我捐300。

接下来，大家你100他50地都捐了，一共捐了1850元。

过了两天，李天明又来了，说：主任，那1850元没了，花完了。你看，这还有几天时间呢，人还没有埋哩。你看咋弄哩？我不管了。你是主任，你不怕丢人,你看着办!

把我气得真想扇他一巴掌。我就说:李天明,你真是羞你先人呢,你身强力壮的,一天不知道打工挣钱过日子,光知道打麻将,你看把日子过成啥样子了?你知道你亲戚为啥不借钱给你吗?你想过没有?还让我看着办,好像你妈成我妈了,让我给你埋哩。你妈养儿养女的,到头来养了狗了,养了猪了。

李天明不吭声,坐在沙发上,跷着二郎腿,抽着烟,头仰着,说:我也不顾啥了,反正我也没办法了,你看着弄吧。

停了一会儿,我说:天明,你妈这个事,你就当好孝子就行了。你回吧。

李天明走后,我对媳妇说:你看,这个事也实在是没办法了,咱先垫些钱,把人先一埋,回头让天明慢慢地还。

我媳妇一听,生气地大声说:别人都捐献100、50,你当村主任的,捐个200就可以了,你捐了300。你一天忙得,咱家种的20亩玉米,从种到收,你才到地里去了两天,你叫我雇人哩,我都不舍得,一个人干,咱的钱也不是风吹来的。人家亲戚都不借,你还把钱借给他!

我说:咱当村主任哩,咱村人老了,咱不能老放在家里不埋呀,叫别人笑话哩。咱都是有头有脸的人嘛,不能丢咱人么,这也是做善事,天明以后啥时有了,让他慢慢还吧。当年埋葬我继父时,我也没钱,我去我六大家借钱,六大对我说,我的钱全部买了玉米了,也没有钱,我承许过给你父亲买一刀纸,剩下的事我不管。我对六大说,你不是说长兄如父,长嫂如母,你是小小的被我伯带大的。你先借给我些钱,叫我把我伯先埋了,等粮食卖了后我给你还。六大说,你去找你四大去。

我来到四大家,把跟六大借钱的事告诉了四大。四大气愤地说,看那是啥人嘛!你是这,我也没钱,让你兄弟把咱屋里吃的口粮拉到下高埝粮庄一卖,给你凑些。

我接着对媳妇说:看咱埋咱老人时,也那么难。天明现在的情况和咱当年是一样的。

媳妇听了后说:这个事我不管了,你看着办去。

随后,我打电话将我村的许建军、曹建学、李增平、涂来喜、李宪民召集到我家,给每人泡了一杯茶,发了一支烟。我说:把大家召集来,是有个事想跟大家商量一下，天明他妈老了，他也没能力埋，人总不能老放在家里。现在我提议，建军，你是党员，是村干部，也是有名的大厨，过一个事也挣六七百，天明这也恓惶，你就免费给大家把饭一做，就当给天明帮忙哩。

建军说：没问题，听主任的。

我又对曹建学说：建学，你也是村民代表，你家里有过事的家具哩，锅碗瓢盆、桌子板凳、帐篷锅头都有哩么，都现成的么，就拉来，叫天明免费用，也不要要钱了。

建学就说：唉，天明就是这个样子，行么。

我对李增平和涂来喜说：增平哥，你把村里红白喜事一直都管着哩，这回，你还给咱管上吧。看着把这个事弄好，看着把老人安埋好。来喜，你这个人很聪明，你给咱坐礼房，看着把礼钱收好。

增平说：虽然天明没钱，这个事也难管，村主任说了么，我想办法把这个事给咱管好，你放心吧，主任。

来喜也应承说没问题。

我对李宪民说：民娃，你是天明的侄娃子，你是这，我先给你取上5000块钱，你把钱拿上，和你建军哥明天早上去城里把菜和烟酒都买好。我给你说，咱们坚持节约，菜是一荤三素一汤，吃饱为止。另外，这个钱，你千万不要交给你大大，不够了，我再给你取上些钱。

第六天（我们这里一般不第七天埋人，阴阳先生说第七天埋的人罪孽深重），清晨，天蒙蒙亮，喇叭就响起来了，全村人听到喇叭声都赶到了李天明家里。抬枋的、拿锨的、拿绳的、拿烧纸的、拿五谷粮食的、拿鞭炮的、拿老人旧衣服的，还有拿纸棍的。全村的人，没有一个落下的，全都来了。

所有的孝子按照风俗，一字排开。李天明走在最前面，头顶着瓦盆子；他的侄娃子李宪民抱着老人的灵牌，其他侄娃子紧跟其后；他姐夫也穿着孝衣，一手拿着纸棍，一手扶着灵车的麻绳；李天明的姐姐走在男孝子们的后面。李天明姐姐一声号哭，队伍浩浩荡荡地向村外走去。

走到村口的时候，李天明摔掉了头顶上的瓦盆子，他突然号啕大哭了两声：我的妈呀！我的妈呀！他的声音震得好像山都抖了一下。

全村人沿着山路走了4公里，在太阳升起之前到达狮子塬组李天明家的老坟。

这时候,帮忙下葬的下葬,递砖的递砖,铲土的铲土,一个小时的忙乱后,终于将李天明的老母亲安葬好了。

埋完人回来吃了四菜一汤。

按照平常过事的规矩,八凉八热两个汤,合计 18 个菜,其中少不了鸡、鱼、肘子、条子肉,这是必须的。这一回,大家嘴上都说吃得好,实际心里也都在体谅着李天明。

过了两天,我又找到李天明,我说:我叫领导在新区正阳酒店给你找了个活,叫你杀鱼。酒店生活条件都很好,你要安心地好好干,再不能和以前一样三天打鱼,两天晒网了。

天明说:主任,埋我妈这个事给了我一个教训,我会好好地干,挣下钱把你的钱一还。

过年的时候,有一天早晨,我在检查春节环境卫生整治工作时,远远看到一个人,穿着西装,皮鞋擦得黑亮黑亮的,走近一看,原来是天明。

我就说:天明,我以为哪个领导检查工作来了,原来是你。哎呀,你看你现在穿得收拾得像个城里人,你这脸一下子白得跟贴了面膜一样的。

天明笑嘻嘻地说:主任,我这个工作美得很,夏季有空调,冬季有暖气,天天能洗澡,一月还有 4 天假,也不晒太阳,你说咋能不白哩么。

我又说:天明,这都快一年了么,这好的条件,把钱挣下了没有?

天明说:我正要给你说哩,我就准备给你还钱去呀。

我说:你卡里的钱够不够给我还么?

天明说:那够么,我给你说,我把我欠的账都还完了,我卡里还有 1 万多块钱哩。

我说:那看你这一年来再没打麻将了。

天明说:我听你的,坚决不打。

我说:城里那么大,人山人海,你摸不来向,你可能是没找见打麻将的地方吧。

天明说:人总还得有个脸哩么,我还能再做没脸的事么?我不能一辈子就当个贫困户么。

我说:天明,你看你现在收拾得这洋火的,好好再干一年,挣些钱,就凭你现在这个模样,找个媳妇绝对没问题,再给你添个大胖小子!

游击队变成了正规军

2019年年底，周阮山在第一书记段志斌的鼓励下，参加了陕西省从优秀农村干部中招录公务员的考试，还非常幸运地考上了。

周阮山说：最难忘的就是面试的场景。那是2019年12月的一天，我进到考场，看到桌子对面坐了一排人，非常严肃，感觉像是纪委在审查。我当时感到十分压抑和紧张，我想到进场前看到一个考生，他是个村支书，也是个农民企业家，能说会道，但他从考场出来的时候，头上流着汗。腊月天，他竟然紧张得流了那么多的汗。我虽还没有出汗，但心也是咚咚咚地直跳。

当我坐下来平复了心情之后，桌子对面正中间的一位考官，就问我准备好了没有，我说准备好了。

考官就说，考生请听第一题。然后念道：现在农村有许多年轻人都外出务工，孩子和老人无法照顾，对这种现象，你如何看待？

一听到这个题目，我立刻联想到了我们虎河村的情况，我们虎河村就是因为基础设施落后，资源也未盘活，没有企业，满足不了年轻人的就业需求，留不住年轻人，导致出现了题目中所说的现象。我们采取的办法是先完善基础设施，只有种下梧桐树，才能招来金凤凰。年轻人外出务工是迫于生活压力，谁不知道就近就业既能顾家，也能解决生活问题。要解决农村大部分青壮年背井离乡舍近求远打工的现象，首先必须完善农村基础设施，盘活当地资源，招商引资，实现就近就业。一家人在一起，互相依靠，其乐融融，农村也就避免了空心村的现象。

我回答时，只见所有考官一时看着我，一时用铅笔在纸上画来画去的。我后来听其他考生说：如果考官不停地在纸上画来画去，说明你答到人家要求的几个点上了，在给你打分呢；如果人家不画，说明你就答偏题了。

紧接着，考官又念了第二道题，说：壮大农村集体经济，大部分农民积极性不高,你是怎么看待这种现象的?

我一听,又是一个和农村相关的题目,这不就是我的强项吗?我的信心就更足了。我坐直了身子不假思索地回答道:我认为,出现以上这种现象的原因在于,实施土地联产承包责任制以后,农民各自经营,和村上没有太大的联系。村上也无法给农民带来好处,村干部职能未及时转换,说白了,现在的农村干部既要会管理,更要成为市场经济的弄潮儿,要懂经济,要壮大集体经济,给农民分红,给农民带来实惠,这样才能凝聚人心。

这时,我看到考官听得很仔细,脸上还露出了笑容。看到考官的表情,我知道这第二道题我又答到点上了。

接下来的第三道题目是:假如你是一个领导的司机,领导要去开一个紧急会议,通过一个村庄时,一户群众在巷道上搭着棚子正在过丧事。领导让你下去处理,请问你会如何处理?

我虽然没有当过司机,但我知道共产党以人民群众为中心,不管在什么情况下都不能扰民,要以群众的利益为上。我想只要围绕这个核心,就能把这个题回答好。

所以我又是不假思索地回答道:首先,我会找到村干部了解是否还有其他绕过去的路。如果没有,就让村干部就近联系群众过事点前面的车辆,第一时间将领导送到开会地点。这样既不耽误领导开会,也不会影响群众过事。

这些事情都是我们农村经常会出现的,就算不是领导,其他人来遇上了,也是这样处理的。过红白事是农村人的大事,如果处理不好,喜事也不喜了,丧事还会打捶嚷仗。

我用了"打捶嚷仗"这个土语,我看到有个考官还笑了一下。我给考官鞠了一躬,就信心满满地离开了考场。

就这样,我在45岁的那一年,坐上了国家从农村干部中招录公务员的末班车,从此,我成了国家干部,从游击队变成了正规军。

我之所以写周阮山考上公务员的这一情节,是因为我觉得周阮山的面试题目全是和脱贫攻坚相关的,也算是一个透视点。

2019年腊月二十八晚上,周阮山召开了金马村春节座谈会。

周阮山对村干部们说:历经5年,金马村脱贫攻坚取得了明显成效。今后乡村振兴，还应当做什么？

村干部纷纷发言，之后周阮山说：金马村发展干杂果、中药材是一个新的出路。金马无闲草，到处是药材，要让金马从个人挖药、种药变成集中种药、收药，像种核桃树和种苹果树那样形成新的产业链。

最后周阮山说：过完年后，我就要离开金马村去关庄镇政府上班了。但金马村是我真正的家乡，我一刻也不会忘记它。荞麦地里刺金花，别人不夸自己夸。我爱金马。我衷心地希望金马村这匹金马，在乡村振兴的大道上一路狂奔。

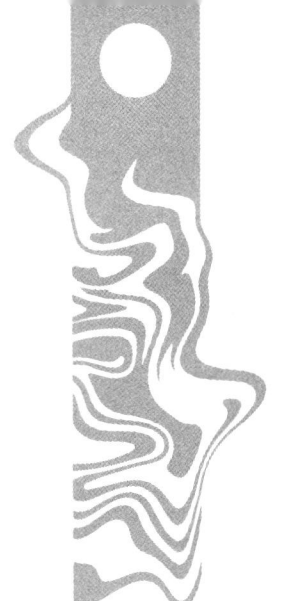

第十章 故贤村的故贤

故贤：相传，汉文帝始举贤良方正，唐、宋沿之科举，此村曾出一贤良方正之人（其姓名不详）。清代中叶，以故（从前）贤良方正得村名。

——摘自《陕西省耀县地名志》

英雄郭正喜

故贤是个古意盎然的村名，2020年的冬天我到北坡村去采访，回来的路上看到路边牌子上写着"故贤村"三个字，觉得十分亲切，就问开车的村主任刘厚强：故贤为何叫故贤，是不是这里出过贤良之人？

村主任是"70后"，说不上来。

后来，我又采访了阿子供电所的张占全，他59岁了，能够说出一些缘由，但还是不够详尽。他的意思是说，村口有孔窑洞，曾经住过一位尼姑，尼姑在家时身世坎坷，夫死儿弃，绝望于尘世，便出家为尼。出家后十分贤良，为村人做过许多善事，村人皆曰"姑贤"，后演化为"故贤"。

张占全所言"姑贤"与"故贤"意思不尽相同。

我又问了一些人，都对"故贤"二字的来历不甚了了。

在故贤村没有人关心贤与不贤的问题了，60岁以下的人，根本不思考村名的由来，觉得叫什么都可以，村名的由来对村人来说没有实质的用途，每天的日常才具有实质的价值和意义。

我问到一些人，特别是年轻人的时候，他们用疑惑的目光告诉我，我问了一个很奇怪的问题，他们说：不知道，喔就是个名字么，谁晓得咋叫个这名字，没想过，从来没想过。

这种现象我在墓坳村遇到过，在故贤村又遇到了。

2018年脱贫攻坚过程中进行了合村并镇，故贤村因为人口渐少被并入了邻近的大村北坡村。这意味着"故贤"这个名字会慢慢地消失。就是当下，故贤村的人对外也不再说自己是故贤人了，你若问他是哪个村的，他的回答也是：北坡村人。

当时，我听村主任刘厚强说故贤并入了北坡，关庄镇再没有故贤村了，我的心里便咯噔一响，像是突然发现丢了一件贵重的东西一样。我说：并的时候，为什么不把北坡并到故贤？哪个名字好就用哪个么。村主任说：故贤小，北坡大么。

实际上，故贤村原隶属的阿子乡，也已不复存在了，它和稠桑乡一起并入了关庄镇。我查了《陕西省耀县地名志》，稠桑在清代中叶因周围桑园多、桑林稠密而得名。

故贤、稠桑、阿子，包括安里，这些有文化内涵、历史渊源、道德力量，又有丰富意境和民俗意趣的名字都将湮灭在时间的深处，像大风从梁上吹过，漫天黄沙拔起地上的一切，将它们毫不留情地抛进深沟大壑里。

现在我正在写的这个人物，一开始提供给我的资料上就写着"北坡村人郭正喜"。到了郭正喜家之后，才知道，他其实是故贤村人。

郭正喜，应当也算是故贤的当代贤人。

故贤村看起来不很洋气，脱贫攻坚的成果在这里呈现得没有金马村那么显眼，家家户户基本还是老旧的平房，只是路修得还不错，可以直通村里。路两边的景色也很迷人，春天的杨槐树排列两侧，嫩绿的叶子迎风摇摆，摇出一派春天的生机。村庄的沟底是双叉河，两条河流交汇的地方就是水光潋滟的龙潭水库。龙潭水库被青山环抱，水从交叉环抱里涌出，形成深潭，像一面镜湖，而水库东南面那一带青山正是苍茫葱郁的高尔塬和长命塬。

在黄土高原地带有这么一处景观，实属难得。

20世纪30年代末，一个男孩随母亲来到了这个名叫故贤的村庄。十几年后，这个男孩成了赫赫有名的孤胆英雄。他的事迹被编入连环画里，书名是《英勇的爆破手郭正喜》，由华东人民美术出版社1954年出版。

因为这个男孩，故贤这个村庄，应当成为当代故贤的所在。这是我个人的看法。当然，这里我把"贤"的内涵进行了一些扩展，不只局限于传统文化意义范畴内的"贤"。

男孩出生于1932年，他的出生地是金马村。男孩大约5岁的时候，他的父亲去世了，后来，男孩就随改嫁的母亲到了故贤村。男孩的继父姓雷，但继父并没有给他改姓。他仍然姓郭，叫郭正喜。两年以后母亲和继父又添了一个男孩，那男孩姓雷。

故贤村属革命老区，是照金革命根据地的一部分。这里森林密布，重峦叠嶂，地形复杂，一直是国民党统治的薄弱地带。那时，共产党的地下游击队、国民党的地方保安团，还有一些正规军都在故贤这里活动，双方形成拉锯之势。

1946年年初，共产党西北地区地下领导人张仲平在阿子乡故贤村建立了一支10多人的武装工作队，后发展到20多人，改编为独立中队，到1949年发展到了80多人。14岁的少年郭正喜在武装工作队成立之初就加入了。武装工作队打击特务活动，袭击敌人碉堡，摧毁敌乡保政权。他们采取灵活多样的战略战术，避敌锋芒，开展游击战争。

1949年2月，独立中队整编为渭北总队警务连，隶属中国人民解放军。17岁的郭正喜正式加入了中国人民解放军。朝鲜战争爆发后，郭正喜被编入中国人民志愿军第二十六军七十六师一〇八团七连任战士，于1952年10月入朝。1953年6月，朝鲜战争进入停战谈判阶段，金日成在鱼隐山与美军僵持不下，志愿军决定帮金日成抢夺鱼隐山。在这次战役中，郭正喜立下奇功。

那时的郭正喜才刚21岁，他浓眉大眼，宽肩高个，是个像铁塔一样的英气青年。

6月14日夜晚，部队派他担任爆破手，他先是剪断铁丝网，想冲到敌人的地堡前面。可是敌人的地堡里射出了密集的火力，他匍匐在地上，根本无法到达地堡前。

战友们不顾性命一边躲避密集的子弹，一边向地堡强攻。看到身边的战友一个个倒下，郭正喜凭着以往战斗经验和大无畏的精神，硬是冲到了地堡跟前。他没有像黄继光那样用身体去堵枪眼，而是用手直接去拽地堡里伸出的枪管，枪管烫得如火炭，他根本不顾，眼看就要拽出来了，又一个敌人伸出刺刀猛扎他的手腕，手腕顿时鲜血淋漓，但他依然不管不顾。敌人见状，又扔出来一颗手榴弹，他一脚踢开手榴弹，手还是死死拽着枪管。

那时的志愿军战士，个个都是不怕死不要命的人。他不要命的劲头震慑住了美军，美军一泄气，他终于把地堡里的枪给拽了出来。

美军从地堡里爬了出来，他和美军展开了肉搏战。美军有10个人，他只有一个人。美军头戴钢盔，钢盔前面有绳子系着，他一把从后面拽住美军钢盔的绳子，往下猛力一拗，美军瞬间就被勒死了。就这样，他一连勒死了九个美军。最后一个死死地抱着他，使他不得动弹。这时身后的班长对他大喊：枪，枪，枪，把枪转过来。他只顾得与美军肉搏，把身上背的枪都忘记了。战友的提醒使他清醒过来，他用力甩开美军，把背着的冲锋枪转过来，对着美军一阵狂扫，美军倒在了地上。

就这样，一个地堡成功攻破。紧接着，他又攻破了4个地堡。一共五个地堡，全被他和尖刀班的战友们攻破了。最后，尖刀班还炸毁了敌人一座火药库，消灭了一个敌军军官。

接着敌人又开始进行反扑，敌人反扑一次，他们打退一次。敌人把力量集中在郭正喜身上，他一个人端着冲锋枪打退了敌人4次进攻。整个夜晚，郭正喜和战友们都处于与敌方激烈的生死搏斗状态，他们连续摧毁敌人火力点14处，歼敌俘敌90余名。

鱼隐山上一整夜的浴血奋战，为后续部队扫清了障碍。黎明时分，志愿军发起了总攻，占领了鱼隐山。

战火在朝鲜鱼隐山1089.6高地上，从黄昏一直燃烧到东方破晓，副班长和许多战友都倒在了郭正喜的身边，郭正喜的手、腿和脊背都受了伤，有好几个弹片钻进去，后来也一直没能取出来。特别是后背的弹片，医生后来说挨着神经无法取出。

鱼隐山战斗的胜利，对促成朝鲜停战谈判起到了决定性作用。

陕西愣娃郭正喜英勇无畏，从此扬名全军。当年拍摄的中国人民志愿军纪录片里也有一段是讲郭正喜的。新华社也报道了郭正喜的战斗事迹。

1954年，金日成将军亲自为郭正喜颁发了"朝鲜一级国旗勋章"。在这次颁发奖章活动中，郭正喜还见到了英勇堵枪眼的英雄黄继光的母亲。黄继光牺牲了，他的勋章由母亲代领。

紧接着，志愿军总部也为英雄郭正喜记特等功一次，发给他志愿军特等功臣勋章一枚。

我在郭正喜的家里看到了四枚勋章，他的勋章现在只剩下四枚了，由他的二女儿保管着。四枚勋章都很漂亮，其中最大的，是金日成颁发的那枚，五角星交叉五角星，叠加三层，看起来闪闪发亮。另外三枚都有红色嵌入，一枚中心是毛泽东头像；一枚中心是和平鸽，写着繁体字"和平万岁"；一枚上面有太阳、祥云、宝塔山、麦穗、五角星等，麦穗中间圈着两排字：发扬革命传统，争取更大光荣。最后一枚勋章外形是椭圆形的，比较独特。

二女儿说，以前父亲郭正喜手里有许多勋章，几十枚都不止。金日成和志愿军总部颁发勋章以后，军队、政治部都给他颁发过勋章，有些他都说不清是哪些机构颁发的。

二女儿的初中同学，郭正喜家的老邻居，现在在阿子供电所工作的张占全，在讲述郭正喜的事迹时，也证实了这一点。

张占全说，小时候他经常到郭正喜家里去玩，去写作业。那时，他心里喜欢着郭正喜的二女儿。他和一群男娃总是缠着郭正喜讲朝鲜战场的故事，郭正喜就坐在窑洞里的炕沿上抽着烟给一群男娃讲。郭正喜说，美军其实也很厉害，他们个子大，肉搏战志愿军不占便宜，美军占便宜，志愿军凭的就是拼命，不怕死。

我以上的描述没有采用华东人民美术出版社出版的连环画中鱼隐山战斗场景的表述。我采用的基本是张占全的讲述。特别是攻破第一个地堡的场景，还有用钢盔帽的系绳勒死美军的描述，我只在张占全这里听到过。我查阅了网络上的一些文章，都没有写到这一细节。

我相信张占全讲述的真实性，因为他的场景描述直接来自郭正喜本人。郭正喜还给张占全他们讲了战场的惨烈，那些描述让张占全和伙伴们都吓得伸舌头瞪眼睛，整晚上睡不着觉，有个小伙伴当场就吓尿了。

张占全说，郭正喜后来之所以离开了部队，有家庭的原因，因为母亲当时瘫痪在床，需要照顾，最主要的还是打仗打怕了。郭正喜本人也说，当时不是不知道害怕，但是在战场上，就是你死我活的斗争，你不把敌人打死，敌人就要把你打死，只有打死敌人，你才能活。他和黄继光是一样的爆破手，都是炸地堡，虽然不在一个部队。黄继光堵枪眼牺牲了，他拽敌人的枪没有牺牲。战友们都说他没死是奇迹，他也觉得没死真是命大。

夺取鱼隐山之后，郭正喜站在阵地上，看到阵地上尸横遍野，美军和志愿军混杂在一起，有的还死死地抱在一起。有好几个阵地上就只剩下一个战士。他那片阵地上，也只剩了他一个人。

那时候，郭正喜在娃娃们的怂恿下拿出自己的勋章让他们看，有娃娃要了，他就给了。他还给了张占全一枚。可惜那时候，人们都不知道这勋章的价值和意义，稀罕新奇一会儿后，也就扔到一边了。包括郭正喜本人也不知道珍惜，轻易地就送了人。

剩下的四枚勋章里，最珍贵的就是金日成颁发的朝鲜一级国旗勋章。那是一枚银质勋章。

郭正喜的特等功证书现在还在，可惜那枚特等功勋章却被郭正喜的妻子当成玩具送给小孩玩去了。这枚军功章的丢失实在可惜。

我还见到了一份集体立功证书，这份集体立功证书是1954年7月17日颁发的。上面写着：第三十三师九十九团十连一班郭正喜同志，1953年6月在朝鲜东线反击战中，与九十九团一班全体同志集体创立功绩，全体荣记二等功一次。特授此证，以资纪念。

还有一张"革命军人立功喜报"，是1953年10月的立功喜报，年、月、日处盖着"中国人民志愿军关防"字样的红色印章。喜报这样写着：贵府郭正喜同志在鱼隐山前线战斗中，创立功绩，业经批准，记特等功壹次；除按功给奖外，特此报喜，恭贺郭正喜同志为人民立功，全家光荣。

1986年，研究中国人民志愿军军史的三十三师战友柴汉民几经周折，打听到了郭正喜的家，这时的郭正喜已经54岁了，他身患食道癌，已经到了晚期。

资料显示，中国人民志愿军的功臣名单中，获一等功以上的总共有371人，而其中大部分人如黄继光、邱少云、杨根思等都在战场上壮烈牺牲了，郭正喜是少有的从战场上生还的特等功臣。

郭正喜住在入伍前就住的半坡窑洞里，那窑洞是他5岁时母亲带他到故贤村时住的，现在还住着。他的继父和母亲那时早都已经去世了，但他似乎是不舍那窑洞。

三十三师的战友柴汉民来到郭正喜家的时候，看到没有经过砖箍的最原生态的土窑，窑洞的柴门木窗，窑洞里的土地土炕，还有那灰暗的光线、潮湿的气味、近乎家徒四壁的景象，再看一眼蜷缩在炕角骨瘦如柴的郭正喜，落泪了。

柴汉民回去后，在他的《追溯：三十三师抗美援朝回顾》一书中，专门为郭正喜写了一章，并为郭正喜向老部队求援。

很快，当年的连长来了，送来了500元慰问金，还给他拿来了三十三师九十九团十连的"连志"，那里面记载了牺牲的战友，也记载了还活着的战友。

郭正喜颤抖着翻看了一下,许多熟悉的名字跳了出来,但是活着的人少,死去的人多。他说了句:我也快要死了,再写"连志",我的名字就要加上框框了。连长和他一起泣不成声。

1987年7月,郭正喜病逝在自家的窑洞里。战友柴汉民写的《追溯:三十三师抗美援朝回顾》这本书,他没能看到。

请假条决定的命运

1956年，获得重大荣誉的郭正喜得知母亲瘫痪在床，便向部队请了假。正是这个请假条使他结束了行伍生涯，回到土地上成了一个终身务农的庄稼人。

说起来，这又要和"故贤"的村名联系起来了。

新中国成立后，故贤村一直没有一个正式的写法，故贤一直笼罩着一层扑朔迷离的面纱，连张占全都跟我说故贤应当写作"固贤"。我查了《陕西省耀县地名志》后，才确定了故贤村的正确写法。

"故贤，故贤"，村人都这么叫着，但写到纸上的时候，便五花八门了。

有人写成"姑仙"，有人写成"姑先"，有人写成"故先"，有人写成"固先"，有人写成"古仙"，还有人就像张占全那样认作"固贤"。按照数学上的排列组合，把与"故贤"音同字不同的字进行排列组合，会有很多种结果。村人按照各自的理解组合着这两个字。张占全算是村里的能人了，他也没有写对"故贤"这两个字。

故贤这个古老的村庄，怎么会连名字都没有弄清呢？这个问题我没有问过村干部，不知道这几年脱贫攻坚填表的时候，他们有没有把故贤的名字写对。噢，我都忘了。故贤村已经并入北坡村了，故贤人在填各种表格的时候，已经不用再写"故贤"这两个字了。

那么，以后要是有人再说起故贤来，就更不知道"故贤"是哪两个字了。

大概英雄郭正喜入伍的时候也没有多少文化吧。想来应当是这样。他跟着母亲来到故贤村后就开始放牛、放羊、割草、拾麦，没有上过一天学。14岁就跟着武装工作队四下里打游击，紧接着入伍赴朝，打美帝，当英雄。

在20岁之前，他可能都不认得几个字。所以，在给部队写请假条的时候，他就在落款处写了"故先郭正喜"几个字。他的脑子里可能也没有省、市、县的概念，他就知道自己是故贤人，是故贤来的郭正喜，所以就只写了"故先郭正喜"。

郭正喜给部队递了个请假条便回乡了。一回去，便被母亲的病缠住，迟迟不能归队。

记得看到过他的一个证书，郭正喜像是西南军区的，部队见他迟迟不归队，便按照"故先"两个字在陕西各地寻找。谁知叫"故先"的村庄还真有，陕北有，陕南有，三原有，富平也有，但这些地方都没有"郭正喜"。

张占全说，也说不清那时候部队是咋个管理的，反正部队没有找到郭正喜，也就不再找了。郭正喜这边觉得仗打完了，部队不需要自己了，也就没有再回部队。

张占全记得很清楚，郭正喜回来的那一天，披着黄大氅，蹬着一双翻毛皮靴。本身人长得好，个子又大，看起来就像是电影里站在作战地图前的志愿军军官一样，威风得很。那是一个崇拜英雄的年代，村里的人听说了他的事迹，纷纷来到他的窑里看他。

村里的老会计李发高，今年75岁了，这一回也接受了我的采访。

李发高老人说，郭正喜比他大十来岁，郭正喜家的窑洞和他家的窑洞是挨着的。当时，他是第一个见到郭正喜回来的人，他记得很清楚，那是一个冬日，快要过年了，好像是年二十三，村里人都忙着祭灶爷。那时候没有粮食给灶爷吃，就用油菜根混在苞谷面里烙成塌塌饼祭祀灶王爷。李发高那时正在帮母亲拉风箱烧火呢，听见院里有人说话，就赶紧出来了。

郭正喜一直是在山里面四处跑哩，很少在家，所以，虽然是邻家，李发高并不认得郭正喜，但是听父亲说过多回他的事。他一看这个穿着军装的人，就知道这是父亲一再说起的喜娃子哥了。

村里人把郭正喜叫喜娃子。李发高不敢贸然上前喊喜娃子哥。他妈就叫他快喊。他就很胆小地喊了一声喜娃子哥。喜娃子哥从黄大氅的口袋里摸出一把空子弹壳递给了他。他握在手里还没暖热，就被随后赶来的一群娃抢走了。

李发高老人说：喜娃子回来的那一年是1956年。喜娃子对母亲很孝顺，把瘫痪的母亲背进来背出去的，照顾得好得很。但是，母亲没享上啥福，过了年就去世了。母亲去世3年后，有人给喜娃子从楼村孙家庄说了一个媳妇，叫安凤霞，长得好，个子也高，一说就说成了。结婚时，他继父还在，继父和喜娃子一块儿又挖了一孔新窑，挨着老窑。喜娃子和安凤霞就在新窑里结婚了。喜娃子一辈子没离开这孔窑，老也是老在这孔窑里了。2011年的时候，部队上来人，给了安凤霞老人一些补助，老人又借了些钱，才在梁上盖了平房。喜娃子结婚后，大家就推举他当村支书，这一当就当了12年。

秤锤命

李发高老人说：喜娃子是个秤锤命。啥叫秤锤命？就是说，一辈子只能有一个娃。这是阴阳先生说的。

不知道喜娃子是咋回事，结婚后好几年一直要不下娃，喜娃子和安凤霞就从三原陵前那搭抱了一个娃，是个女娃，小小的抱回来了。抱娃一般都是不到一岁就要抱回来，因为再大些，人家就不舍得给人了。

喜娃子爱娃得很，对这女娃子心疼得很，自己不舍得吃，省下的一定要叫女娃子吃。自己吃玉米饦饦馍，给女娃子吃玉米面加一层子白面的馍。可这女娃子性犟得很，脾气不是太好，特别爱使性子。喜娃子和安凤霞就让着她。女娃子长大后，喜娃子给她在牛村寻了个女婿，嫁出去，添了娃，也没享几天福就没了，去世了。

到了1964年，不知咋地，喜娃子可又能要娃了。他和安凤霞生了一个女娃。又过了十来年，喜娃子又想要个男娃，就又抱了一个男娃，是从金马村抱来的。这个男娃是1973年抱来的。

这男娃当时可怜得很，他亲妈是从陕南山阳逃荒过来的，父亲在路上死了，母亲就抱着娃一路要饭，要到了金马村。喜娃子看这娘儿俩恓惶，就把男娃要下了。喜娃子说，不要下，看男娃瘦得喔样子，肯定活不成。

喜娃子和安凤霞两个人心都好，两人一辈子没嚷过仗、吵过嘴。两人都爱娃。

这男娃到了喜娃子家娇贵得跟啥似的，俩人对这男娃也有些惯。男娃长大后当了兵，退伍后被安排在了耀县预制板厂。男娃下不了苦，就辞职不干了。

男娃当兵不是喜娃子安排的，工作也不是喜娃子安排的，是国家安排的。男娃13岁的时候，喜娃子就去世了。他没享上这男娃的福。再说，喜娃子是个很正派的人，国家一分钱的光他都是不沾的，过去当支书时，生产队里的一根草他都不会往家里拿的。他就是活着也不会走后门啥的。

男娃有些不争气，工作不要了，跟着村里一个爱打麻将的人跑到广州，说是办了个啥广告公司。结果赔得一塌糊涂，到现在还欠着几十万的外债呢。

李发高老汉说到这里的时候，供电所的张占全又插话了。他们两个是一块儿来的，坐在我办公室，你说一段我说一段。李发高老汉没有张占全口才好，口齿也有些不清，这时候张占全就赶紧来补充了。

张占全说：这男娃跑出去了5年，这都不说，关键是给家里也不打个招呼，家里人气坏了。你想他大（父亲）不在了，光剩下个妈，也不替他妈想想，他妈在屋里得多着急哩。

村里人到处找，他姐和姐夫也到处打听，没有一点消息。安凤霞老人就是那时候把眼窝哭坏的，现在老人的眼睛啥都看不见。说是白内障，其实都是急得、气得了。媳妇子在这边等了几年，也没等来个啥，就带着娃走了。

你说现在？他现在在周至那里给人打工哩，具体干啥不清楚。有一阵子当过保安。后来又找了个媳妇，是平都村的，跟着一块儿打工去了。把老人丢屋里基本也不管。

二女儿比较好，安凤霞老人基本上一直靠着二女儿生活。二女儿最像她爸，很勤快，也很善良，还能吃苦。你想她妈今年都88岁了，眼窝又不行，还有糖尿病、高血压等，老人白天糊里糊涂地猛睡，晚上就不睡，一会儿这哩，一会儿那哩，折腾得她女也睡不成。

二女儿自己都当婆婆了，儿媳怀孕了，马上要生，她还要照顾儿媳，地里的活也要做，也是快60岁的人了，还搬着梯子上树疏花哩。你没听她昨天说，这几天正在地里疏花哩，听说要采访郭正喜，专门从马额赶回来，回来还要带着老妈，老妈一刻也离不了她。她走哪儿老人就得跟到哪儿。

大女儿不在了，儿子也在外头跑着，安凤霞老人只有跟着她了。不过二女儿好，从来不嫌弃老人，孝顺得很，你没看给老人穿得齐齐整整。二女儿把安凤霞老人的枋子早早也备下了，老衣啥的都备好了，将来准备将她和郭正喜埋在一搭哩。

都说咱陕西女子一出嫁就不管娘家老人事了，叫儿子管哩。现在早都不一样了，现在农村里老人靠女儿管的多的是哩。儿子不顶用，女子再不管，叫老人咋办呀！

故贤村的当代之贤

郭正喜回乡之后的主要事迹也是李发高老汉和张占全讲述的。

郭正喜回乡以后,因为是特等功臣,很快就被推举担任了村党支部书记,简称村支书。

那时候,村子里没有电,也没有水,故贤村人磨面磨豆子全凭牛拉驴拉和人推,劳动强度很大,耗时又耗力。郭正喜在部队里见过南方人用的水碓子,他就想给故贤村也安装一个水碓子,也就是水磨子。

故贤村的西面沟里也有一条河,叫西河,是赵氏河的上游,但是水量不大。要建水碓子,就要先修水坝,把水聚集起来,形成大水塘,这样才能靠水的力量把碓子推起来。他的大胆想法遭到一些村民的质疑,但郭正喜下决心一定要把这事干成。

他带着村民出工出劳,每天一早就到河里,随身带着馍,带着盐,干馍沾盐吃一天,用钢钎铁锤打石头,凿石头,连着干了一年多,终于筑起了一个水坝。接着又干了几个月,修造了一个9米多高的水碓子。

李发高老汉说:那水碓子阔气得很,高得很,当时在整个阿子乡就故贤村有了水碓子。人都惊奇得很,羡慕得很,说故贤人这下美了,再也不用费劲费力磨面了,只要把那木柱子往下一压,水就哗哗地顺着槽子流起来了。水一流,水碓子也就转起来了,好看得很。

当年郭正喜造水碓子用的木料,也是村里人上山砍树剥树皮锯成材的,都是自力更生,没有花一分钱。

李发高老汉说郭正喜为了建水碓子,老伤也发作了好几回,因为整天光着两条腿站在河里,一站就是半天,再加上受了风,半截子腿都成红的了。冬天河里水结冰了,他还是照样站在河里。

老汉说：为啥郭正喜年纪轻轻就得了大病哩，一是本身在战场上身体受亏了，二是干活又这么不惜力，咋能不得病嘛。

有几回，病发作了，腿不能走——腿里本身有弹片，腰也不能弯——腰上本身也有弹片，村民们临时编个担架给他抬坡上。他还硬是不回，躺在担架上也要看着人干活哩。他的心气就这么大，脾气就这么犟。

他还把自己家里的铁锅背到河里，给大家烧开水，鼓励大家不要泄气，一定把事情办成。

故贤村在郭正喜的手里算是结束了人推驴拉磨面的历史。生产力得到了提升和飞跃，磨面由人工劳作进入机械化时代。

我问李发高老汉和张占全所长：那个水碓子现在还在吗？

两人同声说：早都不在了，现在谁家还磨面哩，村里那些石磨啥的早都不用了。连牛、驴现在都不干活了，养牛、养驴都只为叫贩子牵去，卖给那些卖牛肉、卖驴肉的人。

我心里有点可惜那个轮式水碓子，心想如果能保存下来那该多好。村里有很多物件都应当保存下来，可以建一个博物馆，就叫"黄土塬农耕文化博物馆"。生产力和生产方式发展进步的轨迹可以由一件件农具来证明和诉说，那该多有意思！

张占全说：郭正喜还有一个事迹就是给村里拉电，那也是个很不容易的事情。

咋个不容易哩？

1971年，西安变电站在故贤村建了一个农场，郭正喜就找到农场的领导，希望变电站能给村上拉上电。他的诚恳感动了农场负责人，农场负责人就带着他去西安见变电站的领导。

那时候去西安可不像现在这么方便，郭正喜抱着不把事情说成绝不打道回府的决心，直接背着铺盖卷、带着干粮，去了西安。在西安，他把铺盖卷一展，就睡在变电站的走廊上，睡了一个星期，算是把事情说成了。

回来后他又做村民的工作，也不算是做工作吧，就是召开了个村民大会。村民当然是支持的、高兴的、愿意配合的。就这样，村里的电也拉上了。

故贤村通上了电，当时在阿子乡也算是走在前面的。

在家乡，郭正喜也并非所向披靡、一帆风顺，1959年至1961年，村里粮仓空空，家家颗粒不存，人们饿得只能吃野菜。幸亏故贤这里山高水长，野菜长得还算旺盛，村人就把野菜全剜完了。没有野菜了就吃油菜根，把油菜根当成饭吃，还打酸枣吃。有一个养羊的老汉野菜吃得多了，肠道堵塞，拉不下来屎，郭正喜连夜把老汉背到耀县医院，但老汉后来还是死了。

郭正喜发现金马村逃难来的人种了很多萝卜，他就带着村民到金马村去挑萝卜。金马村离故贤村30多里地，他和村民一起去挑，挑回来分给村里人。村民靠着萝卜挨过了饥饿的日子。

郭正喜太刚正，也得罪过人，还是自家的亲戚。还有人说郭正喜太无情，太冷面。

饥寒生盗心。那时候，村里人有了个毛病，就是偷粮食。玉米刚一长成棒棒，就被人偷得狼藉一片。

为了阻止人偷粮食，郭正喜组织了一个小分队，天天守在村口，捉那些偷粮食的人。

有一天，他在村口捉到了一家三口，婆婆、儿媳、儿媳的儿媳。她们都挎着草笼，笼里装满了玉米棒子。这家三代女人以为下雨了小分队就不会出来巡查了，没想到，还是被逮住了。

那家老婆婆已经70多岁了，跪下来给郭正喜求情，说是愿意如数归还，千万不敢给村人说，让给些面子，不然没脸活了。郭正喜没收了粮食，第二天还是把村里人都召集到了地头，让村里人看三个女人的"作案"现场。一个二楞子村民把偷来的玉米挂在三个女人的脖子上，让她们在村里游了一圈。那时正是"文革"时期，正流行让地富反坏右游街。二楞子把这个学来，用在了三个女人身上。老婆婆和郭正喜母亲有些拐弯亲，这以后两家亲戚就彻底断了。

李发高老人说：郭正喜太正直了，他自己不沾生产队一点光，也坚决不允许任何人沾生产队的光。

张占全说：郭正喜是一个铁面无私的人，也是一个大义灭亲的人。

郭正喜自己也在"文革"中遭受了迫害。

郭正喜的二女儿说，耀县来了一群红卫兵，说郭正喜是逃兵，是从部队逃回来的，说郭正喜的功勋章是假的，还说郭正喜解放前的历史不清。

红卫兵在窑洞前张牙舞爪要揪斗郭正喜。郭正喜坐在窑炕上一动不动，他只

第十章　故贤村的故贤

说了句：你们要来揪斗我，我就去寻部队了。听了这话的红卫兵们咋呼了一阵，并没有敢冲进窑洞里。他们中有人说：这个人太厉害了，一个人把10个美国兵都撂倒了，防备把咱也打了。

1980年，当了12年村支书的郭正喜被选为市、县两级人大代表。但这时，病魔正悄悄地向他靠近，他吃不下去饭，一天比一天瘦。去了三次耀县的医院，耀县的医院没有暖气，冷得不行，他就回来了。后来女儿再让去，他就不去了。他说：我的战友，多少人都倒在了朝鲜鱼隐山，我能活着回来就不错了。直到1985年病情实在太严重，连汤水都灌不进去的时候，他才去了西安交大附属第一医院。

脱贫攻坚中，英雄郭正喜的遗孀和后人们没有当上贫困户，但镇上通过其他途径也给了英雄遗孀一些补贴和资助。目前安凤霞老人已转为城镇户口，享受着城镇低保，"八一"建军节时，武装部和镇上都会来看望安凤霞老人。郭正喜年轻时住的窑洞，现在已经不住人了，那些住窑洞的人也搬到了地势平缓的移民新村里面了。他们家就在路边，郭正喜的坟茔也在大路边上，离他们家不远，每年都有很多人到郭正喜墓前参观凭吊。

在关庄，所有的人都以出了郭正喜这样的大英雄而自豪。特别是近年来，郭正喜受到了人们更多的关注、尊重和敬仰。郭正喜不畏艰难的英雄气概，也成了脱贫攻坚的精神标杆。

英雄，将永远是英雄。他会永远活在人民的心里。

我还想说的是：郭正喜不仅是英雄，更是好人，他就是故贤村里的当代贤人。

第十一章 放牛娃的爱情

代子坡村：乔著《耀州志》云："太子堡与太子石皆后周明帝游猎地也。"该村筑有城，故以周明帝宇文毓当太子时曾游猎于此而得名太子堡。后村逐渐向堡四周发展，堡不复存而成村，"代子"系"太子"之谐变。

——摘自《陕西省耀县地名志》

托 孤

　　2019年的正月十三,对于道东村的人来说,年,正在掀起又一个高潮。再有几天,就是正月十五了,在某种程度上,正月十五比大年三十还要热闹。如果说大年三十的热闹局限在个人和家庭,算是一种相对私人的活动的话,那么正月十五的热闹便是一个全民的集体的活动。在民间的概念里,正月十五未过,年就还没有过去,正月十五过了,年才算过去,才意味着旧年画上了句号,新的一年开始启动。

　　在民间多数人的意识中,正月十五是新年和旧年的分水岭,是过去和未来的界线,更是旧年最后时刻的尾巴,如果还怀念着过去,不肯让时光匆匆而过的话,一定要在这最后的时间尽情狂欢。所以,正月十五,往往会比大年三十更意义非凡。

　　正月十五闹元宵,闹的不只是元宵,在渭北这一块,除了大家都知道的那些诸如耍社火、跑旱船、踩高跷、猜谜语之类,还有一个风俗,就是舅家要给外甥送灯,每年都送,一直要送到外甥12岁。

　　仅凭这一点你就可以想见,正月十五的前几天,灯市是多么热闹!提着各种各样的灯笼游走在乡间的人多么地多。平常不大能见着的人,这时候你也不小心就能见上。

　　我见到过在通村的中巴车上坐满了人也放满了灯的情景。有些人怀里护着灯,不怕把自己磕碰了,只怕把灯磕碰了。灯是光明的象征,是光明前程的象征,什么都可以有闪失,外甥的光明前程万万不可有闪失。

　　而此时,道东村贫困户田河南的家里却是另一番景象。

　　一个年轻男人躺在床上拉着妻子的手说:我不行了,我要走了。

　　妻子说:你不能走,你走了,我和两个娃可咋办呀?

　　田河南和老婆也围在年轻男人的身边,田河南老婆声泪俱下地说:娃呀,你千万要坚持，你一定能坚持住，你会好的，你还这么年轻哩。

年轻人说：妈，我坚持不住了，我坚持了三年，给妈爸添了这么大的累害，我不想坚持了。

田河南扑倒在年轻男人身上说：我的好娃呀，你这样说，是扎爸的心呀！老天呀，你救救我娃，不要带走我娃，你把我带走算了，我老了，没用了，我娃还年轻，他还有用呀，你咋能把他带走呀？

田河南的老婆也扑倒在年轻男人身上，说：老天呀，你把我娃照顾一下，可怜一下，叫拿我的命，换我娃的命吧。

这时，两个小孩子也扑倒在年轻男人的床前，11岁的男孩说：爸呀，我上学还得让你送哩呀，屋里就你会骑摩托，你不送我，谁送我上学呀？

8岁的女娃也哭着说：爸呀，过完年，我推你去医院，我能推轮椅，我能推动。

一家人都大放悲声，年轻男人已经没有力气大声哭了，两行泪水从干涩凹陷的眼眶里流下来。年轻男人被病魔折磨了好几年，此刻的他早已瘦得失了形，手臂上的骨头好像都能看见。他说：爸、妈，我知道我不行了，我昨天晚上做了个梦，梦见粉妮穿了一身白衣裳，我说，你不是不爱穿白衣裳，嫌不耐脏吗？粉妮说，我是给你穿的么，穿给你看哩。

年轻男人喘着气断断续续地又说：爸、妈，你看，粉妮给我把孝都穿了，我要走了。粉妮给咱屋生了俩娃，叫我给粉妮交代几句吧。

这个年轻男人是田河南的独生子，他从盖房子的架板上摔下来摔断了腰，在床上躺了三年。

田河南听儿子这么说，就抹着泪退了出去。田河南的老婆拉着孙子孙女的手，也哭着退了出去。

屋子里现在只剩下张粉妮和男人两个人了。男人又一次拉住粉妮的手，说：粉妮，你爱过我没有？你，你说个实话。

粉妮说：咋没爱过哩，咱俩认识才几天就结婚了，那时我才19岁，还不到20哩。

男人苦笑了一下，说：当时你妈还不愿意，是你住我家里不走，你妈最后没办法才同意了。

粉妮说：那你咋还能说我不爱你哩？

男人说：所以，我真是舍不下你，舍不下你和娃呀。我走了，你和娃咋办呀？

粉妮说：我从来没想过你会走，你这么年轻，瘫了也没啥，你就瘫着，我伺候你，将来娃们也伺候你。你就一直瘫着，只要你人在，咱啥都不怕。

男人说：我享不了这福了，享不了你的福也享不了娃们的福了，我一会儿就走，我给你说完话就走了。

粉妮说：你不要走，不能走，你要是爱我你就不要走，你把药吃上就不会走了。我现在再给你把药吃上。

男人说：我不吃了，我把药也吃够了。大夫给爸妈说过，我过不了年，我都听见了，我现在把年过了，我还多活了几天，已经不错了。你不要打岔，叫我把话说完。

粉妮说：我不听你说，你吃药，先吃药。吃了药你歇一会儿，一会儿娃他舅还来给咱娃送灯哩，你要看一看灯。他舅说今年给俩娃送一个大灯，带电池的，一晚上都不灭，你要看一看。

男人说：我看不上了，就把灯挂到门上吧！

粉妮把救心丸朝男人的嘴里又放进去了几粒，男人一声咳嗽，把药又吐了出来。男人喘得更厉害了，粉妮急忙给他拍背。

男人缓了口气说：粉妮，我想问你一句话，你就实说。

粉妮说：好，我实说。

男人说：我想问你，我走了，你是想留在家里，还是想离开这个家？

粉妮说：我上阿搭去呀，还有俩娃哩，爸妈待我也好，我不想走。

男人说：你要想走，有好人家你就走，不过，我有个要求，你不管走哪一家，把老大给爸妈留下，小女你可以带走，将来给她找个好人家嫁出去。

粉妮说：我不走，我阿搭也不去。

男人说：你要真不走，你就招个人来，爸妈年纪大了，地里的活做不动了，你让招来的人干。你把两娃给我照看好，把爸妈照看好，将来把爸妈安埋好。我在那边保佑你。

粉妮说：我不招人，我养活爸妈，养活俩娃，你只管放心。

男人说：粉妮呀，我对不起你，你要走就不说了，你要是不走，一定要照看好爸妈呀！照看好娃们呀！

男人说到这里，身子往后一仰，倒在床上，眼睛再也没有睁开。

粉妮一声大叫，田河南和他老婆冲进屋里。田河南叫了120，大夫抢救了半个小时还是无济于事。田河南不甘心，老胳膊老腿地趴在儿子身上给儿子做人工呼吸，累得大汗淋漓，儿子还是走了。

不等掩埋儿子，田河南的老婆就病倒了。那一天，儿子的灵棚才搭起来，镶嵌着黑框和缠绕着黑纱的儿子照片挂在灵棚当中，孙子、孙女跪在灵堂前给来人一一磕头。田河南老婆的两个弟弟来的时候，把黄表纸扔进烧纸盆里，火刚一点着，田河南的老婆便一下子栽倒在地，不省人事。

两个弟弟赶紧把姐姐送进县医院，田河南的老婆经过抢救算是缓过来了，却从此落下了病，因脑出血瘫痪了。

田河南掩埋了儿子后，就开始了给老婆看病的历程。像当初给儿子看病那样，他跑遍了各大医院，但老婆的病没有大的起色，脑子时常犯糊涂，清醒的时候就喊着要去找儿子。有时还扇自己的脸，说是自己害了儿子，要是不盖房，儿子就不会掉下来了。盖了这么好的房，谁住呀，儿子没了，谁住呀，谁住呀！

田河南的老婆老是这样嘟囔着、喊叫着，听得田河南肝肠寸断。

人家地里的麦子都收回来了，田河南顾不上去收。儿媳妇粉妮因为过去男人宠着，从来没有下过地，再说她还有孩子，也抽不开身。苹果熟了，这家人也顾不得去摘，硬是一个个掉在地上，烂在土里。

村里的人都说，田河南家这下算是完了。

扶贫干部只能在医院药费报销上向田河南家倾斜，在有些不能报销药费的医院给田河南家想法协调，让予以报销。比如徐晖和焦建军先前就给田河南的儿子协调了几家私人康复医院，给报销了药费，现在又给田河南的老婆积极设法，跑了不少腿，说了好多话。

但日子终究还是要靠自己过的，总不能让扶贫干部来收麦子、种玉米、摘苹果吧，就算今年给干了明年又咋办？

田河南就开始问儿媳妇粉妮有啥打算，他说的话跟儿子临终说的一样，说：你要走，屋里也拦不住，毕竟你还年轻着哩，你才32岁；要是不走，你就赶紧招个人来。

儿媳粉妮说：我不走，我就在咱屋。

田河南说：那是这，你要是不走，你以后就是我女子了，我把你当女儿待，你把我老两口当你亲爸亲妈待，你看能行不？

粉妮说：能行！

田河南说：你再招个上门女婿来，我把他当儿子待，俩娃也给他叫爸，你看能行不？

粉妮再没说啥，回屋去了。

放牛娃

此刻，在照金代子村，有一个小伙子正在山坡上放着牛。牛在山坡上吃草，他就开始玩手机，他的微信名就叫"放牛娃"。

放牛娃武争争是1988年生的，今年已经30多岁了，因家贫一直未娶。

还是先从武争争的身世讲起吧。

1962年，武争争的爷爷一担两筐挑着他的爸爸和叔叔，带着他的奶奶从陕南商县逃荒来到了照金代子村。

代子村实际应是"太子村"，史载后周时期太子宇文毓曾在此地游猎，可见当年此地一定是山高林密，野兽出没。至今代子村还时常有狍子、豹子和鹿出现，出现最多的是野猪。野猪在代子村已成祸患，苞谷成熟时，野猪一夜之间就能把苞谷啃个精光。

我原先以为代子村是"袋子村"的谐误，因为代子村的形状似袋子。后查了《陕西省耀县地名志》才知道，代子村实为"太子村"。"太子"转"代子"，乃村人口音所致。

偏僻之地，恰是逃难者落脚之天堂。

武争争爷爷一家四口就落脚到了代子村。那时武争争的父亲只有1岁多，他的叔叔（到此地后叫大大）只有3个月大。

武争争说，他爷爷本来在铁路上有工作，是修铁路的，奶奶是列车员，当时城里要下放人，爷爷和奶奶就被下放回家了。回家后赶上了大饥荒，一家人吃不上饭，爷爷和爷爷的父亲经常吵架，后来爷爷就带着一家人出来了。

又是一个外地人逃难到陕西渭北的故事。不是一户两户，而是有一批这样的人，我在前面的几章里也提到过。走访贫困户无意间发现了这一现象，如果算是现象的话，将来也许有必要专门写一下这群人的故事。

话说武争争的爷爷落脚代子村后不久便死了，奶奶一个人拉扯着两个儿子艰难度日。两个儿子长大后，奶奶给他们分别娶了媳妇。两个儿媳妇也是陕南逃难过来人家的姑娘。陕西关中流行着一句话——姑娘不对外，这也是陕西"八大怪"之一。此地土肥地多，当地人日子比较好过，怎么可能把姑娘嫁给这些外来人家呢？所以"八大怪"之一的"姑娘不对外"就产生了。

这也从侧面说明了逃难来的人生活的艰难。贫贱夫妻百事哀，因为日子过得拮据，武争争的爸爸妈妈经常吵架，爸爸还动不动就打妈妈，用吆牛的皮鞭打，打得妈妈皮开肉绽。

生活的严酷扭曲人的善良，滋生残忍暴戾，这简直像是个规律。

前面金马村的村主任周阮山说过他小时候父母也常吵架，周阮山的爸爸也是陕南人。金马村还有个姓张的年轻贫困户，讲他小时候爸爸妈妈也是天天吵架，妈妈早早地就被气死了。这个小伙子一家是从甘肃流落过来的。

武争争的爸爸不仅打妈妈，也打武争争。有一次一脚把武争争从崖上踢了下去，幸亏武争争掉在一个麦秸垛上才没摔死。武争争的妈妈抱着武争争哭了好几天。

没人让武争争上学，武争争从小就是个放牛娃，牛在山坡上吃草的时候，武争争就去玩了。他喜欢上树，上各种树，每个树都爬一遍；他还喜欢翻跟头，从山坡的这一边翻到山坡的那一边。等武争争树上完，跟头翻完，六头牛就跑到人家地里吃草去了。

武争争找不到牛，或者人家告到家里，父亲就会打他。父亲的鞭子就挂在门口，随手取来将武争争一顿毒打，武争争的脊背总是一道道的印子。有一次还发了炎，流脓流了好长时间。

奶奶哭喊着不让打，可是爸爸打起人就像是疯了一样，谁也拦不住，甚至越拦他越打。

武争争说，他最怕下午去放牛，早晨去的时候，牛饿了一晚上，急着吃草，一般不太跑。下午牛不太饿，他去玩，牛也跑去玩，容易丢，丢牛的话那挨打就厉害了。

9岁时的一天，妈妈对武争争说，她要到小丘会上去给武争争买过年穿的衣服，武争争喊着要跟妈妈一块儿去，妈妈把他撵了回去，让他在家等着，说是下午就回来了。可妈妈走后,就再也没有回来。

原来,妈妈有两个姐姐嫁到三原县去了,其中一个姐姐给妈妈另外找了一个男人,妈妈和三原那边的男人已经偷偷见过面了。那男人是个老小伙,愿意要妈妈,那男人家也在山里,地是平坡地,但条件一般,只说绝不会打妈妈,妈妈就跟那个男人过去了。

武争争等到天黑也没有见上妈妈,奶奶说你妈不会回来了。武争争不信,第二天从照金跑到小丘,翻山越岭到舅舅家去,舅舅就告诉了他实情,并说,过几年你妈妈会回来领你的。

武争争想去三原找妈妈,但他那时根本不知道三原在哪里,就只能哭哭哭。哭了好几天,还不敢让爸爸看见。那时候他的心里是很恨妈妈的。他想妈妈一定是过好日子去了,他恨妈妈不带他一起走,恨妈妈太狠心。

武争争上学的时候已经十几岁了,他不爱读书,不爱到学校里去。他给爸爸说是去学校了,可一出门就跑到山上玩去了。有一次爸爸发现了,就不再让他去上学了。爸爸开始教武争争种地,咋样揭地,咋样撒种,咋样扬场。武争争就成了一个庄稼汉。

妈妈走后,爸爸的日子也一直过得不行。

人家家里从窑洞到瓦房再到平房,都变了好几回了,他家却一直住在当年爷爷打的几孔土窑洞里。盖了一回石板房,下大暴雨的那一年,山洪下来,房后崖塌了,把房子也推倒了,还差点把奶奶拥到石板房里出不来。从此一家人就挤在破窑洞里,再没有盖过房。

脱贫攻坚时,扶贫女干部到他家一看,简直不敢相信,都这年代了还有人住这么破烂的窑洞。女干部马上把他家定为贫困户,移民搬迁之时,他家那地方要复耕还林,政府对他家实施了易地安置,他家被安置在了耀州区的"新家园"小区。

按照他和父亲两个人的标准,他家分配了一个50平方米的房子,掏了不到1万块钱。可惜武争争奶奶的户口在大大家户口本上,没有落在武争争家户口本上,奶奶就没有算上。可奶奶实际也不跟大大过。奶奶就不走,还住在窑洞里,扶贫干部暂时也拿她没有办法。

因为地和牛都在村上,父亲和武争争平常也还是待在村上。这时的武争争和山里所有的青年农民一样，贫穷却又找不到出路。

武争争有一阵子也出外打工，但找不到像样的活，又没有文化，认得的几个字还是小时候奶奶教的。武争争说现在认了好多字，是玩快手的时候学的，因为要跟人聊天，才跟着拼音学会了好多字。他说上过几天学，拼音学得还可以。

武争争惦念家里的奶奶，打工没几天，就又回到了村里。他在村里不是种地就是放牛，过着几十年如一日的生活。

转眼间武争争32岁了，没有人张罗着给他找媳妇，他自己也找不来。村里仅有的几个女娃，他连想也不敢去想。

算是谈过一回吧，和自己一个村的女娃。武争争说那女娃在南方打工时不知咋地把身体弄坏了，脸白刷刷的，医生说是贫血。武争争就叫奶奶给女娃炖土鸡吃，吃了一段时间，女娃身体好了起来，脸上有了血色。女娃愿意跟武争争，女娃的妈妈却寻死觅活地不愿意。一哭二闹三上吊，手段都使上了。女娃的哥哥也来威胁武争争。结果女娃就跟武争争断了。

女娃到底还是如妈妈所愿嫁到了铜川新区。新区有个郭家村，那一片因政府计划建设航天城而大搞拆迁，传说郭家村人可以获得几十万的赔偿款。女娃的妈妈大概看上人家是拆迁户了吧。不过郭家村这个小伙还不错，在新区给人装修房子，女娃就跟着他一起干。

"快手"之恋

终日无聊的武争争没事就玩起了"快手"。

据武争争讲述，有一天，他在"快手"上发了一个作品，下面留了一行字：农民真可怜！第二天，他发现他的作品下面有人留言，对方问：你是谁？武争争马上回复说：你的朋友。对方又问：我认识你吗？武争争说：认识。对方说：那你知道我是谁？武争争说：你是个好人。

那是早春二月，万物都在萌发，武争争的心里也萌动着青春的激情。他不放过机会，一个劲儿地找话和对方聊。

武争争说，对方能看到他，他也能看到对方。他看见对方是个脸白生生的女娃。他心想，看着像个农村娃，脸咋能这么白呢？农村女娃的脸基本都是黑红黑红的，这女娃的脸白得像城里人。他向这个女娃要电话，女娃就把电话给了他。

武争争立刻把电话打过去了，那边接了，"喂——"声音这么好听呀，武争争颤抖着和女娃聊了起来。聊得挺好，女娃挺开朗的，武争争就要求加微信。女娃说：你的微信名怎么叫个放牛娃？武争争说：我就是个放牛娃，山里面的放牛娃。

女娃发了自己给苹果剪枝的视频，武争争发了自己放牛的视频，还配了电影《少林寺》的插曲《牧羊曲》。武争争家的山坡真好看，牛在山坡吃草，悠然自得。云很白，天很蓝。

女娃说：你家真美。

武争争说：可是没人愿意来。

女娃说：你是不是还没找媳妇？

武争争说：没人来，上哪找媳妇。

有一天，武争争问：你整天和我聊天，不怕你老公说你吗？

女娃说：我没有老公。

武争争说：你没有老公，我咋听见你那边有小孩喊你妈妈呢？

女娃就讲了自己老公去世的事。

到这里，亲爱的读者朋友们应当已经猜到这个武争争眼里白生生的女娃是谁了吧。没错，她就是田河南的儿媳妇张粉妮。这时候，田河南的儿子去世两个月了。

武争争和张粉妮越聊越熟，几乎每天都聊，若有那么一天没有张粉妮的信息，武争争就如坐针毡。

吃了吗？在干吗？总是武争争发得多一些，主动一些。

有一天张粉妮问武争争：你想不想让我帮你找个对象？

武争争说：当然想了，你有吗？

张粉妮说：有。

武争争问：是谁呀？快帮我介绍介绍。

张粉妮说：你先帮我找一个吧。你帮了我，我才帮你。张粉妮说她的公爹让她招一个人来。家里面没有干活的，这几天她都快累死了。

武争争说：那我帮你干活去吧。

张粉妮说：你帮我干活算啥么，你还是帮我找个对象吧。

武争争问：那你有啥条件？我村的人行不行？

张粉妮说：你村的人行，只要人好，能干活就行。

武争争说：我给你想想。

武争争真的替张粉妮想了想。他想起自己村里有个小伙子35岁了，年龄挺合适，但又想到这小伙子在外打工时让一个广东的女孩骗走了几万块钱，受了刺激，脑子有点不够数，就没敢提这个小伙。

过了几天，张粉妮问他给她找的对象咋样了。武争争就说：找好了。

张粉妮说：那你把照片发过来我看看。武争争就把自己的一张照片发了过去。

武争争不知道自己是不是爱上了张粉妮，他只是觉得这个女娃（女娃是武争争的叫法）脸蛋白生生，眼睛圆溜溜，看见心里就欢喜。他奶奶一直对他说找媳妇一定要找个圆脸盘的，圆脸的人有福气。

照片发过去后，半天没见反应，他的心就开始沉了。他想，玩笑开大了，粉妮一定是生气了。

过了好大一会儿,消息过来了。粉妮说:怎么是你呢?

武争争说:我不行吗?

粉妮说:不行!

武争争问为啥不行。

粉妮答道:因为我属龙,你也属龙,一家里面不能有两条龙。

武争争说:两条龙才好呢,龙和龙不在一起,难道和猪和狗在一起吗?

那边发了个笑脸。武争争也发了个笑脸。

他们的关系就这样挑明了。武争争说这算是他第一次向张粉妮求婚。张粉妮并没有明确拒绝。

他就开始要求与张粉妮见面。粉妮推托着,不是说地里活多走不开,就是说娃有事哩,约不定见面的时间。

这时,扶贫干部要求他抓紧装修房子,上面要来检查贫困户入住情况。武争争就开始频繁地跑耀州区。在耀州区,他约了粉妮几次,粉妮还是没来。粉妮说,这阵子才走不开哩,她家的婆婆住院了,她有时要去医院伺候婆婆。

武争争就说:那我和你一起去医院伺候。粉妮说:你不是装修房子吗?哪有时间。他说:有哩,人家有人干活,我闲着呢。

这天早晨,粉妮发了个"快手",说要去耀州区,他看到了,就赶紧打电话说:你去耀州区的话,咱俩今天就见面吧。

粉妮说:到时候看。

武争争眼见粉妮的"快手"一直在发,穿了灰衣服,背了包包,坐了通村车。但左等右等,就是不见粉妮的电话。

到了11点半的时候,他再也憋不住了,想着粉妮如果同意见面,两人中午可以一起吃顿饭。要是错过了中午,粉妮没吃饭就回去了,肯定会生他的气,于是打电话给粉妮。粉妮接了,他问粉妮在哪儿呢,粉妮说在汽车站哩,正准备回呢。他说:你等着,我马上过去。说完立刻借了装修人的摩托车,飞奔到汽车站。粉妮说:你咋这么快哩?他说:我怕你坐车回去了。

两人见了面,在一起吃了棍棍面。他感觉粉妮比视频上还要好看。粉妮还领着两个孩子,11岁的男娃和8岁的女娃。男娃一声不吭,一双眼睛死盯着他看。

出了小饭馆，他给俩娃各买了个棉花糖。男娃不要，粉妮接住了；女娃也不要，粉妮也接过来了。他把粉妮娘仨送上车，一直看着车开走。

过了几天，粉妮说来耀州区医院了，他就又提出要见粉妮。他说到医院直接接粉妮，粉妮不让他去，说田河南在医院，不敢让他看见了。他就在西街口等粉妮，粉妮一出现，他让粉妮坐上摩托，直接将粉妮拉到了他"新家园"的房子里。

装修房子的人正是他的前女友和前女友的丈夫。前女友非常聪明，一见粉妮就明白了，于是暗暗地帮他。

他们正在安装抽油烟机，前女友对粉妮说：你过来看看高低。粉妮没有动，武争争就过去了，前女友给争争使了个眼色，争争一下明白了。他就说：我去拿个东西，你过来看看嘛。

他是在叫粉妮。粉妮不过去，前女友就说：你们都不看，叫我们咋安哩么！

于是前女友把粉妮推了过去。

粉妮往抽油烟机跟前一站，前女友的丈夫就说：好，就安这么高。

粉妮这回没带俩娃，说要回去，娃在屋哩。他就把粉妮送到了车站，又是看着粉妮的车开出了车站，开进了街道，远到他看不到时，他才回来了。

回来后，前女友和前女友丈夫问他：咋样？

他说：定了，她就是这屋的女主人。

前女友说：噢，你准备当上门女婿呀？他说：只要能当上，我就当。

女友说：好着呢。我看长得还好看着呢。

晚上，他又和粉妮聊天。粉妮问他：你会开车吗？

他说：会。

粉妮说：你会开啥车？

他说：啥车都会开，啥车都没有。

粉妮说：我一定要找个会开车的。

他问粉妮：为啥？

粉妮说：地里的活那么多，没有车咋行哩？不会开车的人我不找。

他说：我当你说开啥车哩，吓我一跳，拖拉机、收割机，这些车我都会开。

粉妮说：那你明天来，我要卖苹果，去年的苹果还没顾上卖哩。

他说：好，我一定来。

第二天一早,他从代子村赶来,和粉妮一起到耀州区去卖苹果了。他开着粉妮家的农用车,粉妮坐在他旁边。他们从道东村出发,开过了树林村,开过了关庄村,开过了稠桑村,开过了麻子村,开过了野狐坡村,又从杨河村那个陡坡冲下去,开到了耀州区。

他问粉妮他开得咋样,粉妮说好着哩。

就这样连续卖了一个星期的苹果,算是把去年的剩果卖完了。

粉妮说:我想让你和我一起去看看我婆婆。

他说:你不是说不让见吗?

粉妮说:早晚要见哩,晚见不如早见。

这时已到了7月,天气很热了,医院里一股子热烘烘的酒精味。他和粉妮来到了心脑血管科,进到了一间病房里。病房靠窗的床上躺着一位农村老婆子,田河南在一边坐着正给老婆子喂饭。老婆子鼻子上插着氧气管,吃饭时把氧气管弄到了一边,在耳朵上挂着。

粉妮上去喊了一声妈。"妈"一眼看见了武争争,想说话,但是说不出来,意思是询问他是谁。

粉妮就说:妈,你看他咋样?

"妈"还是说不出话,点点头。

田河南说:好,好,好。小伙子身体好得很,个子高着哩,能干活。

武争争听田河南这样说他,心里很高兴。他知道田河南是看上他了。田河南一直想给粉妮找个上门女婿,现在田河南见了他,应该算是满意的,不然他不会这样说。他心里感激着田河南。

他走上前想给田河南和老婆子说些什么,但是一时不知道该如何开口。他赶紧接过田河南手里的碗,想替田河南给老婆子喂饭。

她把一勺汤伸到了老婆子的嘴边。这时,老婆子却把碗一推,头一歪,倒了下去。老婆子脸色煞白,开始急喘。

田河南说:粉妮,快去叫大夫,你妈又不对劲了。

大夫来了,吩咐护士给老太太打了一针。老太太喘得不那么激烈了。大夫说:喂饭的时候慢一点,不要让她咽得太猛。大夫又叫护士量了一下血压,说血压又上来了。

老太太背过身去，一个劲地挥手。田河南把老婆子的手放下，老婆子却又挥起来。田河南说：你可一个劲地拶手是弄啥哩么？

中间床上的病人说：老婆子可能想睡觉哩。

粉妮说：妈，那你好好睡，我先走了。老婆子这才把手放了下来。

从医院出来后，武争争说：你婆婆好像不高兴我来。她儿子死了，我去，是不是有点刺激她？她拶手好像撵我哩。

粉妮说：人死了谁也叫不回来。活着的人还总要活么，不能也跟着死么，我想死，我死不下么。我找人，不是我要找，是他田河南叫找的么，他儿让找的么。粉妮说着就哭起来了。

武争争没想到粉妮会突然这么生气，他第一次见粉妮说这么犟的话。于是手忙脚乱地给粉妮擦眼泪。他说：粉妮，你不要哭。你放心！我将来一定对你好，对你俩娃好，你的娃就是我的娃。我对田河南也要好，我对你屋每个人都好，你只管放心。

粉妮却一直哭一直哭，咋都哄不下。

粉妮把武争争的手一次次地推开，说：你也不要再来找我了，我死呀！我带着娃一块儿死呀！死了大家都好过了！

武争争不知道该咋样哄粉妮了，粉妮气性咋这么大哩！武争争像个犯了错的小孩，在粉妮面前手足无措。

他说：都怪我。

粉妮却说：可怪你个啥哩？谁都不怪，怪我。怪我，行了吧！

粉妮有好几天没有理武争争。发微信不回，打电话不接，武争争心里急得跟猫抓似的。他想，这回完了，粉妮肯定是变卦了。他内心苦闷地抽起烟来。他连着几天都不敢再联系粉妮了，怕伤心。

这时前女友的电话来了，问他这一向咋不见人了，房子装修好了，也不见来验收。他就把他和粉妮的事情说了一下。

前女友在电话那边咯咯地笑了起来，说：武争争你真是个瓜娃，粉妮一会儿就给你打电话。她现在是爱上你了。

前女友的话灵得很。前女友刚放下电话，粉妮的电话就来了。

粉妮说：我屋人把你都见了，你也不邀请我到你屋去看看。

武争争说：我屋条件差，不敢让你去。

粉妮说：咋个差么，看了才知道么。

武争争就说：那好，我明天来接你。

武争争借了个摩托，第二天来到道东村接了张粉妮一路过山走梁，骑了一个多小时，来到了代子村。

武争争把粉妮领到了奶奶面前。奶奶一个人在窑洞里住着，眼睛患了白内障，已经看不太清了。武争争的爸爸下地去了。几头牛就在窑洞旁边的棚子里卧着，偶尔懒散地叫一声，甩甩尾巴。

这窑洞确实年代久远了。锅台就在炕头上，烧炕做饭都在这窑里。窑顶已被熏得像油漆刷过一般，黑明黑亮的。

奶奶几乎要把脸贴到粉妮的脸上来看粉妮了。奶奶说：看见了，是个好女娃，胖乎乎的，这么好的女娃，看你咋能追到手哩。

武争争说：已经到手了，不信你问她。

粉妮就笑，擦了擦手开始和面。

粉妮问奶奶想吃啥面，奶奶说，想吃糊汤面片。奶奶至今还保留着陕南的饮食习惯。

粉妮一会儿就把面擀好了，又切了洋芋片，下到锅里，出锅时撒了葱花。他们三人一块儿在窑洞里吃了饭。正吃着，武争争的爸爸回来了，放下锄头，只说了句"来了"，就再也不吭声了。粉妮给武争争爸也盛了一碗，武争争爸端到窑洞外蹲在那里吃。

争争下午把粉妮送了回去，两人一路上有说有笑。

从代子村到道东村全是山路，风景美极了，武争争心中欢喜，第一次觉得山路是如此好看，拐了一弯，又是一弯，弯弯都是好景致。微风拂面，他的头发吹向了后面，路边的树和高山上的树也在摇摆。每一道山每一道梁似乎都在向他点头致意。

到九里坡的时候，争争让粉妮搂住自己的腰，粉妮不搂。争争说：这坡弯度这么大，把你摔沟里怎么办？他命令粉妮快搂上，粉妮就搂上了。

进入道东村的路，粉妮马上松开了手。到家门口粉妮跳下车径直往家里走。

粉妮只留给他一个背影，他看到那背影有些瘦了，想撵过去，想抱一下那个背影，可又怕粉妮生气。犹豫当中，他听见铁门"嗞"地响了一声，粉妮关了门。他在门外面站了好久。邻家有个老头出来拿东西，看他站在门口，就远远地盯着他。他怕人家当他是坏人，就只好走了。

傍晚，争争给粉妮发微信：在干吗？吃了吗？

粉妮却一直没回，打了好几次电话，也没人接。争争就又开始心里打鼓，又开始胡思乱想。他想粉妮肯定又不愿意了。他家情况那么糟糕，他爸态度那么不好，他家窑洞那么破旧，他村人那么少，地方那么背。他家窑洞墙上贴满了有关贫困户的宣传资料、明白卡等。忘了提前把那些东西撕掉了，人家谁愿意嫁贫困户呀。

又想起粉妮搂着他腰时，粉妮的身子热乎乎的，软乎乎的，感觉像是冬天的太阳照在脊背上一样，舒服极了，他差点把摩托车都冲到沟里去了。他想这辈子就要粉妮了，别的再好也不要了。可是粉妮要不要他呢？粉妮说话总是不说透，一直不接电话，微信也不回。粉妮要是今晚一直不回电话，他就明天一早去道东找她，当面问问。

10点钟，奶奶催他赶紧睡觉。爸爸在旁边窑洞也猛劲咳嗽着，他知道那是爸爸也在催他睡觉。爸爸是个极吝啬的人，因为晚上他用电多，爸爸骂了他好多次，现在虽然不再打他，但爸爸恶狠狠的眼光他还是害怕的。

关灯前，再打一次电话吧。

啊，电话通了，传来了粉妮甜蜜而熟悉的声音，就"喂"的这一声，争争的心便立刻舒展起来。他问粉妮打了那么多电话咋不接哩。

粉妮说：下地干活去了，回来又哄俩娃，刚把娃哄睡着。

他说：你咋是这哩，跑了一天，回去还干活，赶紧睡吧。

他心疼粉妮，想粉妮干了一天活，还要哄孩子，她多么辛苦啊。他不敢和粉妮多说了，便挂了电话。

他是想跟粉妮多说几句的，就是说一晚上他也高兴，可是粉妮和他不一样，他在山坡上躺了一下午，粉妮却一直在忙活着。不能让粉妮再陪他说话了，只要粉妮能接电话，他就满足了。

他刚刚睡下，就见手机闪了一下，借着光，他看到粉妮发来一条消息：你睡了吗？

他赶紧回过去：还没睡。

粉妮说：你想什么呢？

他说：我在想你。

粉妮说：真的假的？

他说：真的。我想和你结婚。

粉妮说：那你过几天来见见我妈吧。

他说：不是见过了吗？

粉妮说：我娘家妈，你见了吗？

他说：那行。那我拿啥东西哩？

粉妮说：你想拿啥拿啥，我不管，你看着拿。

他说：那我明天就想去。

粉妮说：不行，我还没给我娘家妈说哩，我妈可能还要叫我舅舅来哩。

他说：你几个舅？

粉妮说：三个舅。

他说：要见那么多人呀！我害怕。

粉妮说：怕啥哩，最后还是我说了算。时间商定好了给你说。

他说：那好。

粉妮说：那你睡吧。

他说：我睡不着了。

粉妮说：睡不着也得睡。说完粉妮就关机了。

那晚，武争争真的没有睡着，他干脆穿起衣服走出了窑洞。

此时的代子村一点灯光都没有，完全淹没在黑暗里，白天那些房屋像是从来没有存在过一样。月光洒在小山村里，像是给小山村轻轻地盖上了一层薄被。代子村睡得好沉静呀，鸡不鸣狗不叫的，山村的夜晚是真的夜晚，它和大自然的步调完全一致，说睡就真的睡了。

月亮很亮，刚好是满月。他仰头望着那轮圆月，觉得那月亮就是粉妮的脸。

争争想，要是很快和粉妮结婚，他就不再是这小山村里的人了。他忽然想起了妈妈。妈妈为什么这么多年都不来看他？他能不能结婚前去看一下妈妈，结婚的时候让妈妈也来参加？想起离家多年的妈妈，争争突然落了泪。

几天后，粉妮来了电话，让争争后天去见她娘家妈。

可是争争一分钱也没有，装修耀州区的安置房还借了大大的钱，这会儿可再到哪里去借钱呀？

天明，争争跑到了小丘找到舅舅，给舅舅说想见一下妈妈。舅舅很奇怪他突然产生要见妈妈的想法，他就给舅舅说：我要结婚了，想给妈妈说一声。舅舅就带他到了三原。

妈妈的日子过得非常不好。妈妈家竟然也是贫困户。妈妈家的房子烂得漏雨，是政府才给加的屋顶。虽不漏雨了，但房子里又暗又潮，小小的窗户竟然是用塑料布挡着的。

妈妈到这家后，一直在生孩子，连生了5个，都没成活，第六个孩子才成活了。三原男人也很吝啬，每次都不带妈妈去医院，就让接生婆接生，结果前5个孩子都给憋死了。

妈妈最后生的这个男孩子才5岁，和妈妈躺在炕上。那男孩正睡着呢，争争摸了一下那男孩的手，冰凉冰凉的。

争争二话不说，问舅舅要了钱，骑着舅舅的摩托车就走了。一会儿，他又回来了。他买回来了炉子、烟囱、煤。他命令妈妈的男人给妈妈把炉子搭上，把火生起来。那男人嘟囔着说：就说要生火哩。

争争说：那你等你娃大了再搭炉子呗。没看啥时候了，秋风起了，屋子这么阴，不说大人了，最起码看你娃的面吧，你没看你娃手脚冰成啥了。

炉火烧起来了，屋子马上暖和了。小男娃醒了，迷惑地看着他。

妈妈好像有些傻了。她那么大年龄了还在生孩子。她跟争争记忆里的妈妈一点也不一样了。她没有多说话，对争争也不冷不热。争争热泪盈眶，妈妈却一滴眼泪都没有。

争争没有给妈妈说他要结婚的事，只对妈妈的丈夫说：你要是养活不了我妈，我就把我妈领走，我来养她。

男人低着头没有吭声。舅舅拉着争争走了。

争争给粉妮娘家妈买礼物的钱是借舅舅的。

娘家妈住得不远，在北窑村。粉妮的三个舅舅来了两个，他们都对争争很满意。从中午吃面条就能看出来,几个老人都给争争的碗里挑面哩。

那天晚上,争争和粉妮回到家,开门的时候,粉妮突然脸色煞白,晕倒在大铁门前。

争争马上借用邻居的车把粉妮送到村卫生院,卫生院的大夫没在。争争又带粉妮赶到安王村卫生院,大夫还是没在,听人说今晚村医全部在镇上开会呢。

争争就坐在卫生院里等,终于等来了大夫,给粉妮挂上了针。

粉妮贫血又发作了,这几天太劳累了。天这么晚,争争不能再回去了,他要照顾粉妮。这时,粉妮的娘家妈打来电话问:那娃回去了没有?粉妮说:没回去。争争听到娘家妈在电话里说:没回去就没回去,这娃可以。

那一晚,争争就守在粉妮的身边,等到粉妮的四瓶吊针挂完,已是凌晨,争争一晚上没有合眼。

结果子了

10月,秋意渐浓,又到了摘苹果的时候,粉妮家还是只有粉妮和两个孩子。

田河南一直在医院陪老婆,他是个只相信医院、只相信医疗手段的人,所以老婆脑梗住院后,他就死活不出院。他特别听医生的话,医生让吃什么药他马上就去买。他让老婆把治疗脑梗的药都吃遍了,越吃越严重,越严重越吃,他陷入这样的循环里不能自拔。

他辗转在富平、铜川、西安各大医院里,他坚信儿子当时就不该出院,就是因为出院回家才那么快就死的。现在老婆再不能走儿子的老路了,他打定主意要救老婆。最后,田河南找到一家私人康复医院,抱定不看好病绝不回家的信念。田河南说:现在医学这么发达,我就不相信看不好,就是咱钱没花到。

家里的箱子底就这样倒了个底朝天,田河南欠下了一大笔债。

于是武争争经常住在粉妮家,帮粉妮摘苹果。粉妮看起来胖乎乎的,实际上身体很虚,她白生生的脸实际上是贫血的表征。武争争不懂,她自己也不懂。她不能生气,一生气就晕倒,也不能太累,一累也晕倒。上回晕倒后,她又晕倒了几回,都是武争争在照顾着她。

一日,摘完苹果,粉妮说想吃凉皮,说心烧得很,啥都不想吃,就想吃凉皮。

村里上哪去找凉皮?就是镇上也没有卖凉皮的。争争转了一圈没有找到,一狠心就到新区去了。

坐车去要5块钱的车费,这里只有往陈家山去的过路车,要等好久。武争争不想花5块钱也不想等,就步行了十几里路走到了新区。他在锦绣园那里买了凉皮,又步行着回来了。

粉妮吃着可心的凉皮对争争说:苹果卸完了,你回去找人来定日子吧。日子定了,咱俩就把事办了。你就大大方方地住过来吧。

听了这话，争争抱住了粉妮，粉妮也软绵绵地贴在了争争的怀里。这一晚，两个年轻人住在了一起，真正地住在了一起。

按关庄的风俗，舅舅是顶门事的人，是镇家的大木石，重大事情是舅舅们说了算。

争争请了自己的舅舅，田家请了田河南老婆的两个弟弟，粉妮把他们也叫舅的。粉妮娘家也请了舅舅。还有一个娘娘、一个老娘娘。

总共七个舅舅两个娘娘，三个家庭三辈人，一起坐在了田河南的家里。一张老旧方桌上，田家舅舅先说了话，舅舅说：两个娃既然走到了一起，他们都愿意，大人也没啥说的。争争以后就是田家的人了，就是田家的儿子，家里的啥也都是粉妮和争争的，瞎的好的都是你们的了。争争你同意不同意？

争争说：同意。

舅舅说：你能不能做到给你老人养老送终？这里的"老人"当然指的是田河南和他老婆了。

争争说：能，我一定给老人养老送终。

舅舅又说：还有两个娃，你能不能真心把他们当你的儿女？

争争说：能哩，粉妮的娃就是我的娃，我一定把他们养大，供娃念书。

舅舅说：你们俩都还年轻，你们将来有能力要娃，我们很高兴，但一定要把娃们平等对待。

争争说：我不要娃了，就这两个娃就可以了。

这时粉妮瞪了争争一眼，争争就不往下说了。

舅舅说：这个你们自己考虑，大人不干涉。但前面这俩娃不能受亏待。

争争说：放心，老的和小的我都不会亏待的。

舅舅又问：彩礼拿来了吧？

争争说：拿来了。说着就从包里掏出一捆钱，放在了桌子上。

舅舅说：谁是这屋的掌柜，谁就把钱点一下。

钱摆在桌子中间，大家都凝视着，没有人伸手去抓这个钱。

这时的气氛有些凝重。

田家舅舅又说了一句：以后谁是这屋的掌柜，谁就把钱点一下，收了。田家舅舅的话是有指向的。他向着粉妮，并没有向着田河南，他意思今后争争上了门，田河南就不再是家中掌柜了。

田河南不知是见钱眼开还是不甘心就范，就伸手去抓钱。这时粉妮娘家那边的舅舅猛地咳嗽了一声，田河南一惊，手就又缩了回来。

田家舅舅趁势说：我看还是粉妮把钱点一下吧。

粉妮就从桌子上抓起了钱，当着众人的面一张一张地点了一下，点完说了句：够着哩，两万，一分不少。

田家舅舅说：那好，你就收起来吧。粉妮就走到里屋，把钱放进了抽屉，又出来坐到了桌子跟前。

田家舅舅转脸对田河南说：这下你就把你的交一下吧。

田河南从怀里掏出了一把钱，还有一堆字条，摆到了桌子上。说了句：屋里瞎的好的就这些。

田家舅舅说：争争，你把这些看一下。

争争数了下钱，总共1800块钱。那些字条都是家里的欠账，争争一张张看着。

田家舅舅说：争争，你闲了慢慢看，叫你大大直接说个数，我们给你做个见证就对了。

田河南说：儿子欠了15万，他妈欠下19万，就这些。

田家舅舅说：争争，那你把这些都收下吧，既然当了上门女婿，以后这些账老人就不再管了啊！

争争说：我知道。

之前，武争争请自己的舅舅来说事的时候，两个舅舅到田河南家的门口，看见田河南家的大门和瓷砖贴的墙面，就长叹了一口气，对武争争说：今天这事不轻省，人家屋看起来这么好的，咱代子村那边跟人家根本没法比。

此刻，在这场交易或者谈判中，三方舅舅中两方的舅舅都发挥了作用，只有争争的舅舅一声没吭，没敢为自己的外甥说一句话。争争的亲舅舅没进门就感到了自卑，只求事成，哪敢再多说一句。看到那么多账交给了争争，舅舅也没有说一句话。争争倒是很感激几位舅舅，把自己的婚事说成了，没有出麻达。争争最感激的是田家舅舅，觉得他向着粉妮，没有向着田河南。因为田家舅舅其实是粉妮前夫的舅舅，争争一直担心他会向着田河南。

这算是订婚吧，中午每人吃了一碗面，就各自回去了。

争争送走了几位舅舅，回到屋里，晚上没有走。

结婚的日子定在阴历的十月二十四日，阳历是11月29日。也就是说再过一个多月，粉妮和争争就要正式结婚了。

订婚的当天下午，粉妮和争争一起到信用社把两万块钱存了起来。那两万块没有一分是争争的，全是他借来的。

眼看快要结婚了，争争的一个朋友却发微信向他要钱。粉妮听见后，第二天就取出了一万块钱让争争还给人家。剩下的一万块钱，是争争借舅舅的，到现在也没给舅舅还。

对争争来说，筹备婚礼的过程其实就是到处借钱的过程。深山老林里的放牛娃武争争靠天天不应，靠地地不灵，靠娘娘不在，靠爹爹不管。他只有靠自己，靠自己的老实诚恳，靠自己小时候的几个朋友。两个舅舅还算可以，帮衬了不少，也出力不少。

阴历十月二十三日，也就是结婚的前一天，舅舅叫来了所有亲戚，包括陕南老家的亲戚——陕南父亲系的亲戚和陕南母亲系的亲戚，好多都是几十年没见过面的。

舅舅在小丘请亲戚们吃了饭，安排了第二天各自的任务。他们都算是娘家人，舅舅给他们介绍了渭北这边的一些风俗，让大家第二天注意。

争争请了从小玩到大的朋友，让他们来送一下自己。

争争说：我要"出嫁"了，你们不能不送我呀。

所有来人，阴历二十三的晚上都住在了耀州区。争争说：他们在耀州区都有房子，也都有车，第二天各人开着各人的车送他。凡送的一车一条被面。争争的朋友给争争还弄了一辆高档车，作为首车，没有给争争多要钱，也是一条被面。被面统一按10块钱标准走。

争争和粉妮头天晚上住在耀州区新家园的安置房里，第二天一早从新家园出发，然后上塬到道东村，在道东村举行婚礼。

争争定做了一身西装，粉妮买了件呢子大衣。

婚礼现场就在道东村街道边上的一个小食堂里，没有请婚庆公司，也没有司仪什么的。代子村的包扶单位耀州区司法局的局长代表争争方讲了话。

他说：脱贫攻坚让放牛娃武争争家脱了贫，给他家在耀州区新家园分了房子，所以他的底气就硬了，腰板就直了，所以他就找来了媳妇。我们祝福他。

司法局局长的讲话获得了热烈的掌声，接着，道东村田河南家的包扶人焦建军也上去讲了话，他还给田河南家行了500块钱的礼钱。

焦建军说：田河南家遇到了困难，但是党和政府一直没有忘记他们，一直在设法帮助他们渡过难关。现在田河南家增添了新生力量，我们道东村增添了新生力量。我看武争争是个非常实在的小伙子。道东村是"八星励志"的发源地，"八星励志"的核心就是扶贫从扶智扶志入手。我相信只要武争争有志气，肯吃苦，就一定能克服困难把日子过好，我在这里也深深地祝福一对新人。

焦镇长的讲话获得了更加热烈的掌声。

舅舅们开始给新女婿披红了。还是订婚时那七个舅舅，按风俗每个舅舅要给一对新人各披戴一个红被面和一朵大红花，这样算下来，二七一十四，新郎新娘每个人的身上都要有十四块红。

大红花6块钱一个，红被面10块钱一条。左披右挂，前挂后披，武争争和张粉妮的身上一片红彤彤，像是两团火焰，又像是盛开的牡丹。

日 子

武争争上门不久,田河南的老婆就死了,死在了冬天里。

儿媳张粉妮结婚的那天,田河南没有到现场,他在医院里伺候老婆,田家的人除了一个姐夫,基本都没有到场。张粉妮的两个孩子也没有在现场。

掩埋田河南老婆的时候,武争争充当了孝子的角色,披了麻,戴了孝,摔了瓦盆,一切都是按照儿子的身份严格进行的。村里的人都看在了眼里,舅舅们也在一旁监督着呢。最后他们都对武争争很满意,说这个孩子没有逾矩。武争争自己也很骄傲给粉妮争了光,争了脸。

武争争说所有丧事的费用都是他出的,棺材 4000 元,打墓 4700 元,棺材抬上山时又加了 100 块钱。还有柳木棍、烧纸、蜡烛,都是他出的钱,没钱他也得借钱办。他说:咱是儿子嘛,应当。不过就是道东这边啥都比代子村那边贵。

按此地风俗,吹手钱应当由女儿出,田河南的女儿却没有出,人也没来,只派她老公来行了 500 块钱的礼,其他都是武争争管的,从头到尾。

我去田河南家采访的时候,田河南正在给老婆过祭日,花圈靠了一墙,家里一派悲戚之气。直到在另一间屋子看到那对可爱的双胞胎,我心情才稍感轻松。

武争争和张粉妮各抱着一个小宝宝,那是他们婚后生下的一对双胞胎,地上还站着两个小孩子。想到武争争承担着家中三代两窝三个姓的生活,我很感慨。

田河南对采访他甚是积极,我在北村还没有回来时,他就一个劲儿地打电话说他已到了镇上。我原计划下午 3 点采访他,他上午 11 点就来了。我怕他等,就早早从北村回来了。

中午,我请他在关庄街道上吃了饭,然后他在我办公室又讲了两个多小时。他讲的内容并不多,反反复复在说着儿子的死、老婆的死。

田河南说:老天对我家太不好了,你要收人,把我老汉收走,咋说也不能把一家的顶梁柱收走呀!

我以为田河南是河南人。他说,他不是河南人,他是本地人。那时候,他的母亲生了几个孩子都没能成活,等到生下他的时候,父母便到处求神拜佛,保他平安。一日,有一破衣烂衫的要饭人到了田河南家门口,破衣烂衫者感谢其父母施饭,便给父母贡献了一个办法。说是找上"张王李"不同姓氏者,各为孩子做一锁,挂在脖子上,便可保孩子平安。田河南父母采纳了破衣烂衫人的建议,果真给田河南的脖子上挂了不同姓氏者的三把锁,把田河南锁住了,一直锁到现在。田河南今年70岁了,看田河南的状态,锁的时间似乎还没有到头。破衣烂衫者乃河南人,属于饥民逃难者之一,父母感河南人之言,便给儿子起名叫田河南。

田河南在人间虽然被锁了这么长的时间,但他的儿子却没有锁好,30出头就不幸去世了。

对于儿子的去世,田河南有点怪自己的老婆。

本来儿子和儿媳商量不要再盖房子了,把钱攒下来给孙子上学用,但田河南的老婆爱争气,说:人家能盖二层楼,咱也能。结果在盖房子的时候,架板断了,儿子掉下来成了瘫痪。到处求医问药也没有看好,轮椅都坐坏了三个,到了2019年正月十三,终于还是去世了。

儿子一走,田河南的老婆肠断心摧,用田河南的话说是"心用狠了",没几天就脑梗了。儿子是独苗苗,也是她一直惯大的娃,岂能不伤心。

我问他现在这个上门女婿对他好不好,他说,好着哩,人家吃饭也给他屋里端一碗。

我问:对你前面的孙子好吗?

他说:那他不能不好,有娃她妈在哩,不怕。

我说:那你老了,上门女婿是不是要负责埋你哩?

他说:那肯定哩嘛。

我说:他给你叫爸吗?

他说:那叫哩。

我说:你刚才说到你给儿子看病、给老婆看病欠了很多债,是不是真的也得让上门女婿去还?

他说：那肯定的嘛，他不还谁还？

我说：那你家的家产，包括房子、地，是不是以后都是人家上门女婿的了？

他说：他下面还有娃哩嘛，还有我孙子哩，孙子有他妈哩。不管哪个娃，妈总是亲的，妈总不会亏娃吧。

我说：那你这样安排真的挺好。

田河南对武争争和儿媳妇现在的生活不太想多说，只沉浸在对自己儿子和老伴的痛苦思念里。田河南走的时候，我整理了一些东西送给他，他很高兴地接受了。

武争争也很高兴我会真的采访他，他专程来到了我的办公室。去年年底我见到他时，我给他和粉妮还有他们的宝宝照相，他就非常高兴。那时我就说随后要采访他。

才刚开始采访，他就说起刚才给两个宝宝看病的事情。说宝宝咳嗽一直不好，咳嗽了一个冬天，让矿医院的大夫看都没有看好。后来还是找了中医，给娃后背贴了膏药后才慢慢好了。

我说：你家房子有点潮，冬天天冷，孩子肺气虚弱，就容易咳嗽。你可以给孩子艾灸一下，让孩子多晒太阳。学上点医学常识，能省不少钱哩。

武争争说，宝宝有灵性，是谁的手宝宝能摸出来，一个让他抱，一个让他妈抱，要是抱错了，他们就哭。宝宝还很体谅他俩，要睡一块儿睡，要醒一块儿醒，这样他俩就可以多睡一会儿，不至于一会儿这个醒了，一会儿那个醒了，让人一晚上都睡不成。

武争争说，有时候，他一个人把两个宝宝都喂了，不用叫醒粉妮。

宝宝早产了一个月，是剖腹产，生下来时，大夫说是呛了羊水，有点肺炎，住了10天医院，结果回家就不会吃妈妈奶了，就靠喂奶粉。

我问武争争平常是住耀州区还是住道东，武争争说住道东的时候多，耀州区那边基本锁着呢，再说，那是用他爸的名义分的房，他不想和他爸多黏。道东这边农活多，也根本离不了人。

我问：你的宝宝起名字了吗？他们姓什么？

武争争说：这多亏了粉妮呢，本来家里困难这么大，我没打算要孩子，就想着把粉妮的两个孩子养大了就行。粉妮就问我姓啥。我说我姓武。粉妮说：那就对了，我还以为你不知道自己姓啥了。

粉妮说：你看看这屋有一个姓武的没有，除了你。你将来老了谁管你，你指望着姓田的管你哩，是吧？我只怕你指靠到萝卜地里。

粉妮坚决要让争争有自己的孩子。起名字时，粉妮又说：你好好想想，到底姓田还是姓武？争争就想了三天。

粉妮和前夫的孩子名字里都有一个"一"字，争争想了想，要把四个孩子名字连在一起，就再用一个"一"字。争争的两个宝宝，一个叫武一轩，一个叫武一杰。

粉妮说争争起的名字好。

我问：那田河南同意吗？

武争争说：现在家里的掌柜是粉妮，不是田河南了。

前面我采访田河南时就隐约感觉到他和女婿相处得不是那么和谐，这下从女婿这里又进一步证实了。

武争争说：粉妮和田河南还吵过一架呢，差点把粉妮气死。

我问：为啥吵呢？

武争争说，就是开春时，孩子咳嗽个不停，夜里也老是哭。粉妮就在门前点了烧纸，降神驱鬼。按风俗烧完纸后一定要把大门关上，这样才能把鬼送走。可是田河南偏偏要把大门打开。粉妮说了田河南，田河南就骂起了粉妮，粉妮当场气病就犯了，又晕倒了。争争叫来田家舅舅把粉妮送到医院，从那以后就对田河南反感了。他绝不能让田河南欺负粉妮。

粉妮从医院回来后也不回家，直接去了北窑娘家，争争也去了北窑娘家。粉妮不回来，他也不回来。

粉妮是真生气了。两个宝宝也不管了，反正有几个舅舅看着哩，他们不会亏待娃。粉妮就住在娘家不回。

不到一个星期，田家舅舅、舅妈们受不了了，把田河南叫了过去，和田河南一起到粉妮娘家给粉妮道了歉，给粉妮娘家妈也道了歉。娘家妈又数落了田河南，说：老了老了咋这么不识时务哩，给娃们戳啥气哩，防备明儿个娃们不养你了，不安埋你了。田河南低着头一声不吭。舅舅们这才把粉妮接走了。争争也跟着一起回来了。

我问争争：你将来埋不埋田河南？

争争说：他对粉妮好，我就埋他，他要再这样，那到时候再说呗。

争争还说，那次吵架他当场就把田河南那些条子给了他，对田河南说：你给了我1800元，我现在没钱，我给你打个欠条，等我娃离手了，我去打工还你。你的钱我不要，你的账我也不要。你把这拿走。

田河南吓得就没敢接。

争争走的时候，我这里实在是没啥给的，就把冬天带来的两件毛衣给了争争。争争一点儿也不嫌，很高兴地接了，还说这毛衣粉妮穿上肯定好看。

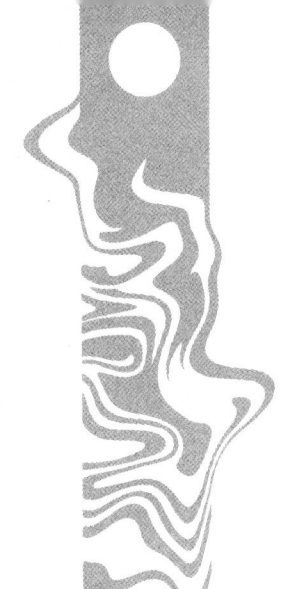

第十二章 养老院里的婚礼

墓坳村：因该村周围多坟墓，村处原坳中，筑有城墙，清代中叶村以此得名墓坳堡。

小丘镇：据乔著《耀州志》卷二载，明嘉靖时以该村地形较周围高、呈小丘状而得名。

——摘自《陕西省耀县地名志》

悲情墓坳

初到墓坳

2020年腊月，眼看就要过年了，恰逢关庄过会，我穿过热闹嘈杂、把路堵得严严实实的关庄会，来到了一个叫墓坳的村子。

"墓坳"作为一个村庄的名字，每次听到都会感到奇怪。这个有历史的村庄，其实是有两个传说的：一个是"韩母台"的传说，另一个是关于一个美丽女子的传说。美丽女子的传说没有成为这个村庄的名字，而那个韩信母亲葬在土坳之上的传说却成了这个村庄的名字。

当我追溯到了这一点，很为当代的墓坳人感到惋惜，我觉得他们的祖先似乎缺乏诗意情怀，他们崇拜权威却不懂得崇拜一个圣洁的女性。如果用这个圣洁女性的故事当村名那该有多好！

圣洁的女性就是千手观音菩萨，她的肉身之墓就在该村。观音当年尚为公主之时发愿出家，令岭上冬日插枝成花，后来，冬日荒原果然鲜花遍开。故而此地还有一名曰"插花岭"。

"插花"未曾叫响，"墓坳"却流传至今。脱贫攻坚之时，第一书记一直想把"墓坳"改名为"插花岭"，但要由国家民政部门批准才行，报送上去，尚未获批。

我到墓坳村去主要是访问一些光棍汉。从前面几个村的采访中，我发现关庄一带男人找老婆很是不易，要么当上门女婿，要么打光棍，要么就找个残疾女人或是"瓜子"女人勉强过日子。"瓜子"乃当地土语，即"傻子"的意思。

这里的光棍有好几代，一代是五六十年代出生的人，目前已进入老年；一代是70年代出生的人，年龄在50岁左右；一代是改革开放之后出生的人。前两代光棍主要是因为贫穷和社会动荡而产生，第三代光棍的产生主要是因为村里年轻人出外打工成为风潮，女孩基本不回村里，村中女孩成为稀缺资源。

我在墓坳连着见了几个光棍贫困户。听到一个光棍十四次恋爱都没有成功的故事后，在暮色苍茫之时来到了墓坳村的安置小区。这里有一层楼房专为安置老年贫困五保户们，算是一个小小的养老院吧。

这个"养老院"是单元房格局，客厅挂着两幅字画，一幅是毛体书法《北国风光》，一幅是国画《江山多娇》，两幅书画把客厅装饰得非常雅致。三个房间门上都挂着写有五保户姓名的铁牌。这个房子里居住着五个老人，他们的照片也挂在墙上。

进到一个房间里，床上、床下却坐了十几个老人，原来，其他房间的老人都到这里来谝闲传和打牌了。房间里靠电暖器取暖，热烘烘的。

坐在床上的那一排老人给我印象很深，主要是因为他们的脸太沧桑了，基本呈黑褐色，我一时觉得黑褐色的脸膛更能突出人的五官。他们的五官都很立体鲜明，眼睛有神，也有走过漫长岁月之旅后的复杂，耐人寻味。

有一对兄弟，都近70岁，也都是光棒一生。前面也说过，关庄这里把光棍称作光棒。哥哥沉默不语，抽着廉价纸烟；弟弟也沉默不语，若有所思。他们对我这个陌生闯入者兴趣不大，该干吗干吗，没有人停下手中的活计和我主动搭话。

坐在床边中间位置的一位老人，看面相不像此地人，我便问他是不是从外地到这儿来的。

他回答说，是的。说他是陕南镇安县人。他又反问我，怎么能看出他不是此地人。我说：因为你长得太帅了，一看就不是此地人。他便笑了。

老头身材匀称，腰不弯，耳不背，看起来很精干。老人鼻子浑圆，这是我判断他不是本地人的一个依据，因为关庄当地人的鼻子都比较高挺，而他却有一个标准的蒜头鼻，上面还有一些红点，很是醒目。当然想要判断准确，还得依据总体上的感觉和对此地人的深度了解。在这一点上，我具备了相当的敏锐度和一些经验，我随后对其他流落到此地来的人的判断，几乎百分之百正确。口音也是一个重要依据，这算是一个作家应当具备的本领吧。

这个从陕南镇安县来的老头，叫余得海。我说：你的名字起得真好。他说不好，"鱼"，得水就够了，而他的名字太大了，得了海，淹死了。

我觉得他说话有趣，便和他聊起来。问他为何一辈子没有结婚，他说错过机会了。他还说能不能不谈这个主题。

"主题"？这老头真会用词。但我不想放弃。

他问他怎么错过的。

他说：说来话长，一言难尽呀！

我说：你的词真多。旁边打牌的人中就有人说：他是我们这里的秀才，能说得很，当过小学教师呢。

我又问他是哪一年来到关庄的，他说是1961年，跟着父亲母亲还有一个姐姐，逃荒来的。本来是要到甘肃正宁去的，走到了柏树塬村，柏树塬村有户人家看上了他的姐姐，让他姐姐给那家儿子当媳妇，他们便留下来了。

我觉得这里有故事，又问他：那你们人生地不熟的，来以后靠什么生活呢？他指着那弟兄俩光棍对我说：他俩也是逃荒来的，你问他俩。

那弟兄俩是从宝鸡来的，他们用的词叫"上来"，是从宝鸡上来的，上来后，到此地找了个废弃的破窑洞住下，然后开垦荒地，分社时落下了户。

一个瘦瘦高高的老人，大冬天里在屋子里还戴着帽子，是个礼帽，这个老汉看起来挺讲究的。他说，他是1960年跟着父母来的，他是陕南山阳县人。正月里出来的，下着大雪，翻越秦岭，走了五天五夜才到西安，到了西安后又步行到了耀县，一路进山。那时人都传说山里能活人，因山里地多人少，能吃上白馍，就只管往山里走，走到瑶曲走不动了，就停了下来。

我很震惊：这里怎么这么多外地流落过来的人呢？

后来，我专门留意了这个问题，发现陕南山阳、镇安，安徽阜阳，湖北郧西，甘肃正宁，都有大批的人落户此地。关庄这一块河南人不多，河南人大多流落在宜君县。

他们流落过来，住窑洞，睡草席，很多人还要了好几年饭。路上劳累惊恐，到此地后，很多人的父亲都积劳身亡，留下年轻的寡妇和孩子。孩子生病无医治疗，也有许多落下残疾的。

贫病交加，少父缺母，又落下残疾，这些逃难者的后代就这样成了光棍汉。村里的贫困户也出自这一群人，他们构成了贫困户的特殊类型。比起本地人，他们这批流浪人的后代日子过得都不甚好，基本也都顺理成章地成了无儿无女的五保户。

有一天傍晚，我到镇政府后面的地里去转，油菜花已经开败，被前几天的狂风吹得匍匐在地；麦子却长得正旺，刚刚扬过了花，正在灌浆，颗粒有了饱满的势头。麦地旁边有一溜空地，一对老年夫妇正在种辣椒苗，我跟他们闲聊起来。老汉一张口，我便又断定他是外地人：他说着当地土话，但某些音节暴露了他的身份。果然他说他是安徽阜阳来的，小时候，按他的说法"还是娃子的时候"跟着父亲来的。

吃晚饭时，在关庄村的一个饭馆里，我跟老板说起了这一现象，不承想，对面一个男人说他老家就是安徽阜阳的，他们家是他爷爷那一辈时来的，他是在当地生的，算是第三代人了。

去年在金马村采访时，知道那里有很多甘肃来的人，还是回民。有一家两兄弟都是老光棍，都是贫困户，当时我还给了弟兄俩200块钱。

我后来的采访里也不断地冒出这样的人，都是不经意间遇到的。他们逃难的经历大同小异，体现着逃难人共有的艰辛与不易，后来的经历也大同小异，生存的境遇千差万别，大致路径却基本一样，带有一定的规律性。就像风中的一片树叶，不管叶子舞出怎样的风姿，但都逃不脱风的方向。

像戴礼帽的老汉，说他们家来时，只有一床棉被，中间破了一个大窟窿，人的头都可以钻出去。家中姊妹几个，但妹妹小不能嫁出去换钱和粮食，穷得全家只有一条裤子、一件上衣，谁出去了谁穿，不出去的人就窝在窑洞里光着屁股。

戴礼帽的老人要了几年饭后，在北窑村给当地人干农活，干了几年之后对方却没有给他工钱，把一个捡到的"瓜子"女人给了他当老婆，算是抵了工钱。

无根无底，又如此贫穷，怎能娶上老婆？能有个"瓜子"女人已很幸运，说啥也是个婆娘，总比没有强。

戴礼帽的老头和瓜子女人过了8年，后来瓜子女人烧炕掏柴火时不小心把柴堆掏塌了，被柴火垛压死了，他就成了光棍，后来也无力再娶。

养老院的短暂采访，深深地震撼了我，我决定专章写这些住在养老院里的老人。

再到墓坳

2021年5月10日,我又来到了墓坳村。

我是一早便去的。刚刚下过雨,田野翠绿,阡陌纵横,空气清新酥润得令人陶醉。一楼的铁栅栏上挂了七八件衣服,小麻雀大胆地在衣服上跳来蹦去。

我满心欢喜,心想老人们一定都在,可以详细采访了。

谁知推开门却只有一个老汉在。老汉是当地人,我跟他没有多说话,只问了他去年我见的老汉们都去了哪里。他说:刚吃完饭,他们都到外面晒太阳去了。

他带我去了楼后面,果然看见一排老汉坐在矮砖墙垛上,一边看着过路人,一边心不在焉地晒着太阳。我一眼便看见那个戴礼帽的老汉,他今天依然戴了个帽子,是个宽边大檐类似草帽的凉帽。

那个镇安来的能说会道的老汉余得海没在,他们说余得海去小丘那边的养老院了。听说余得海去了小丘,我便立刻想去小丘,说实在话,我就是冲着"鱼得海"来的。但几个老汉都想和我说话,也许他们一生的波折平常没有人愿意倾听,看到有人专门来倾听,都迫不及待想讲述。他们都眼巴巴地望着我,我就不好意思马上走了。

戴帽子的老汉比去年冬天穿得还要整齐,穿了白色T恤,还有干净的黑裤子。他真是个挺精神挺端正的一个老汉。如果不知道他的经历,很难想象这么齐齐楚楚的老汉会是个要过饭的人。一时间我像是看到了自己的父亲一样,历尽磨难,却依然慈祥。这么好的一个老汉,竟然是逃过难、要过饭、娶过瓜子婆娘的。我禁不住心生感慨,唏嘘不已。

老汉逃荒来时,刚刚11岁,60多年过去,老汉已近垂暮,当初跟他一起来的父母小妹,都已下世,世上如今只留下老汉一人。老汉感激着共产党,感激着政府,说要不是共产党将他安排进养老院,管吃管住还管理他,他真不知道自己是啥下场。

老汉笑起来很好看,没有牙的嘴和宽檐帽子把老汉打扮得像画上的人物。老汉还会自己擀面,我12月份又去的时候看到老汉自己擀的面条,上面撒着葱花。老汉笑眯眯的吃得挺香。

那弟兄俩光棍,哥哥在,弟弟没在。哥哥的脸让我印象最深,是黑褐色的。

他最上相，拍出来的照片如同梵高的人物画一般。这一回才知道他叫徐光华，戴帽子老汉叫他牛娃子，他们房子里还有一个叫宿牛娃的、一个叫老美的。墙上是那么写的，真名不一定是这几个字，可能扶贫干部也考证不出来了。

老美和宿牛娃今日未见，不知上次见了没有。要是见了，人和名才能对上号。

牛娃子爱抽烟，一根接着一根，还爱穿迷彩服，去年冬天穿迷彩服，今年天热了，还穿着那迷彩服。

牛娃子话少，但也爱说逃难的经历，说他是从宝鸡王家堡子出来的，一路上见到很多人倒卧在地。牛娃子父亲当时40多岁，带着他和姐姐、哥哥，还有一个弟弟。到关庄之后，哥哥当了上门女婿，他和弟弟一直打光棍。现在父母都下世了，哥哥和姐姐也下世了，如今只剩下他和弟弟两个老光棍。他家一直住窑洞，住到1993年。

一说到后来的生活，牛娃子就没有多余话了，几十年的阴晴雨雪，仿佛用"没娶下老婆，打了一辈子光棍"就一言以蔽之了。

能说会道的余得海没在，这几位老人也没吐出多少有故事的东西，翻来覆去就是住窑洞、睡麦草、开荒种地、种苞谷、种豆角、揭地、挖地、扎地畔、喂牛、出圈、穷、冷、盖不起房、娶不下老婆等一些词汇，都是概念性的，没有情节，更没有细节。

我有些失望。只记住一点，瑶曲和庙湾后塬那边为何只种苞谷不种麦子。原来是因为那边风大气候高寒，麦子长不住。秋天霜杀，春天风吹，躲过霜杀，躲不过风吹，风一吹就全落了，那风大得人都招架不住，麦粒更是让风剥得一粒不留。怪不得后塬那边家家房前檐下都是苞谷堆、苞谷棒，而不见麦子。牛娃子当初跟着父母先是流落到后山庙湾，在后山待了三年，陵地种不下麦子更待不下人，就转移到树林村这边来了。

另有一个老汉去年冬天倒是没有见过，抢着说话，主要是说他家的房子被拆迁了，当时他正蒸馍呢，大铲车一爪子就把他的房子挖掉了，土都落在了馍上。

他说他是湖北郧西人，在湖北时父亲已死，他是跟着继父过来的。继父死后，他妈带着他和弟弟妹妹又嫁了一个甘肃男人。他总共有过三个父亲。

哎呀，这可又冒出来一个外地逃难者后裔。他说，小时候跟大人过来时也是住窑洞，盘炕烧柴火。冬天这里特别冷，寒冬腊月里没有棉衣棉裤穿，就把腿冻坏了，得了类风湿病。他说：都说咱这里大骨节病是吃窖水吃的，其实是天冷冻出来的，过去人都穷，没有衣穿，更没有棉衣，腿关节就冻成大骨节了。

这个说法倒也新鲜，我一直以为当地的大骨节病是水质原因引起的，官方也认同这一说法，努力强化安全饮水，如今大骨节病基本已销声匿迹。看他的腿关节和手指关节，也有点类似大骨节病，结合他的经历，他说得也不无道理。

说到他上不去五楼却被分到了五楼，我才知道，他没住养老院，他住在养老院上面的安置房里，他是贫困户，但不是五保户。他有一个女儿，招了一个支前河村的上门女婿，算是有儿有女，不具备住养老院的条件。他属于贫困户里的移民搬迁户。

湖北郧西老汉眼屎糊目，精神萎靡，个子又不高，在这些老汉里，形象算是最不好的。他显得特别悲苦，一直都是愁眉不展、心事重重的样子。他说自己住了新房还不如住老房子，住新房子种地不方便，水电费还交得多，生活质量等于下降了。而且腿疼上不去楼，老婆子也是腿疼上不去楼。

说到这里，坐在最边上的一个年轻一些的老汉说他住在四楼也上不去楼。他说得更可怜，说他婆娘是风湿病，精神还有些问题。吃药稳定期间到县医院打工，医院水房的热水器突然掉下来，砸烂了头，也烫烂了头，在医院里住了一个星期，医院就逼着出院。热水器厂给赔了些钱，但是医院没有赔钱，也不给他婆娘做残疾鉴定。

他自己的残疾鉴定也一直没有做。因为村上连报表都不给他发，每次去都说没有。他说：村干部看谁给他拿了烟才给谁报表呢，没拿礼的话，去一回说没有，去一回说没有。

他指给我看他的胸，说：你看我的胸骨这么高，我的胸骨和脊椎都有问题。他还说，搬了新居，离地远，只好另租了人家的房子。他指给我看不远处他租的旧瓦房，说那户人家搬到了麻子村，这瓦房就租给了他。

郧西老汉急着带我去看他家被挖掉的房子。我便也想到村里去看看。

我到每个村时，基本上村干部和村第一书记都会带我到处走、到处看，只有墓坳村的村支书比较冷淡。

去年来时，她派了一个小组长陪我。晚上8点我从养老院出来要回镇上，给她打了几次电话她都说过不来，一直延宕到夜晚9点，还让我到她家坐着等了好一会儿，听她婆婆嘟嘟囔囔说了一些贫困户们的不是，各种不是。一直等到她的女婿回家后才把我送了回来。我一下午没吃饭，从墓坳村出来时在路边买了一些点心，想要压压饥，但一看到养老院里的老汉，就全部送给了这些孤老头。还好，她女婿送我回去后又拐回来给我送了一碗棍棍面。

听两个老汉讲述完，我并没有接两个老汉的话附和着说村干部不好。相反我说：以前的村干部不好，都过去了，今年才选出来的这个女的，听镇上说是经过五次选举才推选出来的，你们可以去找找她，让她帮助解决一下，最起码，残疾鉴定表她不会不给发的。

我这样一说，牛娃子和戴帽子老汉又说起养老院的不是来，说：村上把养老院管得不好，饭做得也不行。做饭的人是个拾破烂的女的，啬皮得很，不舍得用油，一天就靠酱油醋，早上就是几个丝，萝卜丝、洋芋丝、白菜丝，常年都是这几样，几个月里别的菜都见不到，茄子没见过，豆角也没有见过。中午面条锅里漂几根野菜。这里野菜多，还不用掏钱，一年四季都有，做饭的就耍野菜。野菜过去都吃伤了，现在还让我们吃野菜。整天连个肉腥都闻不到，肉星星也见不上，饺子更是几个月见不到。就这还贵得很，让我们一个月交240块钱。

我说：那这个女的做饭这么不好，你们为什么不反映呢？

牛娃子说反映不起作用，听说这女的有来头。

一个拾破烂的女人能有啥来头？我问。

牛娃子说：这女人眼皮薄，灵得很。领导要是来视察了，她就殷勤得很；领导不来，她就说，爱吃不吃，就是这！

我说：余得海是不是嫌这里的生活不好就到小丘那里去了？

牛娃子说：就是的。余得海和那女的吵了几回架，他吵不过那女的，那女的泼得很，还往余得海身上扑着抓他，把余得海吓得直往后退。

牛娃子说自己走不了，小丘那边太远，他身体不如余得海，回来一次不容易。

我说：你们都这么大年龄了，长期吃不好，身体会吃不消的。

牛娃子说他有时自己做，有时外甥给他送些饭吃。

牛娃子弟兄俩还有外甥给送饭，外甥真好。可怜就可怜了戴宽边帽子的老汉了，他没有外甥送饭，孤身一人，就只有自己做饭吃了。

悲情墓坳

墓坳村，就像村名一样，给人的感觉是如此晦暗和悲情。

早听人说，墓坳村是个"烂杆子"村，从选举村干部的艰难，从新任村支书婆婆的各种不满，从上次和今天看到和听到的诸多情况，我已确信墓坳村至少是个缺乏生机和活力的村庄。

村支书是个年轻女人，30出头，是今年刚刚选出来的。打电话给女支书，女支书挂了电话，发来微信说是正开会呢。早上来时，她就说在镇上开会，现在已是下午了她还说开会。我知镇上开村干部会只一上午，下午并不开会。

我对她的印象越发不好了，便发过去一信息，说：你们村这几个贫困户，有很多问题，希望你能过来解决一下。你如果过不来，我就找第一书记过来。再者，我听说下午不开会了。她便过来了。

说实在的，她人长得还算好看，农村人，倒也打扮得像个城里人，貌似还有几分时尚。

我就说了湖北老汉的问题。我说：他说他腿不行，上不去五楼，怎么给他分了五楼？

她说：人家这座楼是开发商开发的，开发商把好楼层都卖了，就剩下四楼、五楼，总不能让人家把社会上交了钱的人撵出来，让他住吧。

湖北老汉见她这样说，就不再吭声了。

她又说：你上不去楼就慢慢上嘛，国家给你补贴了那么多钱，你白得了房子还嫌楼层高，还嫌扒你房子，你不能一个萝卜两头切吧。

她口才挺好，我听了好像也无话可说。但她对待村民恶狠狠的态度，我实在是不敢恭维。她大呼小叫的样子，跟她好看的脸实在很不般配。

我说：还有这位老汉，他说他要个残疾鉴定表，村上都不给。

她说：鉴定残疾是残联管的，不是村上的事情，鉴定也由医院鉴定，也不是村上鉴定的。你自己想去就去嘛，谁也没挡你！

幸亏这一块我比较清楚，我便说：是残联管的没错，但是作为个体，必须有一个表证明他的身份，他拿着这张表才能去残联指定医院做鉴定，鉴定结论也是写在这张表上的。他必须有这张表才行，城市居民是所在社区发表并盖章，农村人是村上发表盖章的。

年轻老汉听我这么一说,马上说:就是的嘛,空身子人,啥都不拿,人家咋给鉴定嘛!

我对年轻老汉说:发个表这么简单的事情,你们支书一定会给你办到的,她是新选出来的,正要给群众办几件好事呢。

女支书一听,就不高兴地说:那你过几天来,我叫那谁给你一张表。你那情况人家还不知道能不能给你鉴定呢!

我说:不管能不能,先让他去,先拿着表去了再说。

我又对年轻老汉说:你的这个问题算是解决了,表拿了你就赶紧去指定医院鉴定,连你婆娘的一块儿鉴定了。一次要两张表。女支书已经答应你了,是不是?

女支书说:以前人家不是都说你那不够等级嘛。

我说:现在病情发展了,好赖再做一次鉴定,真要是鉴定不上咱就不再提了。好不好?

女支书就又不说话了。

我说:你能不能带我到他们两家去看看?

女支书说:看嘛,你要看你看嘛。叫他两个带你看嘛。

我说:你村这么大,可能要开车去,你的车能用吗?

女支书冷冷地说:我的车不在,你慢慢走着去吧。

我说:我就是不去他们两家,既然来了,写你们村,也应当把你们村走一圈才是,不然,别说内情不清楚,连村景都写不出来。

我说着,便给第一书记打电话,第一书记很快来了。第一书记是机关干部,行事和女支书迥然不同。我说了年轻老汉老婆被砸伤的事儿,他马上问年轻老汉:不是说让你走司法程序吗,让你去找劳动监察大队吗,怎么样了?

年轻老汉说去了没答复。

第一书记说:没答复也得有没答复的理由,你再去,必须问他们不答复的理由。你就是身子懒,去一次不行就不去了,这种事情你不一趟趟地跑能解决吗?

年轻老汉说:唉,我灰心得很。

第一书记说:灰啥心,这灰心,那灰心,啥事能干成?

说了一天的话了，感觉口渴，趁着第一书记给年轻老汉解释政策，我便去上回马路对面的那家小商店买了几瓶水。想到牛娃子和戴帽子老汉，我又买了三样点心，过了马路送给他们。我过马路时，女支书也正过马路，迎面和我撞上也没跟我打招呼。她见第一书记来了，不等事情说完就走了。

第一书记带我到村里转了转。湖北老汉也要坐车让我去看他家。

在村庄里面，两边人家都在，中间空出来了一片地，地上是他曾经的家。现今地里已种了连翘，半人多高了，他所描绘的家——锅台、蒸馍，被连翘淹没，已不见丝毫踪影。

墓坳村的最大特点，可以说是名副其实，没有看到观音菩萨的肉身之墓，却看到了好大一片墓地，那是解放战争期间，人民解放军在与马步芳军队进行的一场厮杀中牺牲的很多战士的墓地。第一书记说，那时给牺牲的战士们一人一块砖刻上名字，就是他们的墓碑了。那时候人们不懂得去尊重烈士，土地承包以后，那些刻着烈士名字的砖都被主家扔到沟里了。

一看，墓地下面果然是一条深沟，荒草萋萋，深不见底。

墓坳，是个悲情的村庄。

三到墓坳

我最想采访的是余得海，没有见到是不会甘心的。回到镇上，我又向镇上要车要去小丘。

小丘在通往照金的路上，风景自然是悦目的，偏又下了小雨，满目之绿与丝丝细雨结合产生出的世间美景，真想不出来一个合适的词，恐怕也无合适之词来描摹。词汇是人造的，而自然之景却是上天所造，谁的能力能比天高？所以还是不用词汇了吧。

小丘养老院真是大呀，三进院落，温馨可人。一看便知它是由一所老学校改造的。书香之味，优雅之趣，从长廊，从方砖，从宽大又幽深的院落弥散出来，比起墓坳那边的养老院，它真是高大上了不知多少倍。

在二重院落的大厅里，我见到了余得海老汉。他正在下象棋，我走到他跟前，他便看见我了，停下手里的棋局，说：你来了。

老汉记性真好，没有忘记我。我说：给你打电话你怎么不接呢？

他说：我电话坏了！

我说：去年你说，鱼不能得海，海太大了，鱼得点水就行了。我一直记得你的这句话。我今年想要专门采访你。有些人有事迹但说不出来，你有事迹而且能说，所以我来找你。

余得海笑了，说：好，那到房子里。

我来到他的房间。这是个两人间，床单真是漂亮，灰底白花——买这样床单的人是有眼光的，床单太不俗气了。整个房间整洁干净，空气里还有淡淡的香味，待在里面舒适得直想打瞌睡。

我问余得海为何不在墓坳那边了。余得海便像牛娃子老汉和戴帽子老汉那样，说起了墓坳那边的种种不是。

的确，墓坳那边的房间里怪味熏天，我在里面待了一会儿，就连连咳嗽，呛得不行。冬天好像还没这么难闻，怎么春天时屋子竟是这样？！而且人也少了，按说空气应当更好一些，岂知……大概窗户不常开之故，我试图去开窗户，窗户却像锈上了一样，半天推不动，我开窗失败。不怪老人们有意见，墓坳养老院的管理的确是有问题，根本找不到管理员，老人们也没有人知道管理员的电话。

戴帽子老汉是会打电话的，余得海的电话就是他从手机里翻出来的。谁的电话都可以没有，怎么可以没有管理员的电话呢？管理员又怎么可以不告诉老人他的电话呢？

余得海老汉说着又骂起了做饭的人，他比牛娃子和戴帽子老汉说得更狠。他说：什么拾破烂的，她连拾破烂都不会拾哩，她能做饭？她在家喂猪，她拌的食，猪都不吃。我们都是五保户，能吃几天饭，她竟然像喂猪一样地对待我们。我们吃的是国家的，又不是吃她家的，你看她小气的。关键她是心坏了，想从中贪污克扣。你看她自己穿得一天一身衣服，打扮得花里胡哨，哪像个农村妇女？不土不洋的，猪鼻子上插葱——装象哩。不好好做饭，一到晚上不是打麻将，就是去跳舞，根本就不是个正经女人。

余得海骂完做饭的妇女，就开始数说这边的好来。这边的好是看得见摸得着的，那边的坏也是看得见摸得着的，但余得海就是能描述得详细而生动。这就是文学的能力，我看中的正是他这种能力。

眼看天色已晚，司机刚才说家中有事，下班还想早点回家。

我灵机一动，对余得海说：干脆我把你带到关庄镇去，坐我办公室让我好好把你采访一下。

他说：这会儿没有班车了，咋去呀？

我说：外面有小车，镇上的小车，拉你去。

他说：我也坐小车吗？

我说：对，一块儿坐小车过去。

他高兴地笑了，说：那你等我一下，我收拾一下。

我就在外面等他，却半天不见他出来。我敲门进到房间，见他已换了身衣服，是黑色中山装，挺像个退休老教师。他又打开柜子找他的一张卡。我就站在他旁边。他的柜子里很整齐，里面有三个小盒子，还都挺精致的，还有一个小皮箱，古董级别的，像电影里地主公子到城里去时提的那种。

我说：这皮箱是你自己的吗？你家原来是地主吗？

他说：比地主还厉害呢，我们家过去是做生意的。

我问：做啥生意呢？

他说：我们家开铺子。我父亲16岁就当掌柜了。

我问：开啥铺子？

他没再说。他又从古董皮箱中间取出一个粉红色女式小包，拉开拉链，说了句"在哩"，便把小皮箱重新锁了。

小红包斜挎在他的肩上。我说：你挎了个女式包。他就笑了，说：没事，我再披件衣服，就挡住了。他果然又披了件黑衣服，挡住了小红包。

在大厅，他去办请假手续。一个管理员过来问他高血压药有没有带上。他说带上了。

管理员耐心又谦和的样子，给我的印象也很深。后来得知，他是这养老院里聘请的执行院长，叫王为民，以前是小丘学校的校长，退休后被他的学生，也就是养老院的实际董事魏晓芳聘请过来。他在这里悉心呵护老人的事迹各大媒体都有报道，他被评为"中国好人"。

王为民建议余得海，既然要回去了，不妨多请几天假，回家里好好看看。余得海就请了三天假。

我把余得海带上车的时候，司机吃惊地望着我，说了句：这么大年纪了，你敢把人家带回去，给他家人打招呼了没有？

司机的眼神和话语一下子提醒了我。都说八十不留宿，七十不留饭。余得海七十有三，我怎么能随便把人家带回去呢？我光是想采访了，把后果都忘记了。但是来不及了，余得海已经坐进小车里了。他看起来很高兴能坐上一回小车。

雨还在下着，这个春天雨水真多。路上的景致真是迷人呀，绿树飞驰而过，公路蜿蜒蛇行。远山迷离，近山葱茏。

余得海兴奋得一路说个不停。主要还是在说小丘这边如何如何好，有人洗衣，有人送饭，花钱还少。

他说，他还做了一次讲演。王为民院长让五保户们讲一讲来养老院里的感受，没有人上去，都不敢上去，上去他们也不会说。王为民叫到他的时候他就上去了。他说：原先想着老了孤身一个没有人管，悲观得不行，没想到这里有这么多的老人，可以说话可以谝，他一点也不感到孤单了。

王为民说：我们这里有三对老人已经结婚了，你想不想在这里也找上一个老伴？

他说：想。

全场都笑了，都为他鼓掌。

司机问我：一会儿把他送到哪里，送关庄还是送墓塬？不等我回答，司机又说：你不是采访他吗，直接送墓塬采访多好，采访完镇上把你拉回来，他就留在墓塬了，不用跑了。

司机比我聪明多了。我想这样好，不给关庄添麻烦，就对司机说：好，直接去墓塬。

到了墓塬，余得海进到他原先的房间转了一圈说，他不在墓塬住了，他想回柏树塬去。

戴帽子的老汉说：你这人，去了小丘看不上这里了。

牛娃子说：要走你就赶紧走，一会儿就没班车了。

余得海就出来到路边等班车。我陪着他在路边等，想看着他坐上班车。半天也没见班车来。他说：我走回去呀。

我说：柏树塬挺远的，我3月份去过的，还是山路，走到半路上天黑下来咋办呀？又刚刚下过雨。你就凑合着在墓塬住一晚上吧。

他说：这算啥，走了一辈子山路了。

说着，他便拐到通往柏树塬的路上去了。这时，我发现余得海是个瘸子，他走路是瘸着的。

我下午的采访失败了不说，心里还多了一份担心。

余得海走后，我一再问戴帽子的老汉和牛娃子老汉：到柏树塬走路要走多长时间？到柏树塬有多少里？从这里到柏树塬有从墓坳到道东这么远吗？

牛娃子说：比墓坳到道东远多了。

我问：有多远？

牛娃子答：那远多了。

我问：有多少公里？

牛娃子答：十来里地。

啊，这么远！

我的心一下子揪了起来，一个73岁患高血压病的老汉，雨夜里走十几里山路，还一瘸一拐的，想想便一身冷汗。我想打电话给余得海把他叫回来，忽又想起他的电话坏了，他要回柏树塬就是回去拿外甥给他买的新手机哩。

我的心像猫抓似的。戴帽子的老汉安慰我说：你不用为他担心，柏树塬这路现在修得好，半个小时就到了。过上半个小时，我打电话给他村上人，让去看看他到家没有。

戴帽子老汉就是好，他这样一说，我的心才安静下来。

我说：那我就到外面转一下，一会儿你们叫我一下。

出得门来，看天色已晚，整个山村开始漆黑起来，远处有灯火若隐若现。我又想起墓坳这个村名来了。

山村的夜晚是有些恐怖的。早晨所见田野都被装进了黑纱布袋里，一切都影影绰绰。树木变成了团团黑影，房屋村舍是一点找不到了，天地一时变得那么庞大而沉静，沉静得令人胆寒。仰望星空，心里才亮堂一点。啊，这满天的星斗啊，此刻是如此明亮，如此繁多，它们真的是在眨眼睛，一闪一闪，星光四射，像茫茫大海上的水花一样。那眼睛的后面必定有天上的神仙，他用眼神告诉我：我在，我在，不用怕。

戴帽子的老汉跑出来了，说：到了，到了，他到柏树塬了。他外甥到路上接他了，用摩托把他驮回去了。

我悬着的心一下子落了地。

三见余得海

越发地想要再见到余得海。他不是回柏树塬村了吗？那好，我就到柏树塬村去找他。

一早向镇上要了车赶到了柏树塬，村上给余得海的外甥打了电话，却得知余得海不在，说是昨晚回来，今早7点就坐车走了。

余得海昨天是说过的，从柏树塬到小丘，要先坐车到耀州区，再从耀州区倒车到小丘。班车有点，要赶早。昨天他这样说的时候，我就很佩服他。一个七旬老者，反复在山路上倒车，他却散步一般地，走亲戚一般地，逛庙会一般地，闲散而不觉疲惫。

寻余得海不遇，我深深地遗憾着。

柏树塬的村主任说：你为啥非要找他呢？要是采访陕南来的，我们村老支书家就是，老支书比余得海说得还好呢。

那太好了。

在老支书家获得了两个信息，一个是柏树塬村大半都是陕南人。那时他们在家乡眼看要被饿死，就互通消息，说往西边山里走。他们是扶老携幼，一批批地来的。老支书和现任村支书的爷爷就是结伴而来的。那时，柏树塬村只有50多人，到处是荒地。他们开垦着，一点不惜力，心疼着这么好的地竟然荒着。有女儿的就把女儿嫁给了当地人，老支书和余得海的父亲一样都把女儿嫁给了当地人。这样好安身。

第二个信息，是余得海的一个故事。老支书说余得海年轻时找了一个女的，那女的是此地人，挺好的，但余得海嫌人家是属马的（他是属牛的）。余得海说牛头不能对马脸，就把人家女的撵走了。那女的后来嫁得很远，再没有见过。

"牛头不能对马脸"，这故事有意思，值得挖掘。我更想立刻见到余得海了。但柏树塬的村支书非常热情，开车拉我在村里四处看。

我看了千年宋塔，宋塔巍峨，佛像庄严；看了北朝时期的龙爪槐，龙爪槐枝叶繁茂，把矗立600年的树干都遮蔽得看不到了；看了千年古槐，古槐背负着民族迁徙的传说屹立不倒，还在见证着新的迁徙和落脚。

柏树塬不就是一个新的移民村吗?

村支书还领我去看了旧村,旧村在沟畔上,一长排的窑洞,有20多孔,现在都没有人居住了。从那百米长的规模可以想见当初从灌木丛生、荆棘缠绕的坡地上切出这么一段土崖作为窑面,工程有多么浩大,人力也一定耗费了不少。

我站在沟壑边上看着沟壑的那一面。原来,对面就是马咀村,马咀村下面有桃曲坡水库,那是贾平凹写《废都》的地方。殊不知,柏树塬村的下面也是桃曲坡水库,只不过,马咀在东,柏树塬在西,一东一西两座山梁共同环绕着一泓碧波。而那清澈如镜的水库之水,也正是从两道梁上流下,汇聚到了山坳里。从黄土高原上流下来的水该有多么珍贵,多么动人。

平常我们在山下走着,觉得从这个地方到那个地方是那么远,而在山梁上,这边梁望着那边梁,这道山望见那道山,很远很远的地方我们都看到了。正像陕北民歌唱的那样:哥在山的这一边,妹在山的那一边,咱们见面面容易拉话话难。马咀看到了,石柱看到了,演池看到了,演池山下就是王家河,从王家河再翻过一道梁就到老市区了。我愿把那最远的一道梁看作老铜川的一道梁,那里有我的家。

登高望远,岂止是一览众山小,望的是群山相连、浩大无边。苍山如海,白云似驹。那一个个的小山村就像藏在海里的珍珠,远处看不到,走近了才能发现。

又下雨了,我宁愿雨透衣服也不忍离去。青山啊,雨中又变了模样,雾气腾腾,瞬间幻化为天兵天将,摆开了施云布雨的阵势,这阵势苍茫辽阔,渺不可及。一道道一重重,那是文王山和武王山,它们像是两个躺卧在旷野里的古代智者在对谈。越看越像,神奇无比。两个智者的身长、姿势都是一样的。啊,他们的衣袂飘起来了,他们一定是谈到了兴奋处、开怀处,忍不住高歌起舞了吧。

烟雨蒙蒙之塬,雾岚荡荡之山,几人得观,几人得见?我今见之,幸甚至哉!

第十二章 养老院里的婚礼

欢乐"尚善"

牛头不对马面

牛头不对马面的故事缠绕着我。早晨醒来,看了日历刚好是星期天,想起了热情爽朗的第一书记赵慧,心想不如叫上赵慧,一起去看望余得海。

赵慧算是叫对了,她竟然认识"尚善养老院"的院长。通过院长我又发现了几个感人的故事,那是美妙得只属于一个特殊群体的爱情故事。

先说余得海吧。

余得海正在他的房间躺着呢。见到我后,他起身给我倒了茶。我开门见山,直接问他"牛头不对马面"的故事。

他叹了口气说:他们都是只知其一,不知其二呀。

我说:那其二是什么?你讲讲吧。

余得海沉吟了半天,才说道:说不出口呀!

我说:你都这么大年纪了,有啥说不出口的。说说吧!

于是余得海讲了他的故事。

1961年,余得海随父母亲流落到柏树塬村后,父母亲很快就死了。他的姐姐嫁给了当地一户人家,那家娶了姐姐之后供余得海读书,这样余得海就成了村里少有的读书人,长大后还做了一阵子民办教师。

姐姐家给余得海介绍了一个女的,是姐夫的一个亲戚。余得海是个浪漫的人,他和那女的认识没几天就同居了。但那女的脑子似乎有些不够数,大家一起劳动的时候,她就把和余得海在一起的情形说给其他妇女听。

妇女们见了余得海就开他的玩笑,弄得余得海非常难堪。那个年代,闺房秘事是不能示人的,但那女的像播放黄色录像一般地播放着她的房事。妇女们都喜欢听，逗引着她讲，讲细节，讲过程。贫穷单调的生活本无乐趣，听这个大概是最大的乐趣了吧。

她们听后大吃一惊，没想到闺房中还能玩出这么多的花样。说不清是什么样的心理，她们就开始恨起了余得海，凭着事实和丰富的想象，她们给余得海编排了很多故事。这些故事流传开来，每一个故事都证明余得海是个牲口一样的人物。

人们见到他就嘲笑他，用故事的情节羞辱他，或者对他避如瘟神。

小山村里人们的观念是多么保守，那种"丑"事是多么令人不齿。余得海竟然乐此不疲，干了那么恶心的事。姐姐和姐夫也开始疏远余得海。他成了村人和姐姐一家人眼里的怪货，用我们现在的词就叫"异类"。榆木疙瘩一样的村人们用异样的眼光看着余得海这个"异类"。

终于有一天，他再也无法承受异样的目光了。他把那个脑子不够数的女人打了一顿赶了出去。但那女人就是不走，赶走了又回来了。

余得海已经不喜欢那女的了，他决意要把她赶走，然后他也远走高飞，寻找真正和他情投意合的女人。他把那女人打发给了另外一个男人，就到梅七线上修铁路去了。

姐姐和姐夫没法对亲戚交代，就说余得海是属牛的，那女的是属马的，牛头对不了马面，以此来解释余得海和女人的分手。

这种说法也慢慢地在村里传开。

余得海在梅七线上干的是最苦的活。一次他的脚被砸伤了，化了脓，好久不好。后来医生就给他截了肢。

余得海在外混了几年后回到村里，但他从不告诉人们他有一只脚只有半截，他走路瘸，就说是因为腿疼，有风湿。他不想让村里人再笑话他。只有他的姐姐和姐夫知道真相，他们更加嫌弃余得海，基本不和他来往。

他自己在村里待的时间并不多，虽然是瘸子，他多半时间依然在外面混着。他的手巧，学会了修理收音机，时断时续地接一些修理的活，挣些小钱。直到年老，才彻底回到了村里。姐姐和姐夫都下世了，两个外甥有时接济他一些。他一心想找到一个他爱的又爱他的女人，懂他理解他的女人，直到年老，他也没有找到。

脱贫攻坚开展到柏树塬村的时候，他孤单一人，又有残疾，他就被定为贫困户和五保户。他被安排住进了墓坳村的养老院，但是他嫌墓坳的条件不好，就自己跑到了小丘，要求住进小丘。他达到了目的。

他算是老能人了。像墓坳那边戴帽子的老汉和牛娃子老汉，他们就没有这个本事，不会陈述不会找上门。他们的本事就是小忍，随遇而安。

余得海更是个会看向的老人，他在小丘这边，比在墓坳老实多了，他特别珍惜小丘这个地方，他知道那是他最后的归宿，他已别无选择。在墓坳的时候，他口无遮拦，嬉笑怒骂，妙语连珠。在这里他说话谨慎，安分老实，基本规规矩矩，绝无乱说乱动之行为。

这一点我在见到他之后就感觉到了。他有点蔫头耷脑，少了在墓坳那个晚上的活跃和放任。

他很会讨人的心思说话，王为民院长让他上台讲话，他就讲了小丘的好，博得了掌声，博得了院长竖大拇指的夸赞。当然他也是说的真心话，但有些人真心话也说不好。他的本事就是会说话，想说的话都能表达得摇曳多姿。

小丘养老院

小丘这边的养老院是比墓坳那边的好。我个人觉得小丘的好，除了管理上有许多可供总结、可资借鉴之处，它还有一个根本点，恐怕是最难学到的。那就是：情怀与尊重。

它的掌门人魏晓芳女士是个有情怀的人，所以她请来的人，如王为民、陈梦玲等，都是内心善良的人。善良的人才能办好养老院，不排除办养老院同样需要挣钱以维持养老院的运行，但这些管理人员首先要有一颗天使一样的心。

实际上，"情怀"这个词是从魏晓芳口里说出来的。她说，搞养老事业没有情怀根本干不下去。是的，没有情怀是干不下去的。这情怀源于爱，爱这些弱势、可怜的人，把他们当人，尊重他们。"尊重"这个词是从王为民口里说出来的。尊重，听起来是一个很寻常的词，但要做到其实也很难。你可以尊重有钱有势的人，但让你去尊重走到人生边缘、无助无奈的人，你要做到，难。这是对一个人品质最大的考验。

王为民说，他管理这些老年人，有一个绝招，就是给他们竖大拇指，这背后其实就是尊重。他们做对了，你竖大拇指；他们做错了，你批评后他们改正了，你也要马上竖大拇指。他们在乎你的大拇指，就是在乎你的尊重。每一个人都需要尊重。就是残疾人，包括智力残疾的人，也同样需要尊重，甚至更需要尊重。他们不是看不到人的尊重，相反，越是弱势的人越看重尊重。尊重甚至可以让一个人起死回生，重新焕发生命的光辉。

魏晓芳和王为民都说得很好。我们的社会太需要这样的人，他们是"好人"当之无愧。

好人的"好"是会写在脸上的。魏晓芳长得很甜，王为民也是笑眯眯的，陈梦玲也长着菩萨一样的脸。

我是没有那样一张脸的，所以我在养老院里吃饭时有点吃不下去，但我看到王为民吃下去了，陈梦玲吃下去了，赵慧也吃下去了。和那些皱皱巴巴、苦苦楚楚的人一样，吃的是西红柿面条。他们都吃下去了，很平常地吃下去了，他们都把我"将"到了那里，我只能吃了，勉强吃了。我吃的时候算是受了一次灵魂的洗礼吧。这种洗礼对我有必要，对很多人都有必要。我们都要学会爱，爱所有的人，特别要爱那些可怜的人，那些被放置在角落里的人，那些貌似没有用的人。

我曾经见过一个所谓的艺术家，把对老年人的照顾称为浪费，说不能用一个有价值的生命去换一个没有价值的生命。他推出了一个所谓"生命平等"的理论，为他的自私遮掩。他不愿意去照顾老年人，就说什么老年人的生命没有价值，照顾老年人会消耗他的生命，而他的生命是有用的。

这套理论让我们上当受骗，它阉割了人间的真情，让我们日渐冷漠麻木的灵魂更加麻木，它为麻木和冷酷找到了幌子。我曾经被这个理论蛊惑，陷入它的网络里挣扎不出来，为此，我和我挚爱的亲人都吃尽了苦头。

我愿这世上多一些好人，多一些善良、温暖的人。只有这样，那些冷酷诡诈的东西才会在阳光下彻底消遁。

两个聋哑人

赵慧过来了，她给魏晓芳董事长、王为民院长说要带我去看两对夫妻。本来是有三对的，有一对正好去了耀州区的康复医院。

我在三楼的一间房子里见到了一对聋哑人。男的65岁，女的已近70岁了。男的叫赫国有,女的叫柳兰叶,都有一个非常好听的名字。

赫国有是关庄镇故贤村人,小时候因病成了聋哑人,成年后娶过一妻,后来妻子嫌弃他,带着孩子远走他乡,不知所终。后来赫国有一直跟着姐姐生活,再后来姐姐年老,无力照看他,便通过政府将其送至养老院。

柳兰叶是瑶曲镇金元村人。瑶曲在古代是个美好的地方,也是一个古老的村镇。史载:明洪武年间,因该地有一清澈甘甜泉水池,喻其美如瑶池之水而得名瑶池。清初,因该村居民喜唱瑶池水歌曲而更名瑶曲。

不管是瑶池还是瑶曲,听起来都那么动听,但事实上,瑶曲从来没有让人把它和曼妙美好的意境联系在一起,说到这个地方,人们最先想到的一个字,就是——穷。那是个穷地方,是耀州最穷的地方。耀州人形容某人很穷,会用"他是瑶曲那儿的人"来表述。瑶曲就是穷的代名词。瑶曲地处山区,五川、六山、十五面坡,境内沟壑纵横,山峦重叠,风光虽美,然土地贫瘠。

传说金元村的村名为周文王所起。周文王起兵西岐征伐朝歌时,路过此地见山间云雾缭绕,仙气飘荡,随手拿出一枚金元宝抛出,命此地为"金元",此名一直沿用至今。可惜,金元村并不产金元,大骨节病人、聋哑人却不少。柳兰叶就是其中之一。她从小便是聋哑人,因聋哑嫁了几次都被人退回,至老年成为五保老人住进了养老院。她比故贤村的赫国有要大好几岁,是她先看上赫国有的。

"尚善"养老院里总共有七个聋哑人,六男一女,他们在一块儿用手语交流的时候,六个男人里的五个都看上了柳兰叶。柳兰叶虽然年纪大,但比较富态,也爱笑,他们都喜欢柳兰叶的笑容和她傻呵呵从不生气的样子。没有看上柳兰叶的那一个偏偏是赫国有,而柳兰叶看上的人也偏偏不是那五个里的任何一个,她看上了赫国有。

论起来,赫国有除了是聋哑人,没有一点可挑剔的。个子高,长得又端正,虽说是60多岁的人,看起来倒像是50多岁的样子。那天我见到他的时候,他穿了一件月白色的上衣,肩膀上有攀带,胸口有个小口袋,看起来像是变压器厂刚下班回来的工人一样。柳兰叶跟他相比,看起来就有些老态龙钟,但她很有眼光,看上了身材笔挺、健康年轻的赫国有。

赫国有在养老院里打扫卫生,她就帮赫国有打扫。她抢过赫国有的大笤帚扫地,那么大的院子,她一个人扫,她让赫国有背着手看她扫地。她非常享受赫国有站在她身边看她扫地的过程。她挥汗如雨，但并不觉得累。赫国有的累才是她的累，赫国有的轻松就是她的轻松。她累点没什么，只要赫国有不累她就高兴。

有一天，赫国有不想被她夺走笤帚，就早早地起床了，快扫完的时候她发现了，竟然哭了，哭着去找王为民。她比比画画了半天，又拽着王为民去见赫国有，王为民才明白，是因为赫国有没有让她替他扫地。

她给赫国有擦汗，像少女一样地贴在赫国有的身上。她的热烈的爱感动了赫国有。在王为民的撮合下，赫国有同意和柳兰叶结婚。

他们是养老院里第二对成婚的夫妻。养老院给他们买了一张双人床，董事长魏晓芳把喜讯告诉了耀州区妇联。妇联给一对新人买了喜庆的床上用品四件套，还出席了他们的婚礼。民政部门的人也很给力，他们撵到养老院里当场给他们办理了结婚登记，颁发了结婚证。

其实，他们结婚前也是有点小波折的。王为民把两家人找来说事时，赫国有这边有个侄子提出，结婚可以，但将来女方去世后，男方家人不负责葬埋。侄子们认为埋人在农村是很花钱的事，埋自己的大大负担都够重了，无力再承担女方的葬埋费了。这边柳兰叶的侄子也很通情达理，表示将来姑姑去世时不用男方管。结婚归结婚，但是将来各埋各的人。这个问题解决之后就没有后顾之忧了。

重阳节那天，养老院给赫国有和柳兰叶举行了隆重的婚礼。宣读结婚证、披红挂花、双方互送礼物，所有的环节都没有省掉，比婚庆公司办得还隆重还盛大。养老院的老年人都出席了婚礼，摆了十几桌。晚上还闹了洞房呢。

魏晓芳说，闹洞房的时候，柳兰叶一心向着赫国有，配合得很积极，没有让想整一下赫国有的老哥们的奸计得逞一个。

那天，我对柳兰叶比画说，要把赫国有带出去，不和她在一起住了。柳兰叶马上像小孩子似的，又摇头又摆手，赫国有就站一边笑。这是一幅多么动人的画面呀。

不起床的老怂

70岁的朱帮贵老汉是20世纪60年代初期从陕南山阳流落到此地的那批人的第二代。关于当初流浪落户此地的经过，前面好几个人物的故事里已有描述，此处不再多说了。

朱帮贵跟别人不一样的一点是，他记得翻越秦岭的时候正在过端午。大部分人因当时年幼不能说出逃难的准确时间，他却清清楚楚地记得他们家出来的那天是端午节。

那时候他9岁，有记性了。他记得秦岭山中有户人家，门前插艾挂红布，插艾人家给了他的妈妈一个粽子，妈妈就对他说：今天是五月端午。那粽子本是全家吃的，结果他一个人躲起来全吃完了。他本来也没有要全吃完的，可吃着吃着就全吃了。因为那包裹着红枣和核桃的粽子太好吃了。结果那一晚他的肚子就疼得不得了，他们一家也就没有连夜赶路，在山里住了一夜。山中人家点起篝火，让他在火边跳来跳去，跳出了一身汗之后，他的肚子就不疼了。

他们家落户到了前槽村，该村因位于一槽形地段而得名。因他相貌丑陋，又家贫，一辈子没有娶过女人。正儿八经打了一辈子光棍。

朱帮贵长得太奇怪了，跟赫国有根本没有办法比，个子低不说了，长得还有点像原始人，鼻子扁平鼻孔朝天，再有就是脸上汗毛特别旺盛，看起来毛烘烘的。

唉，我是不是把朱帮贵说得太不好了，其实朱帮贵还真是个好老汉。

老汉很热心，爱在楼里窜来钻去，看见谁有需要搭手的就过来帮忙。帮这个提个水，帮那个叫个人。一来二去，好多人就靠上了朱帮贵，一有事就叫朱帮贵。朱帮贵不但不推辞，还欢虎一般地跑得特别快。

有一个女人就靠上了朱帮贵。这女的和朱帮贵同龄。她叫李梅英，名字好听得不行，却是一个瓜子婆娘，也是陕南人的第二代。女人年轻时得了疯病，到处胡跑，被不同的男人收留，后又被抛弃。脱贫攻坚的时候，干部发现了她，打听到了她的原籍，知她家是小丘的，就把她送进了小丘养老院。

她老是记不住自己的房间，老是走错房间，好多次都是朱帮贵将她送回来，安顿好。后来，她就离不开朱帮贵了，别人送她进房间她不进，朱帮贵领她进她才进。

潘登超发现了李梅英的秘密。他发现李梅英有时候好像是故意走错房间的，故意让朱帮贵搀扶着她在楼道里走来走去。在那一刻，她是那么安静听话，脸上洋溢着少有的光彩。年轻的院长潘登超知道一种叫作爱情的东西，来到了瓜子女人李梅英的身上。

潘登超灵机一动，何不让相爱的老人组成家庭呢？这样不仅有利于老人们的身心健康，也更方便养老院的管理。潘登超就问李梅英愿意不愿意嫁给朱帮贵，李梅英拼命地点头，说愿意。她还说了句"非他不嫁"的词。潘院长跟她开玩笑说：你用的词还挺高大上呢！又问朱帮贵愿意不愿意娶她，朱帮贵也立刻答应了。

潘登超那时是这里的院长，后来调到了孙思邈中医医院当了副院长。我后面还要写到他。

这样养老院就给朱帮贵和李梅英也举办了婚礼。他们是养老院里第三对成婚的新人。结婚的时间选在了端午节。这个时间点非是刻意，但对于朱帮贵来说，却仿佛是某种命运的神秘安排。朱帮贵说，人家结婚都是放在重阳节，不知道为啥，偏偏他结婚就放在了端午节。60年前的端午，他从秦岭南山来到秦岭以北；60年后，又在端午节结婚了。

他们的房间在二楼，墙上窗玻璃上的大红喜字和喜庆图案红艳欲滴，床头横摆着深红被子和深红枕头，完全是一个新房的模样。

王为民说，他们早上睡到9点钟也不起床，人家来送饭、打扫卫生，他们俩依旧搂着睡觉，被窝里露出俩头，他们也不嫌怪，照睡不误。大家都笑了。

魏晓芳说得才有意思呢。她说她回家对她老公说：人家老年人成天都在一个被窝里拱着哩，咱俩却你睡你的，我睡我的，像个啥么，连人家老年人都不如。大家又发出一阵笑声。

养老院里其他的单身老人"羡慕嫉妒恨"着朱帮贵和李梅英，就给他俩起了个新名字：老怂。一说叫"老怂"来，两个就一块儿来了。两个人笑纳了"老怂"这个亲切又诙谐的称呼，形影不离。一个面若桃花，笑口常开；一个像是成熟的毛桃，一天比一天饱满。

盲人的爱情

早上赵慧一来，先给我介绍的就是盲人于全喜。

她说于全喜是耀州区的名人，她小时候就知道于全喜，耀州区好多人都知道于全喜，因为于全喜坐在电影院门前卖艺卖了好多年。

盲人于全喜，是关庄镇树林村人，老家陕南镇安。1960年，于全喜的父亲担着两个筐子，一头挑着东西，一头挑着两个小男孩，从陕南一路步行来到关庄树林村。两个小男孩就是于全喜和他的哥哥。

快到树林村时,父亲一脚踏空,滚到了坡下面,父子三人都掉进了深沟。父亲掉到了沟底,无人去救,躺在沟底呻吟了三天,死了。哥哥挂在了一棵树上,安然无恙。于全喜当时三岁,滚进了荆棘丛中,虽然母亲叫人把他救了上来,但眼睛却被荆棘刺伤了。先是一只眼睛化脓,接着另一只眼睛也化脓了,慢慢两个眼睛都看不见了。于全喜三岁时就成了盲人。

一个老盲人流浪到了树林村,在树林村吹笛子卖艺兼要饭,于全喜妈妈一问竟是老乡,也是从陕南镇安来的。老盲人对于全喜的妈妈说:把娃子交给我吧,我教他吹笛子,将来可以混口饭吃,就不怕饿死了。

于全喜刚刚五岁,就跟着老盲人到处流浪,开始了吹笛子卖艺的生涯。后来老盲人死了,于全喜就一个人卖艺。于全喜说他把铜川周边、耀州区还有富平都跑遍了。他说铜川的人好,给他的钱多,那时工人文化宫门前人也多,都是矿上的人,不骗他,不"缺"他。但是铜川有点远,他从石柱塬翻王家河时滚进沟里了一次,老妈就不让他再跑铜川了,就让他在耀州区卖艺。

在耀州区卖艺时,他在电影院门前放了个洋瓷碗,那时人给的大都是分分钱,分分钱掉进洋瓷碗里,就当啷当啷地响,听见响声,他就给人磕头作揖表示感谢。但有些娃子就"缺"他,他们把小石子扔进洋瓷碗里,洋瓷碗也当啷当啷地响,他就也磕头作揖。他们一次次地扔,他就一次次磕头作揖。那些小孩子就这样逗他玩。有一次他发现是石子,就抓起石子投向小孩,小孩们一哄而散。后来瓷碗再当啷当啷响的时候,他会先摸一摸再磕头作揖。

他的笛子越吹越好,感动了一个女孩,那女孩天天送他回村,给他说哪里有树,哪里是路口,哪边是沟,把他送回树林村后,那个女孩才回家。那个女孩是野狐坡村的,天天傍晚时分在电影院门口等他。一年以后的某一天,那个女孩却突然不来了。他向野狐坡的人打听那女孩的去向,野狐坡的人都说没听说过有这么个女孩。

此后,他就不再去别的地方了,也不走别的路了,只走女孩领他走过的那条路。在女孩领过的路上他从不摔跤,也从不滚沟。每一棵树他都知道,每一个拐弯处他都清楚。

他的耳朵就像是眼睛一样,"看"得见路上的一切。风吹着树发出响声,他能分辨那是什么树的响声。过岔路口的时候，右耳灌进来的声音和左耳灌进来的声音是不一样的。右耳是空的，左耳是实的。有沟的地方，声音就是空的；靠着土崖的地方，声音就是实的。

那条从树林村过麻子村再到二号信箱的路，从二号信箱到电影院的路，他走了一辈子，但那个领过他的女孩却再也没有出现过。

他常常想起那个女孩，她也老了吧，也嫁人了吧，也当奶奶了吧。他盼望有一天，那个女孩突然来看他，所以，他哪里也不去，就守在电影院的门口，守了几十年。

那是个会唱歌的女孩，她唱歌真好听，她领他在山路上行走的时候会给他唱歌，唱了很多的歌。他觉得女孩的歌声比树林里鸟叫的声音还好听呢。每当女孩唱歌的时候，他觉着他的心都亮了，眼睛也亮了，那些弯弯曲曲的山路，他走起来是那么地顺畅，也不会摔跤了。之前他曾摔过很多次，有一次还把头摔破了。

他用笛子吹奏着女孩唱过的那些歌曲。带着思念的笛声是那么动情，引来越来越多的人驻足倾听。那唱歌的女孩，你去了哪里？你有没有听到我忧伤的笛声？

2018年，村上来了扶贫干部，不让他在外面流浪了，就送他到了养老院。

在养老院里，他听到了一个声音，这声音让他震惊——这不就是当年那个女孩的声音吗？他循着声音走过去。那个声音对他说：把我抱一下吧，我上不去车。他就把她抱上了轮椅。

他说：你的声音咋这么好听哩？

她说：我爱唱歌，练出来的。

他说：你家是哪里的？

她说：我家是野狐坡的。

野狐坡？他的心猛地抖动了一下。她会不会就是那个女孩，她的声音跟那个女孩的声音多么像呀！

他说：你叫个啥呀？我来了这么长时间了，咋没见过你呢？

她说：我刚来，我叫邹桂春。

噢，邹桂春。他沉吟着，想起那个女孩名字里也有个"春"字，他管那个女孩叫"小春"。

他说：你是不是还有个小名叫"小春"？

她笑了。她说：我不叫小春，我叫桂春，桂花的桂，春天的春。

噢，桂春。他又沉吟着。

她说：你问这些干啥呢？

他就说了他的故事。他说野狐坡的女娃真好呀，她叫小春。

她说：我们村没有叫小春的，从没听说过。

他说：小春爱唱歌，一边在山路上走一边唱呢。她唱的是《北京的金山上》。

她说：我也会唱。说着就唱了起来。

啊，她唱歌的声音也和那女孩一模一样。他认定眼前的这个女人就是当年的那个女孩，那个叫小春的女孩。

这样，在院子里散步的时候，在吃饭的时候，在长廊上闲坐的时候，只要邹桂春一张口，他就听到了，他就摸索着来了。

邹桂春是那么活跃，爱唱爱喊，一刻也不闲着，还爱笑，笑起来嘎嘎嘎的。心思凝重的余得海就非常反感邹桂春，说她是个"叽喳皮"，走哪儿哪儿吵。但是，于全喜被邹桂春的声音深深吸引，他越来越离不开这声音了。

邹桂春下肢瘫痪了，上下床、上下轮椅时都需要人抱，她不是叫这个帮忙，就是叫那个帮忙。后来，抱她的不再是别人，就只有于全喜了。盲人于全喜熟练地把邹桂春抱下轮椅，将她放在长廊的木椅子上，让她的腿伸展，腰靠在木柱上。邹桂春非常舒适地坐在那里，晒着太阳，就开始唱歌了。

于全喜拿出笛子，站在邹桂春的身后。邹桂春唱的是《好人一生平安》，于全喜吹的也是《好人一生平安》。当邹桂春唱到"谁能与我同醉，相知年年岁岁"时，她把头靠在了于全喜的身上。

这动人的画面让年轻的潘登超看见了，他走到他们跟前说：你们俩真是一对呀，一个吹得那么好，一个唱得那么好。你们两个干脆结婚吧。潘登超本是跟他们俩开玩笑的。谁知，邹桂春和于全喜早就相爱了。邹桂春看了一眼于全喜，于全喜也"看"了一眼邹桂春，他们"互相凝望"着对方，一起点了点头。

于全喜和邹桂春是第一对在养老院里结婚的老人。他们的婚礼当时办得特别隆重，惊动了好多领导，也惊动了好多媒体。即使是现在，你在网上搜一下，马上就能看到一大堆关于他们的报道。

那天傍晚，我和赵慧赶到耀州区孙思邈康复医院，见到了这一对夫妻。

啊，邹桂春长得真漂亮呀，她一点不像60多岁的，倒像是40多岁的女人。她留着短发，不看她的下肢的话，她红扑扑的脸根本让人想不到她的残疾。于全喜也长得好帅呀，他个子很高，肩头宽宽的，穿着白衬衣，很精神的样子。只是他的眼睛的确是盲人的眼睛，眼窝深陷，像两个黑窟窿一般，看到难免令人心痛。

潘院长调到这边后，专门把邹桂春接过来给她做康复训练，于全喜作为她的丈夫，也就跟着过来了。

于全喜讲了他童年的经历，讲了父亲，讲了为他领路的女孩。他说他把那女孩找到了，那女孩就是邹桂春，他要好好待她报答她。邹桂春说的不多，只说她有过一个丈夫，死了。她生过两个孩子，都没有成活。

他们那么喜悦，还是少说往事吧，听他们唱歌吹笛子吧。于全喜先吹了一曲《骏马奔驰保边疆》，又吹了一曲《万水千山走遍》。我的眼睛一眨不眨地看着于全喜，心中无限感动。我感觉我听到了世上最动听的笛子演奏。

于全喜很会照顾邹桂春，当我让他再吹奏一曲的时候，他说：让我的老婆唱一首吧，她歌唱得好，你们听听。他拉开抽屉，先摸索到话筒，又摸索到一个手机卡一样的东西，然后把卡熟练地插进话筒上的一个孔里，打开开关，喂喂了两声后，就递给了邹桂春。哦，于全喜还有一套专门设备呢。

邹桂春拿着话筒，唱了一首《红尘情歌》。她的声音清脆嘹亮，情感饱满，很有专业范。她坐在轮椅上，第一段唱完的时候，还像歌星那样说了声谢谢。

> 轰轰烈烈的曾经相爱过
> 卿卿我我变成了传说
> 浪漫红尘中有你也有我
> 让我唱一首爱你的歌。
> …………

当唱到第二段的时候，于全喜和邹桂春便开始合作了。那一句"让我唱一首爱你的歌"，于全喜声音高亢，一手拿着话筒，一手把邹桂春揽进了怀里。

我流泪了,赵慧也流泪了。潘院长神情专注,他也沉浸在这感人的氛围里。此情此景,谁能不感动呢?我们含泪鼓掌。

赵慧说:你们俩一个是一个的眼睛,一个是一个的腿,合作得多么好。你们一个吹笛子,一个唱歌,再合作表演一次好不好?

于全喜就重新拿起了笛子,邹桂春拿着话筒。邹桂春对于全喜说:就唱《好人一生平安》吧!于全喜说:好!

有过多少往事

仿佛就在昨天

有过多少朋友

仿佛还在身边

…………

这熟悉的词曲,在这里,在医院里,在于全喜和邹桂春的一唱一吹里,像附着了别样的光辉,听起来特别有味道。

山村、树木、弯弯的土路,一时都涌到了眼前。往事如烟,今朝如梦,愿这如梦如幻的美妙当下,如绚烂晚霞永远笼罩着于全喜和邹桂春。

跟于全喜和邹桂春告别的时候,于全喜推着邹桂春来送我们。我看到医院墙上有张他们的结婚照,邹桂春穿着红色的西装,很漂亮。我说:这件衣服是谁给你买的?

邹桂春仰头看着于全喜说:是他买的。

我问于全喜:是你亲自买的吗?

于全喜说:是的。我对卖衣服的人说,要大红的,要结婚穿的。

我说:她穿上非常好看,你知道吗?

于全喜说:我看到了。

我说:看到了?

于全喜说:是的,我看到了。因为穿上这衣服的时候,她哭了。她说她一辈子最想穿的就是这件衣服,等这件衣服等了很久,总算等到了。

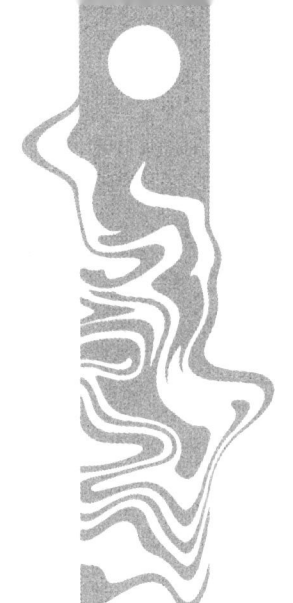

第十三章 汪义琴的『义』

马吉村：相传，清代中叶，住户马姓，渴望其子孙能用千里驹精神建功立业，村因此得名马驹村，后人觉"驹"字不雅，改"吉"代之，取吉祥之意。

——摘自《陕西省耀县地名志》

陕南来的一家人

我不知道这个故事该怎样开头,因为要说清这个故事大概又要说到当年流落到关庄这里的陕南人了。我的故事里总有这样的人,本来应当写一些当地人的事情,可是,那群流落过来的人像影子一样地跟着我。不管什么类型的故事,他们总是冒出来,让我躲避不了。

没办法,当时流落到这里来的人太多了,不是一个两个,而是一批。论起来,差不多60多年过去了,他们也早已成了当地人,生活方式、语言、行为模式,都和当地人几乎没有差别了。所以写他们的故事也就算是写当地人的故事。好,就从开头说起吧。

大约在1953年,在陕南商洛的一个村庄里,有位参加过抗美援朝的志愿军战士回家过年。这个战士在部队里勇敢作战,荣立了很多战功,他的勇敢和他的赫赫战功,为他赢得了村里一个最秀美的姑娘的爱情,姑娘看到他的那些军功章,瞬间爱上了他。

他也喜欢姑娘的羞涩和腼腆。他们私定了终身。他那时在部队里已经有了官职,可以带随军家属。他想把姑娘带到西盟去,那是他的部队所在地,是云南边境的一个小镇。西盟也是《阿佤人民唱新歌》这首歌曲的诞生地,是一个与缅甸毗邻的小镇。那是一个神奇的秘境,但姑娘并没有因军官的讲述而动心。姑娘不愿意去的原因,倒也不是嫌那里偏远又在边境上,本身姑娘家也在秦岭的山里,这里的山和那里的山又有什么区别呢?待在有爱人的山里和待在没有爱人的山里当然是不一样的。

姑娘不愿意跟他去的主要原因是她很孝顺。姑娘家当时有个老母亲常年患病,一直是姑娘在照顾,老母亲一天也离不开她,她也一刻不能离开老母亲。就是上山打柴也不能走远,因为老母亲得的是心脏病,随时随地都有可能发作,姑娘一出门便担心老母亲。老母亲也依赖姑娘成了习惯，只要姑娘不在身边，老母亲就心慌，这样便更容易犯病。如此，久而久之，娘儿俩就谁也离不开谁了。

其实，姑娘的老母亲不是一般人，她曾给地主当过少奶奶，还养成了抽大烟的毛病，不爱干活，没事就窝在床上抽大烟。她的病跟抽大烟也有关系。老地主死后，她把自己生的一儿一女独自养大，儿子后来基本不管她，只有女儿日日夜夜地守在她的身边。

女儿爱上了回乡的军人，她也是知道的，但她不让女儿跟军人走，听话的女儿就没有走。军人实心实意地爱着姑娘，姑娘不能到部队去随军，那军人就只好退役了。军人回到家乡和姑娘结了婚，并和她一起照顾着她的老母亲。军人真好。

不久，姑娘的老母亲死了。老人那多年不见踪影的儿子却突然跳了出来，要分老母亲的遗产。看到家中一分钱没有，便认定是自己的妹妹把家财都贪污了。其实母亲早就没钱了，老地主留给她的那些东西，早被她吸大烟吸得一干二净了。

儿子不相信，就逼迫妹妹，妹妹觉得很冤枉，照顾了母亲一场，没落下好，反落下了一个贪污的名声。一气之下，妹妹就和军人一起离开了家乡。

当时正逢困难时期，陕南那地方山高坡陡粮食少，人们都吃不饱，妹妹一家就跟着逃难的人流往陕西渭北这边来了。

那时候，军人和姑娘已经有了五个孩子，他们就这样携儿带女地流落到了关庄镇让义村。

他们的大女儿在路上从一辆汽车上掉了下来，摔成了哑巴。哑巴女儿在15岁的那一年，嫁给了让义村的一户人家。这户人家是父子俩，儿子也是个哑巴。两个哑巴结了婚，军人一家也得到了父子俩的照应，在让义村落了户，扎了根。

又过了几年，军人得食道癌死了。留下了妻子和几个孩子，孤儿寡母艰难度日。村里人建议军人妻子改嫁给哑巴的父亲，也就是她大女儿的公爹。军人妻子想到嫁过去一则可以照顾自己的哑巴女儿，二则也可以靠哑巴的公爹养活自己其他几个孩子，于是就同意了。这样，娘儿俩嫁了父子俩，两家合成了一家。

这父子俩是当地人，境况比他们家要好。合到一起之后，一种渭北农村平常又不平常的日常生活模式就正式开启了。

为了让哑巴女儿将来有个依靠，母亲给哑巴女儿抱养了一个小女娃。小女娃名叫乐乐。这样他们这一家共有9口人。这是生产队时期，没有什么可以多说的。

到了1983年，三女儿长成了一个亭亭玉立的姑娘，叫汪义琴。

好，我们故事的真正主角总算是出场了，从现在起，我的讲述就转换成汪义琴的视角了。

太阳底下无新事。

17岁的少女汪义琴和她的母亲一样，也爱上了一个当兵回来的小伙子。

每天傍晚，当太阳落下凤凰山，把山那边涂满绚丽晚霞的时候，小伙子就在窑背上喊汪义琴。他叫她琴。他在崖畔上一吹口哨，琴便身不由己地出去了。他们一起坐在窑背上的麦子垛后面，说这说那的，一直到晚霞散尽，黑夜升起的时候，小伙子才把琴送回来。

他们俩是同学，一起在阿子小学读过书。琴家里生活困难，读到五年级的时候，后爸就不让琴再读书了。小伙子初中毕业，干了几年农活后就去当兵了。

回忆往事有说不尽的话。他们说小学的老师、同学，说部队上的事。他们两个都是性格开朗的人，想到哪里说到哪里。琴的恋爱一点也不羞涩，两个人你骂我、我骂你的，总是用开玩笑的口吻在谈重要的事情。有时候两个人还在麦场里打架，琴的当兵小伙，有时候还打不过琴。

有一次琴把当兵的小伙打得跳了崖，琴也跳了下去。琴跳下去的时候却找不到人。正想大哭呢，一颗核桃砸在头顶上，琴抬头一看，当兵的小伙正在核桃树上笑呢。

琴不觉得那是恋爱，只觉得和青梅竹马的同学在一起十分快乐。他们无所顾忌地说着笑着，那些两小无猜的故事，再重新回忆起来竟然那么不一样了。很多年后琴才明白那是她的初恋。

她的初恋是那么有趣，她和当兵的小伙子像两只小牛犊一样，整天卧在一起又顶在一起。在一起就是斗嘴。当兵小伙总爱抓一把麦秸草塞在琴的后脖领里，然后看琴痒痒得扭来扭去。他要帮琴掏出麦秸草，琴不让就跑，他就追。

整整半年，不管刮风下雨，他们天天见面，一天不见面，琴就心慌，当兵的小伙更是急得狗撵兔子一般。

琴的后爸发现了琴的异常，开始跟踪琴。一个夏日的傍晚，当兵的小伙把琴拥在怀里，一根一根地挑着琴头上的麦秸草，两人都坐在麦草堆前。这情景刚好收入琴后爸的眼里。他悄悄地返回家里，把现场的情形告诉了琴的母亲。母亲看到的可能比琴的后爸看到的更为赤裸吧，所以当场就朝琴的头上抡起了扫帚疙瘩，打得琴抱头鼠窜。当兵小伙又跳了崖。

琴的后爸不希望琴恋爱，因为琴还有很多事情要干。最近琴神思恍惚，很多事情都没干好，琴的后爸对此很不满意。

琴的后爸是个矮小的本地老头，也是一个碎嘴子老头，整天嘟嘟囔囔的，谁要是多点一会儿油灯，他能连说三晚上，骂点油灯的人是折货。

后爸的亲儿子是个哑巴，智力也有些问题，琴的姐姐也是个哑巴，智力也有些问题，这两个人在家里根本就是废人，啥活也干不了。尤其琴的姐姐，内裤都不知道换洗。不过她倒是不太发火，除了晒太阳睡大觉，也不太惹事。

琴的哑巴姐夫脾气不好，爱使性子，整天叽里咕噜，要是你不明白他的意思，他就发脾气，把柴堆给你推了，把瓮给你砸了，像个炸药包似的，随时会爆炸。

琴的后爸嘟囔这个嘟囔那个的，却不敢嘟囔自己的哑巴儿子一句，总是哄着他。哑巴儿子倒也吃哄，拨拉一下他的头，拍拍他的后背，再给他发根烟，他就好了。然后就圪蹴到琴的姐姐身边抽烟去了。这家伙抽烟抽得很凶。反正也不讲究啥瞎好，只要是烟他就抽。琴的后爸有段时间用苜蓿草晒干烤成烟，他也抽得陶然自得。

琴的后爸总是指使琴的哥哥和琴去干活。他对琴的哥哥指斥最多，一会儿嫌麦子没收净，一会儿嫌装车装得不齐整，一会儿嫌犁地犁得不深，一会儿嫌牛绳没套紧。骂得琴的哥哥心烦意乱。为此琴的哥哥和后爸吵了好几回，琴也和后爸吵了好几回。琴和哥哥都喜欢上树摘杏子，后爸就把琴和哥哥摘的杏子夺过来倒在猪圈里。

琴说：我们都不是你亲生的，你就把我们当牛马使唤哩。

琴一犟嘴，后爸就向琴的妈嘟噜。琴的妈也和后爸吵，后爸就让琴的妈把一窝子都领走，把哑巴姐也领走。琴的妈只好不吭声了。

琴说，自己妈在老家那么爱争气的，到这里了竟然这么能忍。后来长大了才明白妈都是为了她们姊妹几个。妈知道自己家没有地，一窝子人吃的喝的都靠矮个老头的地哩。

但是哥哥终于没忍住,还是和后爸大吵了一架。

那天哥哥拉了一车麦子,上坡时上不去,车溜下来了。车溜着溜着眼看就要把哥哥拖到沟里去,哥哥只好松了襻绳,结果架子车和满满一车麦子翻到沟里去了。这损失可大了。嘟噜嘴后爸这回可算是有嘟噜头了,连着嘟噜了三天三夜,还夹杂着极难听的陕西骂人话。哥哥受不了,竟被活活气疯了。琴的哥哥疯了以后就到处胡跑,家里的活和地里的活也就更多地落在了琴的身上。

琴的母亲不是给哑巴姐还要了一个小女娃吗?小女娃乐乐抱来的时候,才刚刚10天,说是给哑巴姐抱的,却是琴母亲给管的。乐乐半夜要喝奶、炖奶、喂奶这些事,琴的妈干,琴也帮着干,后来琴干的比妈干的还多。她就像乐乐的亲妈一样屎一把、尿一把地将乐乐养大。琴很孝顺,她不愿意让母亲劳累,就替母亲管小的,管大的,管哑巴,管傻子。

琴的后爸看不起琴这一家人,总觉得是他养活了他们一家人,因此对他们说话永远是颐指气使的。琴的哥哥都硬硬被气疯了,后爸依然故我。

琴的爱情

琴的后爸现在又在逼迫琴了。他知道琴是这个家目前的主要劳力，琴要是结婚走了，就少了干活的人了。

后爸跟踪琴大概不止一天了，只是这天的情形更能证明琴的不好，更能让琴的妈无话可说。后爸也是蓄谋已久了吧，抓住了机会就领着琴的妈夜晚悄悄地来到了麦秸垛前。

母亲把琴当场打了一顿，将琴拉回家后又劈头盖脸打了一顿。琴说，母亲那时的手不知道咋那么狠，把她眼角都打流血了，从此她脸上便落下了月牙一样的疤痕。

此后，小伙子再来叫琴，琴就不敢再出去了。琴被盯得更紧了，白天也不能胡跑，除了干地里的活，就是照看哑巴姐姐一家人。

乐乐一天天长大，倒也是讨人喜欢的。乐乐是母亲和琴快乐的源泉，天真无邪的儿童对困难的无感，也让琴和母亲忽略了眼前的现实。乐乐这小女娃是抱对了。琴累了，烦了，就逗这小女娃，或者说小女娃的哭闹也让她感到了生活的责任，不敢再去胡思乱想。乐乐极有慧根，可会顺人心思说话了，小小娃就会看向，看出谁好谁坏。乐乐不喜欢琴的后爸，后爸给乐乐东西吃，乐乐不要，乐乐就要琴和母亲给的东西。乐乐充实了母亲和琴的生活，让艰难的日子变得饱满而节奏轻快。

爱着琴的当兵小伙等不来琴，就另寻他女结婚了。琴住在让义村的北头，小伙子住在南头，琴听到南头的人在议论小伙子新娘的时候，躲在窑洞里哭了一晚上。她这时才发现，她心里是爱着当兵小伙的。

琴觉得后来见到的其他男人都没有当兵的小伙好。琴说，好像也说不来他好在哪里，但就是觉得他好。琴说，论起来，他长得黑黑的，就是个子大一点，也没有给她买过什么东西，送过什么礼物，可自己就是忘不掉他。以前不觉得，那天听人一说他结婚了，琴的心当场就疼了起来。那时候才知道啥叫心口疼哩。

琴和当兵的小伙恋爱的时候住的是下地窑，那天我还去看了一下。

下地窑是个很有意思的民居。它是当时人们生活能力低下时的一种居所，它所有的建筑原料都来自大自然，来自黄土地。它使白手起家的人们就可以有居住之所，遮身之地，人们只需要出点力气就行。先在地面上往下掏出一个长方形的约60平方米的地坑，然后再在地坑的四面崖壁上掏窑洞。可以掏近十孔的窑洞，四面的崖壁上都可以掏。一般左四孔，右四孔，两个窄面各一孔。再在其中一面掏出一个出口洞，从出口洞顺着坡出去就到了外面，或者说就到了塬面上。

从塬面上看，住在下地窑里的人像是住在地下一样，远处是看不到的，走近了，才能发现脚底下有这么一户人家。所以下地窑也叫地坑窑。地坑窑崖壁也是很高的，所以它一定程度上也起到了防大风、防土匪的作用。

那么雨水从哪里出去呢？我专门问了一下。他们告诉我，在院子中间可以留一处低洼地，打一个水窖，雨水就都流到了水窖里。黄土高原地区本来就缺水，地窖里的水只愁不满，很少有水会溢出的。万一下了大白雨，水溢出来了，就把水抽上来。

在下地窑的院子里栽上树，冬季挡风，夏季阴凉，洞中人家如世外桃源一般，也自有它的好处。琴的家里就种了杏子树、楸树、椿树和核桃树。如果一家人都住在这样一个四面环绕的院子里不出去的话，身处其中仿佛与外界隔绝一般。但是内部的人之间的关系却十分紧密，基本不可能存在隐私。

琴的彻夜哭声遭到了母亲的谩骂。母亲骂的话也是很难听的。琴到现在心里还对此有怨言。琴痛心疾首地对母亲说：不该把父亲带到这里来，带到这里做啥呀？

琴的爸死得那么早，其实爸爸是不想死的。琴后来听二姐说，爸爸死的时候对妈说：你再救我一回吧，我活着就是病着，你娘儿几个也吃不了亏。爸想让母亲给他看病，但母亲没钱给爸看病，爸就死了。爸死的那一天下着大雪，高山和平地都白茫茫一片。

琴的哥因为疯病掉在沟里死了。哥哥死后，琴的母亲的精神彻底垮掉了，不久也死了。

母亲临死的时候,拉着琴的手交代琴要把姐姐照顾好,把弟弟照顾好,就是没有说让琴把自己照顾好。

琴说,自己从小就干这干那的,把各种活干得够够的。她最心疼母亲,替母亲干得最多,可是母亲临死的时候都没有疼惜过琴。母亲只是心疼着哑巴姐。是不是母亲也后悔自己当年不该跑出来,因为跑出来才让大女儿在路上摔下了车成了哑巴。琴觉得大概母亲就是这样想的,所以特别地呵护姐姐。包括母亲改嫁给哑巴姐的公爹,很大一部分原因也是为了方便照顾哑巴姐。母亲给哑巴姐还抱养了个小女娃,这也是为哑巴姐的将来考虑。这地方流行招上门女婿,女娃子不几年就能长大,长大了就可以招个上门女婿,就有人照料哑巴姐的后半生了。母亲为哑巴姐什么都安排好了。可不知道为何,偏偏从不为琴考虑。

母亲拉着琴的手说:我走后,你一定要把你姐和你姐夫照顾好,把这一家人领好,这样我才心安。

一旁琴的亲姨说:你一股子(总是)打娃哩,旁人说娃闲话你不替娃出气,还替人家打娃哩。你没看你这屋里,啥不是娃替你担哩,把娃都耽搁成啥了,我看着娃都恓惶哩。

琴的母亲此刻终于说了句:琴呀,妈也知道对不起你,妈没办法,妈没办法呀。琴的母亲说完,就咽了气。

琴的母亲死后,琴把小弟弟"嫁"了出去。琴的姨当年从陕南流落到了蓝田县,姨就将琴的小弟介绍到蓝田,到那边当了上门女婿。

琴的家里剩下了琴、琴的哑巴姐和哑巴姐夫、哑巴姐夫的爸,还有给哑巴姐抱来的小女孩乐乐。家中的一切担子彻底压在了琴的身上。

琴的后爸成了又瘦又小的干瘪老头,也无力张狂了,成天眼巴巴地看着琴,等着琴像对待其他人那样也给他洗脚端饭换衣裳。琴像是生来就是服侍人的,从来没有消闲过一天。

这时,琴爱过的男友离婚了,他又来找琴,让琴跟他过。

他说:琴呀,你为啥不能有自己的生活呢?这么一家子人,为啥都要靠你呀?

琴说:我不能走,我答应过我妈的。

男友说:咱在一个村里,你跟了我,也可以照顾他们呀。

琴说:那不一样。停了一会儿,又说:再坚持几年吧,再过几年,姐的小女娃就长大了,她招了女婿,我就可以离开了。

男友说:那时候,你不也老了嘛。

琴说:没办法呀,反正我就是走不了,我没办法放下他们。

琴40多岁的时候,小女娃乐乐终于长大了。她如琴的母亲设想的那样,招了一个上门女婿,这个上门女婿是长命村那边的,跟让义村就隔着一条大沟。看着也是个挺好的小伙子,家里总算是有了可以顶门事的人,似乎,琴总算熬出了头,可以过自己的日子去了。

可是,不。

二 姐

时光流转到了 2000 年，村里的年轻人开始出外打工，没有人再守在家里像父辈那样在土里刨食了。

不知道有没有逃避的意图，反正，新来的上门女婿带着琴一手养大的小女娃乐乐去了新疆，从此一去不复返。此地空留琴与姐姐一家。

其实，琴还有一个二姐的，琴家里的事太复杂了，都没顾上说二姐。二姐是个爱哭的人，每次疯子哥哥犯病打人发脾气的时候，二姐就跑出去哭，哭得一整天都不回家。琴哄下了哥哥，还要到处找二姐。

二姐 16 岁的那年，柏树塬村有个小伙子看上了她，二姐就跟着柏树塬的小伙走了。二姐走了之后没有回过娘家，和娘家的人像是彻底断绝了来往似的。过年的时候，琴专门去看望二姐，二姐把家里每一个人的情况都问了后，就又开始哭。二姐的眼睛都快哭瞎了，因此，二姐夫不高兴琴来他家。琴每次看二姐的时候，二姐夫都阴沉着脸，和琴连招呼也不打。琴就装着没看见，反正是来看二姐的，管他啥态度呢。琴总是这样安慰自己。

但有一次琴的二姐夫忍不下去了，直截了当地对琴说：你不要来了，你一来你二姐就哭，你家里面那么多瞎瞎人，你还想让你二姐也成瞎瞎人吗？二姐夫这样一说，琴就没办法再到二姐家去了。

二姐算是和琴最亲近的人了，小时候，二姐和琴在一个被窝里钻着。窑洞的墙上贴满了母亲捡来的旧报纸，琴和二姐就互相指着报纸上的字，让对方念。二姐跟着琴认了好多字，琴也跟着二姐认了好多字。

二姐是善良的，就是性格太软弱了。二姐也不像琴那么能干。小时候，母亲让二姐和琴一块儿到地里拾麦穗，每次琴拾满满一笼，二姐拾的麦穗才刚能盖住笼底。

有一次，太阳火辣辣地燃烧在头顶上，琴的脸被太阳晒得通红，脸上的汗水像雨点一样滚落。琴在广阔的麦田里不停地弯着腰捡拾麦穗，一边拾还一边说，这够熬一顿稀饭了，这能磨二三斤面了，这够蒸一笼白馍了。二姐跟在她的后面，却总是心不在焉，不好好拾。琴厉害了二姐几句，二姐就又哭了起来。

琴一生气就自己回去了，把二姐一个人丢在了麦子地里。结果那一天，二姐越走越远，一直走到了沟边。二姐看见沟的那边还是麦子地，就下沟上沟到了那边金黄的麦子地里。麦子地一块一块的，一层一层的，地畔上的土路七拐八弯，像迷宫似的。二姐迷失在麦田里，走了几个小时都没能走出去。

那正是大中午的时候，农民们是不在太阳当空的时候下地的，只有琴这样勤快的人才在这个时候下地。二姐越走越心急，最后晕倒在了麦子地里，直到下午人们下地干活的时候，才发现了昏迷的她。长命村的一个老中医赶到地里给二姐的指头上放了血，二姐才醒了过来。

老中医走后，琴的母亲又把琴打了一顿。琴的后爸也阴阳怪气地说：把你姐丢了，咋没把你一块儿丢了呢。倒是琴的二姐替琴说了话，说不怪琴，怪自己不该翻沟，想着翻过沟就有路了，谁知道翻过沟更没有路走了。

琴的二姐其实是心疼琴的，会背着二姐夫给琴做点好吃的。琴吃了就赶紧走，怕被二姐夫撞见，因为她来一回，二姐夫就要打二姐一回。

后来，二姐又背着二姐夫给琴介绍了一个对象，是长命村的。两个人在二姐家见的面。没想到，又让二姐夫撞见了，二姐夫把对象骂跑了，把琴也骂跑了。琴后来就彻底不到二姐家里去了。软弱的二姐害怕着二姐夫，只能过自己的日子，无法再管娘家这边的事了。

幸亏琴的当兵男友一直忘不掉琴，琴在地里干活的时候，男友就过来给琴帮忙。琴怕人说闲话，就不让男友帮忙，男友就说琴，说琴真是个没心没肺的人。琴说：我不能有心，我要有心，我的心早就烂掉了，我只能没心地活着。

琴其实希望当兵男友到她家来当上门女婿，她也不嫌弃男友的两个孩子，说愿意像亲妈一样对两个孩子好。但是男友不愿意。男友想让琴嫁过去，琴又不愿意。他和男友的关系就这样一直僵持着。

不久，琴的后爸死了，琴想，这老头一辈子也可怜，不舍得吃不舍得穿，一分钱也不舍得花。琴就给这老头的手里卷了10块钱。琴对他说：你到那边就不要再仔细了，该花就花一些吧。我给你当女儿一场，没有多的，先给你10块钱，你先花着。那个死人的手就真的把钱握住了。

琴叫蓝田的弟弟过来，蓝田的弟弟说走不开，没有回来。琴通知了二姐，二姐夫不让二姐来，二姐也没有来。琴主事安葬了后爸。

后爸死后三年，琴的大姐也死了，琴给大姐的手里也卷了10块钱。琴对大姐说：说你受罪，你确实受罪了，你摔了，成了哑巴，又嫁了个哑巴；说你没受罪，你也确实没受啥罪，你哑巴了，啥活也没有让你干过，你也干不了，你一天到晚睡觉晒太阳，比我还有福哩，比我还胖哩。我都没睡过午觉，你还睡过午觉哩。给你10块钱，你也不会花，你叫个看着心善的人，给你买些吃的，买些用的。清明时我再给你送些钱。哑巴大姐听了，也把手里的钱握住了。

当年的9口人，走的走，跑的跑，现在屋里就剩下琴和哑巴姐夫了。

琴这时候已经不在下地窑里住了。我去看望琴的时候，琴家里的下地窑四周长满了荆棘和杂草，一圈的荒草把下地窑顶都覆盖住了，只能透过杂草的缝隙看到下地窑的样貌。窑洞前那个四四方方的院落，长了一层绿绿的苔藓，阴湿之气直达窑顶。

我站在窑顶上想给朋友们拍一下原汁原味的下地窑，太阳当空的6月，我却感到像是走到防空洞跟前一样，凉飕飕的，腿关节一阵阵发冷。

琴家里其实早盖了平房了，就在下地窑上面不远处的地方。脱贫攻坚的时候，琴和她的哑巴姐夫都被定为贫困户。政府给琴安排了一个在村里扫地的公益性岗位，村里的光伏和羊场的分红，琴和哑巴姐夫也都能享受上。

琴的姐夫

按说，琴总算是熬出头了吧，琴该有自己的生活了吧，琴可以跟自己多年的男友一起过日子了吧。可是，并不是这样，琴的男友又一次等不上琴，找了个寡妇结婚了。

在关庄这一带农村，男人可以剩下，女人是极少剩下的，傻的、哑的、瘸的、相貌丑的……只要是个女的，都有人要。女人在渭北农村从来都是稀缺资源，就像在街上抢购某种商品，你这边刚一犹豫，那边就被人一把抓走了。在这里男人找个老婆是很不容易的，彩礼比城里还高呢。

好像越是穷的地方，要的彩礼就越多，说到底都是穷害的。前面我说过，就算当上门女婿男方也得给女方家拿彩礼，还要给女方家盖房，不盖房也要给人家装修房。你觉得这是不平等条约不愿意签协议，马上就有别的人签呢。你想，这一带那么多的上门女婿是咋产生的？你就是想当个上门女婿，动作慢一点都当不上呢！

像琴这样相貌秀丽的女人，早都不知道有多少男人垂涎了。

琴是1966年生人，在农村，这个年龄的女人多半已是老太婆的模样了，但琴一点也不！她身材端正，直溜溜的身子像少女一般，大眼睛、高鼻梁，一点也不显老，根本不像是一个背负着那么多苦难的人。琴的心真是太强大了。或者说，琴真是太单纯了，琴从来没有把那些当成负担和苦恼，琴像是被蒙上了眼睛的驴子一样，一直在一圈圈地拉磨，却从没感觉到拉磨之苦、拉磨之累。琴理所当然地拉着，年复一年地拉着。这是琴内在的善良本性使然，也是本性对琴的恩待。

琴是一个单纯到不自觉不自醒的人，单纯到叫旁人看来有些傻的人。

琴的性格也很爽朗，没有农村妇女的小心和拘谨。她大大方方地讲她的故事，她的军人父亲、她的倔强母亲、她的哑巴瓜子姐、她的哑巴姐夫、她养大的小女娃乐乐、她的后爸、她老实的二姐、她远在蓝田县的小弟，还有她疯而死掉的哥哥。

她没有埋怨任何人，一直在说着那些人的难处。她只是对她的母亲有点儿埋怨，说母亲当年若是不和大舅置气，不赌气跑出来，她家肯定不会是这样。因为爸爸本身是军人，身体好，如果不跑出来，爸爸不会死那么早，如果爸爸不死那么早，肯定家里也就不会这么糟。

说到母亲临死的时候，琴还是流了泪。她说母亲得的也是食道癌，和父亲一样的病，最后连口汤都咽不下去。母亲拉着她的手交代后事的时候，手冰凉冰凉的，像河里的冰块一样。

琴说，父亲死的时候，她才三岁，二姐四岁，哥哥才六岁，小弟弟才几个月大。几个小娃娃在炕上蹦来蹦去的，高兴得很。因为家里突然来了很多人，还拿来了花花绿绿的东西，娃娃们觉得像是过节一样。人家问哥哥：你爸去哪里了？哥哥说：爸爸睡着了，埋到土里了。

琴其实最爱哥哥，哥哥气病了之后，琴总是跟哥哥说话，哄哥哥开心。哥哥也最听琴的话，琴一到哥哥身边，哥哥就好了，就不闹人了。琴去干活的时候，总带着哥哥，哥哥干得好得很。

有段时间，民政干部来家里说要把哥哥送到精神病院去，国家给出钱，哥哥去了。琴去看哥哥的时候，哥哥就拉着琴的手让琴把他带出去。哥说他没来的时候还能走路，住到这里后就不会走路了，还说，精神病院给他打的针都是凉水水、冰水水，把他给打坏了。琴就要把哥哥接回家，但是，哥哥回家并不容易，妈妈不同意，后爸不同意，他们都认为住在精神病院好，对哥哥的病有好处。

琴看出了妈妈的愚蠢，也看出了后爸的自私，她亲眼看到了哥哥在精神病院里的寂寞和孤单，她坚决要把哥哥领回家。

为这个事，琴和后爸发生了激烈的冲突，还请来了村干部调解。后爸认为琴简直是不知好歹，别的人想住精神病院还住不进去哩，是他有一次趁着领导来村上视察，把哥哥扔到了视察现场。领导看到了，才给解决了哥哥住院的费用问题。这个妙招是他用了三天三夜才想出来的。现在把人再领回来，原来费的那么大的心思就全浪费了。后爸表示，要出院，他绝不签字。

村干部也有点埋怨琴，说：你哥都被定为二级残疾了，国家有政策，该享受就享受，住精神病院好好治疗，大家都不用操心了。家里人不操心，村上也不用操心。不然，你哥又胡跑八跑的，给村上也丢脸，再叫领导看见，领导脸上也不光彩。

可是谁也说服不了琴，琴不能忘记她临走时哥哥抓着铁栅栏对他说的话：你来接我啊，明天就来啊！琴最后在协议上签了字，表示以后一切后果由她负责。

琴把哥哥领了回来，哥哥后来似乎也没给琴争气，还是不小心掉沟里死了。哥哥死了，倒是没有人埋怨琴，但琴觉得很对不起哥哥。琴说，哥可怜，怪自己没看好哥。琴还说，要是不让哥出院，说不定哥不会死得那么早。琴对自己有时也很怀疑，不知道自己做的事到底是对还是不对。

现在，一切都尘埃落定了。该走的，不该走的，都走了，曾经在下地窑里住着的9个人，现在只剩下琴和哑巴姐夫了。

姐夫变得越来越傻了，有时却又越来越精了。说他傻，是他越来越需要人照顾了，姐夫已经70多岁了，他不会做饭，不会洗衣，有时候吃也不知道吃了，要让琴给他喂饭，他才吃。他的衣服要是琴不给他换洗，他就一直不换，屋子要是琴不给打扫，他就一直不打扫，哪怕脏得像个猪圈。

琴说，哑巴姐夫以前哑归哑，脑子还行，还会干些活。自从大姐死后，姐夫一下子就不行了，就成了现在这个样子，灰嘛日塌的，一天到晚提不起精神，啥都要依靠着人。

说瓜子姐夫精吧，有时他还真是精。琴不能跑远，琴要出远门的时候他能看出来，他就用眼睛可怜巴巴地看着琴，问琴啥时候回来。琴把馍给他蒸好，把咸菜给他摆好，交代他吃馍就咸菜，他摇头表示不吃。

有一次琴去参加贫困户技能培训班，在镇上住了两天，回来后发现瓜子姐夫一疙瘩子馍都没吃，咸菜也没动，他硬是饿了两天，躺在炕角一动不动，把琴还吓了一跳，以为他死了呢。这样，琴就再不敢走远了。

琴的哑巴姐夫脾气越来越坏，还学会了给琴捣乱，琴让他把院子里的葱围一下，他就跪在地上围，把身上头上弄得都是土，琴说了他一句，他就把头一拧，用眼睛瞪琴。再说，他就跑，跑得不见影，害得琴还要满村子寻他。琴说：他是哑巴，年龄又那么大了，还要好好哄他哩。

琴的一点快乐

能让琴心里快乐的，是琴养大的那个小女娃乐乐。乐乐跟琴其实还是很亲的。乐乐跟大姐和大姐夫一直不亲，虽然乐乐把大姐和大姐夫是叫爸叫妈的。乐乐小时候跟琴的母亲也挺亲的，琴的母亲生病的时候，乐乐就不去上学，天天坐在她婆跟前，人家问她咋不上学哩，乐乐就说：我伺候我婆哩。

乐乐到了新疆后生了两个孩子，大的都9岁了。乐乐一直跟琴保持着联系，乐乐虽把琴叫姨妈，但在心里把琴看作亲妈。有了微信后，乐乐和琴就在微信里聊天。从琴这一面来说，唯一能说上话的人也就是乐乐了，她在心里也把乐乐看作自己的女儿。自己一生未嫁人，没有孩子，小乐乐是她一手抓大的。她心疼着乐乐，就当心疼自己的女儿。她劝乐乐不要和女婿吵架，不要怪女婿娃。家里现在都好了，也没有啥负担了，既然出去了，找个工作不容易，就好好干工作，不要想家里，家里有她哩。

今年母亲节的时候，乐乐给琴发了红包，发了200块钱，琴开始不收，乐乐就不愿意，非让琴收了不行，琴最后才把红包收了。琴说：娃在外面哩，啥都要花钱买哩，咱在屋里，自己种些菜，不花啥钱。

瓜子姐夫看见琴高兴，知道琴得钱了，就伸手要。琴就给他买些好吃的。琴说：人老了，咋像个碎娃似的，嘴馋得很。瓜子姐夫还爱吃烟，琴就给买些烟，也不是啥好烟，就是最便宜的烟，6块钱一包的。

乐乐知道自己是抱来的娃，也见过自己的亲妈，但乐乐不认亲妈，只认琴。乐乐有时还在微信聊天时跟琴开玩笑，让琴给她找个姨夫。琴说：娃呀，没看你姨老成啥了，没人要哩嘛。

乐乐说：不老，老了就找老头。琴说，找老头有啥用嘛。泼烦了一辈子还没泼烦够吗？

其实，琴还真不是没有人要。有些老汉，不知从哪里打听到了琴，找人来说亲，还说要给琴彩礼，给琴这，给琴那的。但是琴说：走不了呀。你走了，你把那人咋办呀？那人把你靠惯了，你走了，就等于把那人杀死了。

琴说的那人就是瓜子姐夫。琴真是太善良了。琴终日守着瓜子姐夫，也有些不怀好意的男人欺负琴。

有一次，琴请了一个泥匠来家里修房子，房子修好了，那人却不走。那人把琴叫到屋子里说有话给琴说。琴一进屋，那人就把琴按在了床上。后来还是瓜子姐夫在那人屁股上打了一棍子，那人才松手了。

我写琴这个故事的时候，也不知道琴该怎么办。论起来琴不到60岁，还可以有新生活，但是瓜子姐夫在这儿呢，她心软又舍不下。她的一生就是这样被一次次地耽误了，后面也还不知道何时是尽头。

琴其实并不像我这样忧愁。我为琴愁得睡不着觉，琴倒像没什么似的，说起那些来都风轻云淡的，琴对谁都不怨恨，说到谁都要在最后加一句：唉，喔其实也是个老实人。连对破坏自己婚姻的后爸都这样评价。

琴说她的瓜子姐夫：唉，喔恓惶得跟啥似的，你把他丢下，叫他咋活呀！这个恓惶，那个恓惶，琴就是没有觉得其实自己最恓惶。

我写这篇文章的时候，想起一些问题就打电话给琴去落实。夜里10点钟了，琴才刚从地里回来，给苹果套袋呢。琴说是给别人干呢，套一天袋70块钱，按个个算，套一个袋5分钱。

我说：这么晚了还能看见吗？

琴说：今晚的月亮好，趁着月亮干呢。

我赶紧跑到窗前，果然一轮满月挂在树梢之上，月亮好大好亮呀。前几天说会有血月出现，关庄这里没能看到。可是月亮真的比平常大了好多呀。月亮周围的云也不一样，有些繁乱，有些阴沉。可是，再怎么繁乱再怎么阴沉，都挡不住这如水的月光。

我凝视着飘动游走的云，凝视着像金球一样的圆月。我第一次发现月亮是如此之美，月光是如此之美。山村里的月亮是可以当灯用的，是可以当太阳用的。它可以照着苹果树下的女人，照着她把牛皮纸袋一个个套上青苹果，然后让她获得劳动的报酬。然后，月光又照耀着女人回家的路。我第一次把月亮和一个女人联系起来，一个孤单的女人。我热泪盈眶。

早晨6点，我又打电话给琴，琴却又在地里了，她又开始套苹果了。我打电话时，猜想琴应当像我一样还躺在床上睡觉呢，我猜错了。

琴爽朗地说：姐，你写我，我怕人笑话哩。

我说：不怕，你的事迹应当让人知道，你是个好女人，是个好人。

琴叫汪义琴，噢，琴的名字里竟然有个"义"字，"让义村"的"义"，这是巧合吗？女人的名字里很少有"义"字的。琴怎么偏偏就带了个"义"字呢？

虽然琴的村庄合并到了马吉村，"让义村"的名字可能会遗失在大山深处，但我还是愿意把琴看作"让义村"的人。

我又打电话给琴，问琴的名字是在老家时起的还是到了让义村后起的。

琴说：我的名字在老家就起好了。

噢，让义村里的汪义琴。两个"义"碰在了一起，还用我再对"义"多作评论吗？汪义琴的故事，我有了一个新的名字，就叫《汪义琴的"义"》。

昨天晚上我又跟琴聊了几句，琴说，她蓝田的小弟弟两年前也去世了，像父亲去世时一样，那天也下着大雪，琴和二姐坐车到蓝田奔丧的时候，车子都挂着铁链子，但她和二姐到蓝田的时候，还是没能见上弟弟。再有几天，弟弟就去世三年了。

琴说，一家人，现在就剩下她和二姐了。

我把我和琴聊天的话放在了朋友圈，很多朋友都留了言，说像琴这样的女人现在太难找了。

我说：是的，她是让义村里的汪义琴呀！

以下是我和琴的聊天，我用它来作这篇文章的结尾：

我：我之前把你的名字改成了霞。

琴：那没啥。我二姐就叫霞，汪义霞。

我：可是我还是想改成你的原名——琴，我不想让你的事迹被抹去，我想让人都知道你的事迹。

琴：那好，谢谢姐。

我：可是我写到了你的爱情，你介意吗？

琴：那没啥。

我：我还写到了你不成功的爱情，写你一辈子没有结婚，写你为了照顾一堆子的人，耽误了你的婚姻。

琴：事实也是这样的。

我：以前的耽误就不说了，可是你现在照顾着你的瓜子姐夫，你还在耽误着自己。

琴：那有啥办法呢？总不能把那人饿死。

我：你应该想想你自己，为你自己打算一下了。

琴：一辈子都过来了，不想那么多了。

我：你以前的男友还对你好吗？

琴：人家现在有家庭了，咱不能影响人家。

我：你姐姐已经不在了，你现在还照顾着你姐夫，其实你没有理由照顾他的。

琴：你不照顾也没办法，几十年都这样，他也依赖惯了。你把他舍了他咋办哩？他也是个老实人。

我：你咋光替别人想呢？

琴：心下不去，没办法。

我：我不敢和你多说了，你干了一天活了，明天早上是不是还要去干活？

琴：就是哩，明天早上还要去套袋。

我：那你去干活，你姐夫他干什么呢？

琴：他干不了，气喘哩，我把饭给他做好，馍给他热好，给他端跟前，我就下地了。

我：你这样伺候他，他还给你发脾气吗？

琴：那发哩么！一时时就发哩么！那你跟他没办法计较嘛，你跟他计较什么呢？他瓜了，咱不能跟瓜子计较嘛！

我：那你早点睡吧，明天还要干活呢。

琴：你也早点睡吧，姐，我看你也辛苦。

我：好。

第十四章　关庄的『义』

让义村：据《旧唐书》和《耀州志·卷七》载，唐咸通六年（公元865年），柳公权官拜太子太保，赠太子太师；其伯叔兄柳公绰官拜检校左仆射，赠太子太保。相传，两人生前在此处选择墓地，权因绰为兄让绰为上，绰以权官大让权为上，两人相互谦让，故此地名让地村。又据《续耀州志》卷一载，权、绰生前互让墓地，后人视为义举，清代中叶更名让义村。清嘉庆时，又筑城堡，复更名让义堡。清代中叶，让义堡部分居民迁出，临堡建村，故名让义村。

唐书法家柳公权墓在该村境内。

——摘自《陕西省耀县地名志》

"让"与"义"

在关庄，我走过了许多的村庄，见过了许多的人，也尽赏了从南到北、从前塬到后塬、从沟的这岸到沟的那岸的不同风光。但在来到让义村的时候我还是被这里的景象震撼了。

正在苹果园里给苹果套袋的乡邮递员李本超放下手中的工作，指给我看周围的山。苹果园在一片广阔的塬面上，旁边还有大片的麦子地，麦子已经成熟，麦穗饱满，麦芒如簇，在午后的阳光和微风里跳动着青中泛黄的奇异光辉。

关庄每一个村庄都位于残塬沟梁之上，很少有大块的一望无际的田野，而这里的塬面竟如此浩瀚，除了满眼的绿色似乎看不到往日的沟壑。我心中惊异，脱口而出：啊，这里的塬面真大呀！

李本超听见我的话很自豪，把我领到麦子地的矮崖边，指给我看右手前方那一带青山，说那里是高山槐，高山槐后面层峦叠嶂的地方便是子午岭。又指给我看左手一带的青山，说那是凤凰山，那山海拔2000多米，秀美的曲线像凤凰欲飞，再左边是爷台山。最左边，天气好的时候便可以看见秦岭了。

我问：能看见秦岭，真的吗？

李本超和村干部李军民都毫不犹豫地回答说：是的。

我想了想，秦岭就在长安城的身边，这里离长安也不过100多公里的直线距离，人的目光可以穿达100公里之外，那么看到秦岭也是情理之中。

我第一次听到这样的说法，不忍轻易放过能够望到秦岭的这处景色，凝望着久久不语。耳边李本超继续说着：这边是高尔塬，这边是长命塬，高尔塬和长命塬像城墙一样把让义堡围了起来，而高尔塬和长命塬下面的大沟就像西安城的护城河一样，也保护着咱们这片塬。

原来，这貌似一望无际的塬也是有沟壑的，只是它四围的山太青葱了，树木太浓郁了，密密实实地把那沟壑都填满了，填平了。

这真是一个风水宝地。所以，李本超说，柳公权和他的堂哥柳公绰才把他们的墓地选在了这里。

唐代大书法家柳公权出生在让义村东边的柳塬上，那里有一个巨大的石碑，上面写着"伟哉柳公"，不知何人何时所题。此碑位于山头之上，周围荒草萋萋，显出几分萧索。

不知为何，柳公权和他的哥哥并没有将自己最后的归宿放在自己的故乡柳家塬，却把墓园选在了让义村这个地方。或许是被这平坦无遮的原野、四面围拱的青山，还有南望长安和秦岭的视野所吸引吧。

拜谒墓园，我看到弟弟柳公权埋在了西边，哥哥柳公绰埋在了东边。按照古人的观念，东为上，西为下。按照官职柳公权高于哥哥，墓地应当放在东边；按照年齿，哥哥年长，东边应当归属哥哥。柳公权和哥哥柳公绰为此相推相让。后柳公绰先逝，柳公权便将哥哥安埋在东边，多年以后柳公权埋于西边墓茔。

柳公权的谦卑礼让，体现的是不以官职论位置的平民意识，表达的是尊长重老的朴素思想，非常契合老百姓的观念，它打破了以官为大的官本位壁垒，还原了民间纯朴的孝老爱亲、长者为大的规则和秩序，故而深受百姓喜爱和认同。百姓们代代相传，才使这个故事成为千古佳话流传至今，甚至成就了一个村庄的名字。

其实所有的传说和故事无不是人们深层次观念的一种寄托和承载。人们渴望的模样，便会是故事的模样。遗臭万年也罢，流芳千古也罢，无非都是依照着人们刻意浸润而又不着痕迹的观念而完成并得以实现的。

柳公权和柳公绰的"让"和"义"，像河流的源头，千年之下，流淌不绝，滋养着让义村的人心和气质，使让义村的人看起来面目清俊，表情和善，为人处世更有一番别样的温柔敦厚。

为什么人们选择了"让"和"义"作为村庄的名字？如果说"让"还有故事表面的意思表达，那么"义"的内涵就不免耐人寻味了。

关于"义"，先哲大德有过诸多论述，我在这里不再赘述。我关心的是，在让义村人的眼里，"义"又是什么呢，它包含哪些内容呢？

我想让义村的人一定会有自己的答案，让义村人的答案没有写在纸上，也没有表现在口头上，让义村乃至整个关庄镇人的答案都在他们的日常行为里。

2021年5月21日，在关庄镇政府所在地关庄村的文化广场上，举行了第六届"关庄好人"颁奖大会，关庄16个行政村都有"好人"上台。我尤其注意了让义村的好人，我采访的第一站也是让义村。

我在这里见到了邮递员李本超，他开着自家的小车，上面插着小红旗，安着小喇叭，没明没黑地奔走在乡村的道路上，没有误过一件事情。

我见到了柴增强，他的小名叫增娃，是个上门女婿。他几十年如一日照顾重病缠身无法下地劳动的老丈人，从无怨言。他说话笑眯眯的，让人感觉不到他多年的艰辛。

我见到了一个青年，他照顾着有三个残疾人的家庭，凭着一己之力，改变了家庭的面貌，把压着"三座大山"的家庭从下雨漏水、屋子里能望天的土坯房子里，搬到了自己盖的二层小楼里。他也是个上门女婿，他"嫁"到这个家的"时候"，村里人都说他的头上压着三座大山。而今他靠着种苹果和养殖牛羊，不但扛起了"三座大山"，还成立了合作社，带动村里人一同脱贫致富。他那个家我也是去了的。我一看到他家的"三座大山"，不用多说，这青年的付出和善良便一目了然了。三座大山，一座是他的丈人，一座是他的丈母娘（他们是一对侏儒，没有劳动能力），还有一座大山是他的妻哥。妻哥是个智障者，我和村干部去的时候，他正在门外的墙边晒太阳。他手里拿着钥匙，却半天连门也打不开。

我还见到了一位好嫂子，她嫁到夫家之后，便像母亲一样照顾着丈夫的四个弟弟，她给两个大弟弟娶了媳妇，安埋了患病死去的三弟，现在身边还有一个略有智障的小弟。她让自己的儿子给别人家当了上门女婿，腾出身子照料着身边夫家的兄弟。

我有点不太能理解他们，不知道像他们这些好人，为什么能做到这些。

他们的表情平和坦然，没有一点点的愠怒憎恶之色，相反倒是亲切蔼然。果然好人的好是真的会写在脸上的，我对这样的表情感到震惊，更感到欣慰。

让义村的人，真是够"义"啊！

第十四章 关庄的"义" | 341

好人们

在别的村，我也见到了很多好人。

小王村有一个老汉叫郭建民，给人剃了一辈子头，却从不要钱。郭老汉会看风水会打墓，也从不收村里人一分钱。村里很多人都是经老汉的手安葬的，老汉给擦的身子，给穿的老衣，给主持的葬礼，并看着把棺材送进打好的墓洞里。

生与死是人生的两极，村里人的终极仪式都是在老汉手里完成的。老汉自己已记不清送走了多少人了，老汉已经70多岁了，老汉送走的人不止一代。

人们常常能记得是谁把他接到这世上来的，但没有人能知道是谁把他送走的。

接生婆曾是乡村里光荣而重要的角色，现在被医院的医生和护士取代了，但是乡间里的"送人"目前好像还没有谁能取代。我把老汉这样的在乡村里专门给人办丧事的人叫作"送人"，这是我发明的一个词，不知道合适不合适。

渭北这一带丧事办得极其隆重，有各种烦琐的过程和礼节，办得不好是会被人耻笑的。孝子中对老人生时不重死后反重者，也大有人在。有时候，丧事办得隆重不隆重、奢华不奢华，并不是为着死去的人得安慰享哀荣，倒是为着活着人的面子和心理上的安慰。

再说，于死者，漫漫人生，算是最后一场事了；于生者，孝与不孝也算是最后一次尽心尽责了。丧事的过程，是死者最后的舞台，但表演者是孝子，丧事更像是展示孝子的过程。孝与不孝，真孝与假孝，不管咋说，也都要按部就班地一个环节不能省略地走一场。所以，"送人"角色的重要性也便得以体现。

市场经济下，农村里办丧事是有一套班子一套机构的，类似于"婚庆公司"，只不过是专门给人办丧事的。机构收费，明码标价，而老汉却从不收费。你说，这能不叫好人吗？

还有医术高超又随叫随到的年轻村医。村医实际很不容易，光是夜晚到村民家里走一趟就足够辛苦。树林村有个女村医，她和她的爱人都是村医，他爱人是另一个村的村医。每次村人突然赶来求救，她就叫上爱人星夜赶去。一开始我对写她不感兴趣，觉得她身上没什么故事，后来我跟着她在村子里走了一圈，我便明白她为何也被评为"好人"了。这么大的村庄，有坡有沟，路途崎岖，而且合村并镇以后，每个村庄都有好几个组。所谓的组，其实原先都是独立的村庄，因为人口的减少和流失才合了村，弱化成了组，但地域面积并未减少反而扩大了。

如果你能做到在几个村庄间，没有任何推辞地黑灯瞎火地半夜赶着处理病情，有时还要将急病者送到城里医院，那你就是了不起的人物，你就是好村医。村人总是能讲出某某因为村医及时赶到捡回了一条命、活到了如今的例子。

这正是平凡中的伟大。其实真正的伟大本身就在平凡之中，你做到了为人为职业当做的，做到了别人做不到的，你就堪称伟大。

还有帮助五保老人年年收麦却从不要钱的光棍汉。收麦可不是个轻省的活，赶上收麦季节，我看到农民们在麦田里挥汗如雨的身影。那不是梵高的风景画，那是实实在在的劳动。虽说有了收割机，但粮食不等人，天气不等人，必须抢收抢晒，不然，一场大风刮过，一年的收成就功亏一篑了。

这么紧张的劳动，年年都是光棍汉在干，还不要钱，无偿给老人干活。也许你会说，光棍没事干，闲着也是闲着。可是，也有宁可闲着也不愿为他人出一份力的人，这又咋说哩？

这光棍并不富裕，住的房子是从别人手里买来的，人家老人死了，房子没用了，就贱卖给了光棍汉。那是三间红砖旧瓦房，屋子里除了一张老炕，没有一样好东西。光棍汉一看就是个老实人，虽说光棍自己不把力气当价值，但受惠者还是应当给光棍一些报酬的。我们赞颂老实精神，但也不能亏了老实人。不过受惠者是个五保老人，可能也没有能力给光棍报酬。光棍的"好人精神"也许正体现在这一点上吧。

我在关庄听到一句话，叫作：背着日头出来，背着日头回去。我觉得这句话非常生动，鲜活地展现了农民的生活，比那"日出而作，日落而息"的文绉绉语言，不知要好多少倍。

广袤的乡村生长着庄稼、树，也生产着艺术家。我在这里还见到了两位农民艺术家。

一位是玩石头和根雕的，他凭着慧眼和手艺挣了小钱，发了小财，但他并没有为富不仁，相反更体恤乡邻，关照乡邻。那句"背着日头出来，背着日头回去"的话就是他说的。

乡邻们出村买农药买化肥都用他的车。大家留了他的电话，都提前跟他说好，约定他出村的时候，把他们捎上。他经常跑业务，经常出村，所以也经常捎村里人。村里人因着他的车方便了很多，也省了不少的路费。

或许，他只是"捎"一下，也没有浪费他的油，但是，他是不是也可以不捎，独往独来？捎与不捎之间，品德的高下是否就称量出来了？因为他的"捎"，有个摔进沟里的孩子得到了及时治疗；因为他的"捎"，"逮"住了一个就要上飞机离开的果商，把一村人的苹果都卖了出去。

另一个玩泥塑的乡村艺人更有一番见识，他脱贫不忘乡亲，自愿自觉地传授他的手艺。愿意学者他毫无保留地教，分文不取。他没有"传男不传女"的陈规旧训，也没有"教会猫而饿死老虎"的担忧和小心眼，他只想让乡亲们和他一同脱贫，一同致富。他只恨村里的年轻人对他的手艺不屑一顾，只想着出外打工，给别人当工具。他盼望着有人学他的手艺，让他的手艺在村庄形成气候，形成规模，那样的话，村庄也当会越来越好！

他不仅是乡村里的好人，还是乡村里的智者。

还有乡村教师，守着一个村庄，守着几个孩子，在学校撤与不撤之间安心教书，做着最后的坚守。在他的坚守中生源居然越来越多，原来跋山涉水到城里去读书的孩子竟然返回了村里，在他的学校里上学读书。因为他教的学生成绩竟然超过了城里学校的学生。

还有化解纠纷的和事佬，端着饭碗还在给人调解矛盾。因为他们，有多少矛盾都消弭在了萌芽状态，有多少怀揣着老鼠药准备一死了之的妇女又安生过起日子。

你说，他们算不算好人？

还有水电工、水质员，他们都朴实得让人敬佩。好人，其实就在一点一滴之中，就在细节之中。在细节中寻找好人，一找一个准。

我对关庄镇的男人印象很好，他们性格沉稳，不急不躁，对灾难的承受力十分强大。

他们大多话不多，表情平和，似无大喜大悲，内心的波涛汹涌在他们的脸上似乎一点也看不到，你只有在了解了他们之后，才能明白他们有着怎样的隐忍和担当。他们从不会将这些主动示人，认为这些都是天经地义的。

关庄的男人就像关庄的土地一样，从不言语，却一年四季都在贡献。比如关庄评选出的好人之中，有一类人就是多年来一直照顾自己患病的妻子，像小王村的雷春盈、树林村的陈联合。

陈联合除了照顾妻子外还要照顾老父亲。我去他家的时候，他的妻子坐在轮椅上嘴歪眼斜的，他的老父亲一瘸一拐的。他的家里摆着一口松木棺材，他们叫作"材"，一头大，一头小，大而白森，很是瘆人。

陈联合的儿子给墓坳村的人家当了上门女婿，那家也有几个残疾人。村主任说：这父子俩恓惶得很，两家一共7口人，都靠这父子俩哩。

幸亏陈联合被定为了贫困户，享受了一些扶贫政策，压力小了一些。村里给陈联合安排了一个公益性岗位，负责村里的电，他推着他的妻子去干活，不然妻子就闹。他干着活，妻子就在一边坐着，看着他干活。

树林村还有一位叫边战锁的，他有弟兄有姐妹，但只有他和妻子照顾瘫痪在床的老母亲。

村里流行一种老人在各家儿女中轮着住的养老方式。这个月是你，那个月是我，这个月在你家，那个月在我家，这样谁也不吃亏，谁也不占谁的便宜。但边战锁觉得这样对老人不好，老人总在各家流转，没有自己的窝，也会有寄人篱下之感，他不愿意让老人这样，宁可让自己吃亏，也不让老人吃亏。

边战锁当过兵，肯吃苦，有能耐，靠种苹果致了富，盖起了村子里最漂亮的房子。那房子岂止是漂亮，简直就是乡村别墅。二层小楼，客厅宽大，白色楼梯扶手，楼梯上面的房子有一个大阳台。边战锁的老婆说，光是这个阳台的装修就花了1万多块钱呢。阳光照进来，漂亮极了，摆个桌子喝茶观景，绝对能令人乐不思"城"。

我最喜欢的还是边战锁的院子，边战锁的院子是用玻璃墙围起来的。这个你想不到吧，城里也没有吧。乡村纯净得一尘不染的阳光洒进院子，玻璃墙把村庄收纳进来，你晒着太阳，便能看到正在锄草的农夫、给苹果套袋的农妇、麦田、村路，以及村路中间叶子金黄的一溜核桃树。

啊，诗意，乡村的诗意，在院子里便有了。

边战锁确实是个有诗意的人，院墙右面的一堵白墙上，边战锁挂了一排农具，有锄头、耙子、叉子，有一些已消失的农具，还有一些能叫出名字但在这里打不出那个字的农具。啊呀，就这样一杆杆地挂过去，宛如一幅抽象派的画作呀。

我说：等我把这本书写完了，把你家的房子租给我一间，我住你家写另外一本书。

边战锁说：你只管住，不要你钱。

在边战锁家见到他，其实已是第二次见面了。我坐在玻璃院子里和他的老母亲还有他老婆聊天，他戴着草帽扛着锄头回来了，是一个精干的农民的形象。

他说：我认识你，上回见过的。你忘了，在羊场。

我想起来了，一个月前，树林村有个北京大项目要落户，一个羊场要拆迁，焦镇长要我去看一看他们拆迁的艰难程度，我跟着去了。

边战锁当时是量地的人，他拿了一个脸盆一样大的卷尺，放出了超级长的皮线在量地。他当时对扯线的人说：把线放松些，农民嘛，能多赔些就多赔些，农民不容易。我对他的这句话印象很深，觉得他是个好人。

他果然是个好人。好人当有好报，他家那么漂亮的房子，那么好的日子，他母亲虽坐轮椅但有那么好的脸色，他老婆那么和善的丰腴面孔和健健康康的身体，都是上天给他的好报。

好人们，请相信，不是不报，时候未到，时候一到，一定要报。好人们，耐心地等着吧。

我一直觉得，好人的产生和村庄的古老有关，和村庄的先贤有关，和村庄流传的故事有关。柳公权就是关庄的先贤，他的"让义"事迹，口口相传至今，关庄人无不以柳公权为荣，也无不自觉不自觉地做着柳公权弟兄俩那样的"让"与"义"的事。

中国好人

关庄还有一个最大的好人,是我重点要写的人物。

他叫余广贤,照顾一个和自己家没有一点血缘关系的老人40多年,他被评为了"中国好人",获得了关庄好人中的最高荣誉。

余广贤家原先住在高山槐的一个林场,备战备荒的年代,那里成了军工基地,余广贤的父亲就从山上搬了下来。搬到树林村之后这家人一时没有地方住,刘新正家里有几孔窑洞,刘新正的父亲就腾出来了两孔窑洞,收留了余广贤一家。

刘新正是小时候随着父亲从陕南逃荒过来的,自然住在偏僻的沟坡上,再加上刘新正的父亲性情刚硬、脾气不好,和原住村民们基本也融不到一起,所以来往很少,就独门独院住在荒僻少人烟的村外沟里。

刘新正的父亲老鳏夫一个,儿子长大后也没能娶上媳妇,刘新正就成了第二代光棍。但刘新正和他的父亲本质是善良的。当得知余广贤父亲带着一家人无处落脚时,刘新正的父亲就慷慨地收留了余广贤一家。

余广贤一家搬来之后,两家人住在一起,地里的活儿一块儿干,锅里的饭一块儿吃,晚上就一块儿坐在窑洞里抽着旱烟闲谝。刘新正和余广贤的父亲算是一辈人,两个人兄弟相称,余广贤的父亲把刘新正的父亲叫大大,视为亲叔父,而余广贤把刘新正叫大大,也视为亲叔叔。

刘新正的父亲后来死了,留下了一个光棍汉刘新正,刘新正就继续和余广贤一家在一起搅稀稠。

到了20世纪90年代,余广贤的父亲和刘新正都老了,对于余广贤来说,家里有两个老人。不久,余广贤的父亲死了,就只留下了刘新正。

父亲死的时候，放心不下他的义弟，拉着余广贤的手，交代余广贤一定要照看好刘新正。

父亲说：你大大不容易，自小逃荒来，没享过一天的福，脾气跟他大一样，爱跟人吵架，没少吃亏，一定要照看好他。你答应了，我的眼才能闭上。

余广贤说：我把我大大一定照看好，这么多年都过来了，早都是一家人了，咋照顾你的，我就咋照顾他。

余广贤的父亲听了，就松开了手，闭上了眼睛。从此余广贤就接下了照顾刘新正老人的责任。那个时候，刘新正老人70多岁，而余广贤也已经50多岁了，他也算是个半老的人了，儿子媳妇也都有了。

2010年的夏天，暴雨如注，连续几天下个不停。大白雨的冲刷和渗漏使余广贤住了几十年的破窑洞裂开了一条大缝，看着十分危险。村干部决定把原来学校的旧房腾出来，让余广贤一家人住。但余广贤对村干部说：我必须带上我大大，不能把我大大一人撇在这里。我大大不走，我就不走。村上答应了余广贤的要求，余广贤就带着一家人，带着刘新正老人，一块儿搬到了小学校里。

那所小学校我也去看了，青砖墙上还留着一行标语，写的是：团结紧张，严肃活泼。我上小学时，学校的墙上也是这样的标语。是树林村的第一书记赵琳萍和村干部边建成、张建利一块儿带我去看的那个学校，当然还有余广贤。余广贤还找来钥匙开了门。房顶是苇子顶，地面上铺着青砖，在当年应当还算是新潮的。余广贤的几个老式大柜子还留在屋子里，落满了灰尘，还结了灰色的薄薄的蜘蛛网。现在，余广贤已经不在这里住了。他在这个小学校里住了十几年，他的女儿也是从这里出嫁的。

学校旁边不到两米宽的地方就是树林村的老村庄，老村庄的人也都搬到了公路边上。

我们顺着学校和村中老房子之间长满杂草的下坡路来到余广贤和刘新正原先住的沟边，站在塬畔上，余广贤指给我看那窑洞的方位。那些窑洞早已不存了，那些高大的土崖被推平，种上了麦子，麦子已经泛黄，再有一个月就可以收割了。

余广贤指给我们看，哪个地方是他家住的窑洞，哪孔窑洞是刘新正家的，门朝哪个方向开，窑洞前还种了什么树，说得一清二楚。

余广贤和刘新正这一大家人当时住的实际是下地窑。就是在一块稍微平的地方往下挖出一块地方，然后再掏窑。这种在半坡上的下地窑，更为少见。

我感慨着见过三原那边当作旅游项目的下地窑，那是经过装修的，虽然好看，但早已失了原始的味道。我说我很想见一下真正原始状态的下地窑。两位村干部便将我领到了元古村，在那里，我见到了一个最完整的下地窑，里面还住着人。

住在下地窑里的，竟然是一个90多岁的老头。老头身子硬朗，穿着旧蓝色中山装，是个河南老头，从河南长葛来的。老头的院子完完整整，种了好几种树，老头的窑里盘着炕，老头还在窑里做着饭，饭锅架在小铁炉子上，冒着蒸汽。一股红薯的香味，老头蒸了一锅红薯。我太喜欢这老头了，他跟我父亲长得一模一样，我父亲要是活着，正是他这个年龄，我父亲也爱吃红薯。

我最喜欢的是老头的下地窑的门楼，说是门楼，其实就是在土崖上掏了一个小窑洞，从小窑洞里面钻过去就上到地面上了，在这个小窑洞里上上下下的时候，感觉像是在地道里穿行，很有点回到童年的感觉。我记得我小时候是打过防空洞的，是跟着父母亲打的防空洞，这样的穿行让人感觉很温暖、很亲切。

移民搬迁时，实际上村上已经给老头安排了安置房，但老头自己悄悄地溜回来，偏要一个人住在这个下地窑里。老头也有几个儿女，不知道为何他不愿意跟儿女一起住。这里面肯定也是有故事的，但我顾不上去深挖了。别的老头我都给钱了，这是咱河南老乡，何况他那么像我的父亲，我当然也掏了200块钱给他。老头微微弯着腰接到了手里——他的手有些凉。不过那天太阳很好，整个塬面上铺满了阳光，算是春末的阳光吧，非常舒适，也非常美。我记得最清楚的就是树的光影，斜斜地拖在大树的后边，和树形成了各种几何形状。在辽阔的塬面上又像是一个又一个的神秘符号。

我和老头刚好就站在一棵树的光影前面，我对老头说：没事多出来晒晒太阳，别老是拱在窑洞里，晒太阳你可以活到140岁，跟咱药王孙思邈一样。老头笑了。

一路上，第一书记赵琳萍讲述着她到村上来后，是怎样发现余广贤这个先进人物的。

她说，那个时候，刘新正老人还在，她亲眼看到余广贤老人无微不至地照顾着孤寡老人刘新正，给刘新正端饭，给刘新正洗头，陪刘新正说话。刘新正后来脑梗患了一次，行动不便，开始时拄着拐杖，后来只能坐在轮椅上，余广贤自己的老寒腿也发作了，但还是一瘸一拐地给刘新正买好吃的。

余广贤的儿子在外面打工挣了钱，在安王村盖了新房子，让余广贤搬过去，但余广贤舍不得刘新正，每天还给刘新正做饭、送饭。树林村离安王村有好几公里的路，余广贤就整天在这条路上跑来跑去的。刘新正老人不舒服的时候，他就留宿在小学校里，陪伴刘新正，还将刘新正送了好几回医院，吃药打针的都操心着。

赵琳萍说，当她得知余广贤和刘新正老人没有任何血缘关系的时候，非常感动。她亲自写材料向上级汇报，后来，一级级地反映上去，余广贤就当上了"中国好人"，还上了中央电视台。

余广贤说：其实也没啥，那他可怜么，一个孤寡老人，你不管谁管呀？再说父亲也有交代。两家人过去好呀。

余广贤说只有一点不好，就是刘新正老人脾气不好，和他大一样。一时时可不对了，就发脾气哩。

我说：那他发脾气你生气吗？

余广贤说：那生啥气哩，我不生气，倒是害怕人家生气，可再气出病来了。人老了，一辈子也没有成家，无儿无女的，可能心里也烦，所以人家再发脾气我还总是哄哩。不容易，不容易，人这一辈子真是不容易。

余广贤老汉长得圆头圆脑的，个子不高，一看就是个慈悲心肠的人。余广贤的老婆对刘新正老人也很好，包了饺子，蒸了豆包馍，炸了糖糕，也都给刘新正老人送过来。

最可喜的是，余广贤把这个好心肠也传给了儿子，儿子打工回来，就先来看刘新正老人，拉着老人的手叫爷爷。

我看了铜川电视台记者刘佩拍的视频，视频上刘新正老人老泪纵横，手捧着余广贤儿子递给他的鸡蛋糕，说：要不是我侄娃子一家人照顾我，我这把老骨头早都不知道丢到阿搭去了。

刘新正老人面色黧黑，从电视里看是一个历尽磨难的老头。他的脸色很亮，有一种紧致的不正常的光，那是一个老人将要油尽灯残的最后光芒。

果然，我去采访的时候，刘新正老人就已经去世了。他活到了83岁。陕南人，幼失母，一生未婚。他就老在那个小学校的房子里。

小学校是个小小四合院样式，仔细看门楼和窗户，可以看到一些砖雕的图案，可惜现在已是荒草萋萋。不久之后，它的命运无非就是被拆除，然后颓然倒地，化作一片黄土地。就像余广贤和刘新正住过的下地窑一样，变成麦子地或者玉米地，抑或是苹果地、花椒地。年年有人来割麦收秋卸果摘花椒，但估计不会有人再记得这里曾住过一个叫刘新正的孤寡老人吧。

余广贤的事迹传留了下来，刘新正的名字也就跟着传留了下来。

余广贤现在过得很好，村里人都说，人家的儿和女都听话得很。儿子能干有本事，当了小老板，还娶了个好媳妇，女子嫁了好女婿。虽然余广贤的老婆子腿有些不好，但人家屋里日子红火得很。

余广贤的福报还真是不浅哩。余广贤整天笑眯眯的，本来就是个圆脸，一笑更像弥勒佛了。

两位村干部说，我村人说，做好事是给儿女积福哩，是给子孙积福哩。最起码让子孙能够寻上好人家。女子找来好女婿，儿子娶上好媳妇。做瞎瞎事的人，不是害自己，就是在害子孙后代哩。

关庄的人说得真是好呀！好人有好报，好人一生平安！好人代代平安！

终稿完成于2022年3月6日